亲历美国教育

三十年的体验与思考

丁 玖 著

商务印书馆
创于1897 The Commercial Press

图书在版编目(CIP)数据

亲历美国教育:三十年的体验与思考/丁玖著.—北京:商务印书馆,2016(2025.1重印)
ISBN 978-7-100-12556-7

Ⅰ.①亲…　Ⅱ.①丁…　Ⅲ.①教育研究—美国
Ⅳ.①G571.2

中国版本图书馆CIP数据核字(2016)第218280号

亲历美国教育

三十年的体验与思考

丁　玖　著

商　务　印　书　馆　出　版
(北京王府井大街36号　邮政编码100710)
商　务　印　书　馆　发　行
北京市白帆印务有限公司印刷
ISBN 978-7-100-12556-7

2016年10月第1版　　开本880×1230 1/32
2025年1月北京第3次印刷　　印张10⅝

定价:48.00元

序

2013年7月26日，我回国首次参加《数学文化》杂志的编委年会。在从日本东京飞往上海的班机上，乘务员送来英文报纸*China Daily*（《中国日报》），从报纸第一版的左下方开始并在整个第六版继续刊登的一篇新闻综述引起了我的注意。它的题目赫然是《幼儿园小朋友无暑假》（No Summer Relief for Kindergarten Pupils）。

在篇幅超过一整版的报道里，记者用蘸满同情的笔墨，细致地描绘了上海学龄前儿童的暑期生活。在我读来，他们的生活只能用一个字来形容：忙；如果再加一个字，就是：苦。他们不是忙于玩乐不休，更不是苦于无乐可寻，而是忙于不停学习，苦于疲倦不堪。他们要参加各种各样的补习班和才艺班，要超前学习，好像非要在读小学前就学完全人类的知识、会拉全世界的乐器、考完中国的"十级"不可。他们还处在玩耍的年龄，根本不想这样做，他们向往的只是清爽的空气和绿色的丛林。但他们的父母却是"不让孩子输在起跑线上"的忠实信徒，这句颇有蛊惑性的话，让他们逼着自己的孩子从起跑线上开始大汗淋漓地狂奔不已。

读完文章，我深深地叹了一口气，几乎为这些孩子洒下一眶泪水。我想起了自己快乐无比的童年，想起了让我自由成长的父母，想起了我从不去过分干预的女儿。我接受过东西方两个国家的教育,在中国一直读到硕士学位,25 年前在美国拿到博士学位,迄今为止在这两个国度生活的年限差不多将我的岁数“平分秋色”。我是否应当将我所经历的中美教育和体验与人分享?

其实,这些年来我对国内的教育状况颇为关注。好几年前,也是回国路经上海,我读到《文汇报》上一篇关于“奥数热”的报道,一时兴起,写了一篇随笔,题目就是对上述那句“名言”的质疑:《不让孩子输在起跑线上?》。文章很快被北京的《科学时报》头版发表,半年后又被刊登在上海《文汇报》的教育家文汇专栏,改名为《“起点论英雄”得不偿失》。2010 年春,科学普及杂志《数学文化》出版了创刊号。两位主编——山东大学数学学院院长刘建亚教授和香港浸会大学理学院院长汤涛教授邀请我担任“特约撰稿人”,并选中了我的这篇文章,在读者来信专栏里全文刊出,与美国工业与应用数学会主席阿诺德教授的那篇呼吁讨伐学术腐败的著名檄文同放一处。汤涛教授后来告诉我,中国科学院数学研究所前任所长、八十高龄的王元院士在给杂志编委之一、浙江大学数学系蔡天新教授的电子邮件中,夸奖了我的这封“读者来信”。

但是,能有多少人认同“不让孩子输在起跑线上”的荒谬性呢?我记得在崔永元的电视栏目“实话实说”较早的一期,说的就是早期教育。当节目的特邀嘉宾杨乐院士用“长跑”打比方,批评过分的超前教育时,现场观众立即对他“群起而攻之”,说他自己已经“功成名就”,就不管人家小孩的“起跑线”了。

这并不怨观众。在子女的教育上,父母的主观愿望一直是好的,都希望自己的孩子从小到大受到最好的教育,加上绝大多数的家庭只有独生子女,为他们的教育大力投资天经地义,但是好的动机不一定有好的结果。许多人对教育的本质并无太多了解,对国外的教育思想更无直接的认识，未经思索而一味盲从。在全世界范围内，都说中国人与犹太人这两个民族最重视教育。可是中国文化与犹太文化却又区别那么大。中国父母的头脑里，望子成龙、光宗耀祖的思想根深蒂固，不可动摇，而犹太教育却为世界贡献了马克思、弗洛伊德和爱因斯坦。固然，人才的涌现离不开教育，但不同的教育理念与方式会塑造出截然不同的人格。

之所以决定写这本书，完全是因为我太太的建议。前年，我的科普著作《智者的困惑：混沌分形漫谈》和与汤涛教授合作的工具书《数学之英文写作》几乎同时由高等教育出版社出版，反响不错，尤其是后者，因为数学研究生很希望能读到这样的参考书。身兼大学老师和母亲双重身分的她对我进言：你的科普书的确向年轻学生传播了数学思想及科学观念，你们的工具书当然惠及数学系的研究生群体及年轻的教师，但是他们只占了整个社会各阶层人士的极小部分。教育是中国人普遍关心的头等大事，关系到千家万户的切身需求与希望。三十年前你负笈海外时，只有国内的精英分子才有机会留学，但是现在，留美大潮马上就要开始席卷小学生了。他们的父母多么希望更多地了解国外教育的真实情况。你作为中美教育的接受者、参与者和观察者，加上你多年养成的读书与思考习惯，一定能通过自己的实践及观察，向广大的读者展示美国从小学到博士教育的真实面貌，帮助他们了解中美教育的异同。

是啊，从我 1986 年元旦踏上美国的土地留学至今，一眨眼 30 年过去了。我国的经济发展和人民生活变化之大，世人瞩目。但是，国内的教育制度和指导方针几乎几十年如一日，依然如故。我们的百姓不仅对国内的教育现状时有困惑不解、跟风盲从，而且对国外的教育举措常常道听途说、一知半解。我们的父母名校情结根深蒂固，为了能让孩子进名校砸锅卖铁在所不惜。我们的家长一心想让子女走出国门，却对西方的教育哲学和行为若明若暗、缺乏信息。

他山之石可以攻玉。这本书就是为这些焦虑与迷茫的家长和他们渴望成才的子女写的。当然任何希望了解美国从小学到大学以及研究生院教育体制的人，都可以在书中找到满足他们好奇心的材料。他们将读到一个1977年恢复高考后考入南京大学的七七级本科生和八一级硕士生30年前赴美留学后，在接受西方博士教育的同时，通过对本科生的教学实践，体验美国高等教育的故事与观察；他们也将跟随已在美国公立大学执教25年的作者遍游美国初等和高等教育体制。在本书总共20章的内容中，一半章节通过自身经历谈论教育，另一半则是有的放矢地展现美国教育不同阶段的形式与内涵。前十章的内容看似"以我为主"，但一切的描述均系于"教育"这根主线。这种写作方式与学好数学出于同样的理念：理解抽象概念应与具体例子相结合。因而，本书绝不是一本自传，而是以亲身实践作为素材，夹叙夹议地分析中美教育。

一旦计划写这本书，我就决定让它与平时繁忙的教学研究齐头并进，相辅相成。我比较相信这种说法：交错从事不同的活动，即便全是脑力劳动，也有休息大脑的奇异功能。从2013年9月初开始构思动笔，到一年后的9月底，除了学术旅行或探亲访友，我在夜深人静的家中几乎每晚都伏案写作，完成了初稿。之后的数月，完全用于修改、加工、润饰、改进、提高。出自我学数学出身的本性，"为真"是我最重要的一条写作原则，这就是叙述要准确、故事不虚构、用事实来说话。为此，我特地将束之高阁的日记及保存完备的信件重读了一遍。书中提到的一些故事情节或具体日期，都经过了记忆加上日记的双重印证。除此之外，对于涉及其他人物的回忆或引语，我都请当事人核实校对，这也是出于对他们的尊重。

初稿写好后，我请我的一些文笔优美的好友阅读书稿并提改进建议。他们中有三位值得一提。一是香港城市大学电子工程系的陈关荣教授。他较我年长几岁，一直对我的写作有提携之劳，我两年前出版的科普书也承蒙他的帮助和推荐。另一是比我年轻得多的首都师范大学数学博士林开亮，我的书稿他前后读过数遍，不仅提出了一些修改建议以及几个锦上添花的好例子，而且还建议我增加了关于美国大学师生关系的一章。他甚至还请他所任教的大学两个颇有文字功夫的学生崔家瑞和谢佳伊仔细阅读并提了若干修改意见。对他们认真细致的阅读并帮助改错，我深表感谢。我的博士论文指导老师、密歇根州立大学数学系的李天岩教授自始至终关注我的写作，两次阅读我的初稿和修改稿并更正了我的几个笔误。

由于蔡天新教授的引荐，我的书稿得到商务印书馆的关注。本书的出版自然与谢仲礼编审的细致编辑分不开。我在此对他们表示衷心感谢。

这本书献给我的家庭。我的太太，是她建议我写这本书并且给予了全力的支持，让我得以安心写作；我的大女儿，在书中我记录了她在中国出生、在美国长大，身上关于东西方进步文化的点滴故事；我的小女儿，写作这本书的两年间，她的每一个拥抱和每一声“爸爸，我爱你”都带给我很多快乐和创作的灵感。

2015 年 7 月 15 日

美国哈蒂斯堡

目　　录

第一章　两个元旦

1986 年的元旦，新年伊始，气象万千。全国各族人民还沉浸在中国女排“四连冠”的喜悦之中，“女排精神”弥漫在中国改革开放第一个十年内的祖国大地上。这天的上午十时半，两辆小面包车载着本来素不相识、分别居住在上海与江苏的男女老少，从上海繁华闹市南京西路上一个优雅静谧的住宅楼出发，向虹桥国际机场驶去。

我，正坐在第二辆车内，身旁是为我送行的兄长和叔叔等，另一辆车里的主角是一位 4 周岁的小女孩林晞文。她的父亲林晓标原在复旦大学数学系任教，1985 年于美国常春藤八校之一——布朗大学的应用数学系获得博士学位，导师为微分方程与动力系统领域国际有名的黑尔（Jack Kenneth Hale，1928—2009）教授。林博士此时正在美国密歇根州立大学（Michigan State University）数学系的周修义（Shui-Nee Chow）教授处，从事博士后研究。而我将去那个系念我的博士学位。林晓标夫妇之前来信询问我，如有可能，请将他们的女儿顺便带到美国。林晞文的爷爷奶奶外公外婆等，也一同前往机场为我们送行。

刚过 27 周岁生日的我，差不多是我目前年龄的一半大，精力却差不多是我现在的双倍。彼时的我，怀揣 50 美元现金，比袁世凯的孙子袁家骝当年赴美留学还多带了10美元。那个时代很少中国人家手握美元,这几张纸钞是家父特地向他学生的爷爷买来的,后者的哥哥就是出生于我家乡的星云大师。我的随身挎包里还有一张摄于三天前的全家福,上面没有我的大女儿,因为她还要等上55天才能降落人间,并且还要熬上三年,才第一次与我在美国相会。我上身穿的是一件共青牌天蓝色鸭绒衣,是一个月前在上海外国语学院接受出国前政治集训时买的。它罩住的是为了抗拒密歇根严冬而备的两件毛线衣,分别由妻子及我的三姐妹临时快速织成;围在腿上的是一条厚厚的毛线裤,脚蹬的是一双高高的牛皮靴,这是父亲特地请他的学生家长定制的,因为听说密歇根的鹅毛大雪,不亚于中国东北的"林海雪原"。对美国生活方式缺乏基本了解的家人,为了我的御寒需要,只能多多益善地把我从头到脚,武装到牙齿。这些羊毛线衣和长筒皮靴,我后来几乎未再穿过,但它们却凝聚着亲人们对一个负笈海外的游子的深厚感情,一段时间与我的衣橱形影不离,直至送给有需求的中国留学生,从而充分实现了其使用价值。

11点到达虹桥机场,我马上就被林晓标的家人引见给一位来自上海美术出版社的年轻画家。他姓谌,和我同机飞往美国西海岸的旧金山国际机场,第二天又同机飞向中西部大都市芝加哥。然后他将转机,飞到爱荷华大学(University of Iowa)自费留学,而我则飞去我此行的目的地。谌先生15个月大的儿子也随其母一道与他告别。恰巧他们的家人认识林家亲人,便把他"托付"给我,因为这位胆大的青年,只学过半年的英文,就要闯荡美利坚,希望进美国的海关时,我能成为他有用的"随同翻译"。他成了我去美国途中的旅行伙伴,在旧金山和我同住一家旅馆,同睡一间客房,并在花花绿绿的大街上，替我拍摄了在美国的第一张相片。可惜我们分手后再也没有联系过，更没有见过面。如果那张底片一直还保存的话，我真希望能再见到那张对我而言有纪念意义、略带倦容的青春面孔，而不再仅仅具有理论上的价值——在“存在性意义”下的第一张留美照片。

机场的送别依依不舍，嘱托声充满拳拳之心，但小名叫“文文”的 4 岁孩童之天真烂漫、活泼可爱、嬉戏调皮，给这“相见时难别亦难”的凝固空气注入了一股激荡的清流。推着行李车，带领已和我打成一片的文文，应该和他们再见了。然而，一直对弟妹们爱护有加的家兄，怕我托运行李需要帮助，也混进了非旅客不让进入的隔离地带。之后当他放心地正欲返回，却被机场工作人员一把抓住，训斥一番。这是我离开故土前，瞬间留下较深印象的一幕感人情景。

下午 1∶50，谌先生和我，以及几位来自南京的同机赴美留学生与访问学者，登上了飞机。很快，中国民航的 CAAC981 客机，腾空跃起，飞越太平洋，飞向旧金山。在祖国度过了大半个元旦，美国的元旦还在沉睡之中。这故土一别，六年半后我才再次踏上生我养我的大地。

十多个小时的飞行，我既兴奋又紧张，觉得新鲜无比（这虽是第二次坐飞机，但国际航班却是第一次）。好在有在上海集训时认识的南京大学同学、南京航空学院老师等做旅行伙伴，一路天南地北地聊天，对未来的紧张感被冲淡许多。唯一不舒服的是，全身热得不行。上身的羽绒衣、毛线衣可以暂时脱掉降温，但毛线裤却把腿上的热流挤得密不透风。

美国的同一天，1986 年元旦上午 8 时，飞机降落在旧金山。仰头上望，天空一片湛蓝。一同前往的南大化学系女硕士李巧英，被她的女同学及在美国加州大学伯克利校区读博士学位的丈夫，接去他们家住了一晚。而剩下的我们男女同胞，则选了一家华人所开的廉价旅馆，花了6美元车费，坐上招徕顾客的车子去了那里，度过了在美国的第一夜。

我新结识的美术青年与我同住一室，每人付给旅馆15美元，行李搬上搬下，累得我们一身臭汗。同机来美的南京航空学院刘兰芳老师主动关心，让文文和她同睡一床。南大数学系硕士毕业的她，担当了临时保姆的角色。西方生活开始了，无知让我们犯难甚或难堪。想喝水，却到处找不到用惯了的热水瓶，将信将疑于别人告诉的"自来水可饮"一说，中饭只买了点香蕉和面包充饥完事。下午大家酣睡一场。到了晚上，因时差困扰，我们两人都睡不着，又因第二天为了赶早晨7∶15的飞机，需早起打的，于是只有聊天。他想念刚一岁的儿子，加上对未来的学业前景难以预测，神态颇为凄然。而我则由于获得了所去大学数学系的助教奖学金，又有硕士证书在身，似乎对新生活更加乐观，也尽力为他鼓气。这个元旦之夜，几乎就在"今夜无眠"的状态中度过。

凌晨4时，我们叫来了出租车，赶往机场，但匆忙慌乱之中把林晞文的新外衣丢在了旅馆的房间。托运行李时，我的很快搞好，但美术青年的一个超大木箱，在托运柜台前，遇到了尺寸嫌大的小麻烦，箱子里装着他自己的美术作品。我赴美后所做的第一件"好人好事"，大概就是用我蹩脚的英文，替他向航空公司雇员解释。可能我的数学思维能力也帮上了一点小忙，总之，他没有像在虹桥机场那样，被再罚一次款，我也圆满地完成了"口译员"的光荣任务。他如释重负，连声感谢地和我及同行的南大化学系才女，一同登上飞机，并说要很快给我寄照片。我也满心喜悦地牵着文文的小手，走向我们的机舱座位（直到此时，我还没有意识到，离开旅馆时，忘了拿她的大衣）。

美国中部时间下午1时，飞机到达芝加哥机场。下了飞机，我们就各奔东西，追赶梦想了。我和林晞文于2∶15开始了最后的飞行。经过美国国内两趟航班，新年第二天，东部时间下午5时，我们到达了目的地：密歇根州首府兰辛（Lansing）的机场，它距密歇根州立大学所在的小城东兰辛（East Lansing），大约12公里远。我想打电话给数学系的博士研究生沈韵秋，告诉他我们到了。他事先帮我找好了校内两居室公寓，与他人合住，并已和我通信过好几次，耐心回答了我关于“留学须知”的不少问题；林晓标博士的太太也因此写信给我，问我是否有可能将她的长女带来美国。但我口袋里虽有硬币，却不知怎样使用公用电话。就在这时，电话亭旁边的一位美国妇女看出我的窘态，毫不犹豫地掏出两枚十美分的硬币，塞进了投币孔，帮我拨通了电话，也不让我还她的钱。这是我在美国遇到的无数“雷锋”中的第一个。

半小时后，两辆轿车开来接我们，沈韵秋和林晓标各自驾车。林博士和他的太太朱燕，十分惊喜于我终于把他们的宝贝女儿捎来了。当高个头的他大步流星地走向女儿时，对他的父亲形象已经淡薄得像空气一样的文文，和他几乎不认识了，反而本能地躲到我这个“保护神”的身后。的确，短短两天的朝夕相处，她已对我十分信赖。第二天，当她再次见到我时，突然给我一个飞吻，反而搞得我措手不及，有点不好意思起来，心中却有点得意。毕竟，这是一位儿童内心感觉的真实表达。头天晚上，在沈韵秋家的公寓，好几个中国同学为我洗尘。北京师范大学数学系八一届本科毕业的博士研究生孙贤和、张红夫妇，热情地邀请疲惫不堪的我，在他们家住一宿，度过了我在密歇根的第一夜。但这一夜同样由于时差，凌晨3时后就再也睡不着了。次日，我就搬进了沈韵秋已经帮我找好的校内两卧室公寓，与一位高分子化学专业、快要毕业答辩的香港博士生同住。

林晓标博士得知我带来的50美元在旧金山几乎花光，马上慷慨地开了一张个人支票借给我1000美元以备急用，因为我的助教工资，要等几周后才能拿到手，而这个冬季学期的学费、医疗保险费等，即刻就要缴纳。他能干的太太开车带我去超市买食品，还坚持为我付了一些钱，并送给我许多基本的厨房用具，帮我安顿好最初的生活。

沈韵秋一直在各方面体贴帮助我，尤其在开学的前几天，他不时开车带我去这里、去那里办理许多事情，包括到学校自己的银行——密歇根州立大学信用社，开通了我在美国的第一个支票账户。在我买到二手汽车前，我常随他们一家去商店购物。我在美国真正意义上的第一张个人照，就是他好心肠的太太徐国蓓专门替我在校园拍摄的。此前，他们带我去了他们以前的房东家，第一次吃了美国式晚餐，并和主人老夫妇合影了我在密歇根的第一张照片。

正是由于他们，还有其他人的关心和照顾，我孤身一人在美国第一年的紧张学习生活，留下了许多甜蜜的回忆。

1月3日，我开始了决定未来道路的美国留学生涯。

第二章　岁月回眸

1976年春节，我开始写日记，这一写就坚持了近20年。日记的第一篇充满了悲观主义色彩。

1976年是龙年。这条巨龙那一年老让中国人悲伤。改变现代中国命运的三位伟人——周恩来、朱德、毛泽东，先后辞世。山河同悲，大地恸哭。唐山大地震，一瞬间一座城市化为废墟。我的家庭也遭受巨大变故：曾为一方名师的外祖父王建屏（维藩），以九十高龄撒手人寰。不到半年，外祖母也随他而去。

那时我已经满17周岁了，高中毕业整整三年，在一家社办工厂——双沟铁木社，工作了差不多两年光景。这个厂的绝大多数雇员为农民机械工，属于我所出生的江苏省江都县双沟公社（后来改名为双沟乡，江都变为扬州市的一个区后属于仙女镇），同时有一个叫得更响的名字——江都线路器材厂。看上去似乎级别提了一级，好像一所正规的县办厂，和后来中国许多“学院”改名为“大学”一个道理。更进一步，厂名中的“江都”县名，后面没有“县”字，也可以被解释为“江苏省江都线路器材厂”，听上去更像一家隶属于省办的大企业，调高了两级。中国人似乎更喜欢在名字上“做文章”。我的中学母校当时叫江都县中学，现在的全名是“江苏省江都中学”，也没有“县”字，据说早已晋升为省级重点中学了。美国的麻省理工学院，一直没有改成“大学”之名，可是全世界哪所大学敢小觑它？

可是，不管它有什么好名称，我依然是那个厂的一名小工人，一个在政治上受到歧视的微不足道的小人物。父母 50 年代初期二十来岁时，创办了家乡的一所小学，名叫墩头小学，父亲则当了多年的校长。“文革”当中，他们均不得志，被说成“智育挂帅”。父亲甚至被认为政历不清，只好边当教师，边接受政治审查若干年。这样的家庭背景让我前途堪忧。的确，能进这个厂当学徒，也是由于我之前跟随公社党委一位管工业的副书记徐仁宝脚后，走遍各生产大队。他视察，我则写出相应的“通讯报道”，让公社广播站广播。他的名中有“仁”一字，所以基本上慈悲在心，在我无偿劳动两周后，大笔一挥，把我介绍给了这个厂的革命委员会主任陈井宝当学徒工。从此我认识到，未来要靠自己努力，不能依赖父母。

当我扛着行李离家步行三公里去厂正式上班的那一天，仅比我大了两三岁却早已挑起家庭重任的家兄，借用俄国作家高尔基自传中的名言对我说：你“走入了人间”。那时的我只有 15 岁，个头矮小、体型瘦削，大概只有一袋米的重量。工厂每月只能逢十休息一天，还经常加班加点。遇上每年农民割麦插秧的“四夏大忙”季节，每天则必须工作 12 小时。但是在那个人人只革命不读书的年代，我还是私下读了不少家中的藏书，并且自学了几本与机械设计、制图有关的中专或大学教材。

那几年学徒生活的酸甜苦辣，不必在此细表，但有两件小事值得回忆，它们都与教育相关，对我未来的影响一正一负。前者让我自豪于数学的妙用，后者则令我后悔机遇的流失。刚进厂学徒不久，车间的钣金工人想焊接一只截面为椭圆的柱状大容器用来装柴油，但是他们却不会在钢板上画出椭圆进行切割，因为他们大多仅是小学毕业生，没学过什么圆锥曲线。那天我正巧在现场，头脑里马上涌现出椭圆的几何定义。那是我高中最后一个学期，从班主任兼数学老师曹之一先生手中学到的一招，于是我立刻毛遂自荐：我来替你们画！我让人找来一根长绳子，按照装柴油容器所要求的椭圆长轴和短轴尺寸，请了两位工人分别按住绳子上的两点，它们之间的绳长就是椭圆长轴的度量。这时，我用一支粗笔绷紧绳子，慢慢移动它，一个标准的椭圆形就出现在众人的眼前。这是我一生中第一次真正感受到，数学是那么的生气勃勃，而不再仅仅是纸上谈兵式的抽象之物。后来我在美国教书时，常向新生这样介绍自己：我的中文名"Jiu"（玖）是大写的数字九，这就为何选了数学作为我终生的职业；又因九是十进制数字中的最大数，我的硕士学位与最优化结缘。当有学生埋怨学数学之累时，我就用当年的这个画椭圆的故事给他们打气。

我的师傅尤兆华先生，50年代曾经在上海一家造军舰的造船厂担任技术科副科长，和苏联援华专家共过事，精通俄文。背着意识形态黑锅的俄罗斯语言，在"文革"中早已成了明日黄花。中学的俄文老师都改行去教"革命"的英文了。精力充沛但缺乏远见的我，当时根本没想到，向尤师傅近水楼台先得月地学俄语。在那个"知识越多越反动"的动荡年代，公开读书是要冒风险的。我父母也不敢鼓励子女读家藏的古书，遑论我看不到一点用途、被官方定论为"修正主义"超级大国的语言。有少数几个胸怀远大理想的意志坚定者，在人人不敢念书的时期敢于自学，挑灯夜读，悬梁刺股。当黑暗过去、枯木逢春之际，他们的远见与努力印证了西方的谚语"谁笑到最后，谁笑得最好"。2014年在法国去世的代数几何学家肖刚，就是他们的一位杰出代表。他 1977 年秋被破格录取为中国科学技术大学的硕士研究生，后来成了中国代数几何学派的奠基人之一。我听说在和我同年考上大学的七七级大学生中，全国总共有十来个人很快考上了七八级的硕士研究生，如国家自然科学二等奖获得者、现为香港城市大学电子工程系的讲座教授陈关荣。他最近被选为欧洲科学院院士。如果我当年在尤师傅手下学会了俄文，那后来的我可以从杰出俄罗斯数学家的原著中，直接享受到数学之美。

在 1976 年 1 月 31 日我的第一篇日记里，我哀叹“现在过的是虚度年华的日子”，感觉“我的生活就像夏天的空气一样沉闷”。我从小在父母的教育及兄姐的影响下，喜爱看书，追求知识，憧憬未来，但是刚满 14 周岁就失去了继续读书的机会。因为大学不再统一招生，仅向少数“政治条件好”的工农兵子弟开门。70 年代的中期，“文革”还未结束，社会现实是读书无用、知识贬值，政治运动如火如荼、风云变幻，让我颇感前途暗淡。尽管在日记的最后，我还是写下了这样的豪情壮语——“不！我要更加勤奋，我要更加刻苦，我要更加钻研”，但当时的我哪能想到，两年后我能考进南京大学，十年后更能飞渡重洋。

1976 年 9 月，在家兄的努力下，我换到江都建筑机械厂（刚由县城所在地的江都镇五金厂改名而来）工作。在这个厂，我负责技术图纸的绘制，收入也增加许多，可以更好报答父母了。我的顶头上司潘家富是一个聪明能干的“文革”前高中毕业生，爱才，也重友谊，对我颇为照顾。我们成了好朋友，我出国后也与他有过不短时间的通信联系。

但是，这两个厂都不是我这个“城市户口”应有的正式工作。

第二年春节后，县人事局对我们这批没有下过乡插过队的“城市闲散劳动力”开恩了。6 月份，我被正式分配进了一所县办大集体企业——江都县仪表厂。厂名虽有“县”字，却远比前两个厂派头足，因它是“县”级的，而不是“公社”或“镇”级的。在那个年代，前者意味着，可能会找到一个不错的姑娘当妻子，而后者搞得不好，只能打光棍。我愿意舍弃每月 31 元的工资，而心甘情愿地一个月拿 21 元的钞票，就是因为日后要解决的这桩“人生大事”。

没几个月，举世瞩目的七七级高考开始了。我所在的仪表厂虽然只有 200 多人，却至少有 50 个工人符合报考条件。因为大学从 1966 年到 1977 年，11 年没有正式招生，前后总共 12 届的高中毕业生都有资格参加高考。这是一支浩浩荡荡的高考队伍，全国共有 570 万人参加。可是那一年的所有高校，仅仅录取了 27.3 万人，录取率只有 4.7%，大概成了中国高考史上录取率的最小值。

我 1958 年 10 月出生，读了五年父母创办的六年制小学（像家兄一样跳过了四年级），两年半初中，两年高中，总共学堂读书九年半。1973 年 1 月毕业，官方称是“1972 届高中毕业生”。从 1968 年进江都县中学读初一，直到高二，大概只有 1972 年的下学年才真正学了一点“数理化”，盖因教育界刮起了一股仅仅持续了不到半年的“教育回潮风”。其余的中学时代，我们的政治主课是《毛主席语录》；语文内容是鲁迅杂文；数学是陆军伸出手臂，测量敌军坦克距离所用的“密位制”，以及工厂生产机器零件，画出车工刨工需要的“三视图”；物理为抽水机或柴油机；化学是“六六六”农药和化肥；而英文先要学会“Long live Chairman Mao”（毛主席万岁）和其他类似政治口号。一切读书均学实用知识，如同读技工学校。好处是轻松自如，坏处则不言而喻。

在那个回潮风猛刮的中学最末学期，数学黑板上画的是双曲线，物理老师嘴中吐出的是加速度，化学课的容器里装的是克当量。我们都惊呆了，原来数理化里有这么多好玩的东西。回到家里，翻到大姐1966年县中初中毕业前整齐清晰的几何题解答，而快要高中毕业的自己，好像还没有学过真正的平面几何，心里顿时愧意萌生。我觉醒了，决心全力补上。这学期像波音飞机起飞时的强劲推动力，驱使我毕业回家后，马上寻找好书，自己学习。

自学的外因条件也接踵而至。父母教书几十年间，大概最优秀的学生是高允翔。这一年他春节回乡探亲，照例来拜访老师。这是那一代学生的优良传统，他做得尤其之好。高允翔1963年考上天津大学的精密仪器系，数学99分，政治却只有60分，平均分则位于80分以上，已经超过了清华录取线，但家庭成分"富农"，在开始"阶级斗争一抓就灵"的年头，他未敢报清华、北大。父母向他提及我渴望学习"文革"前的高中数理化。他一口答应，第二天马上搬来了他当年的所有高中数理化教材，共18本，恰能和"十八般武艺"一一对应。过了一天，父亲也向自己的表外甥及学生、和高允翔一直同学到高中毕业的李有才，借来了几本高中数理化复习资料。霎时间，我的书库装满，万事俱备只欠东风了。

接下来的三个月，我一面在家烧中饭，一面边读边做笔记，自学完了这18本教科书。当然，物理、化学缺乏实验的训练，没有数学读得那么完全。煮饭的火苗把我的求知欲猛烈烧起，注意力高度集中，理解力和记忆力派上了大用场。加上年少无穷的过人精力，几乎没费什么力气，就迅速掌握了这些有用的基础知识。当时的我甚至认为，中学里高中三年的课程，完全可以只用一半的时间教完，剩下的一半时间，可以补充其它知识。这种信念一直贯穿于我的行动，后来读大学本科、硕士和博士，我从未满足过局限于教科书的学习，大量阅读课外书，这归功于 14 岁时的自学经历。

这短命的“教育回潮风”并未吹开大学的大门，小门依然只向政治背景好的工农兵开放。我不想让父母养活自己，想挣钱了。正巧，父亲边被政历审查、边教初中语文的那个学校——改名为反修学校——需要一个初中数学代课老师教一个月课，他问我敢不敢教。当然敢！我走进教室，根本不在意大部分学生年龄比我大，个头比我高。但先父还是担心我镇不住学生，坐在最后一排压阵。而几位女老师，则好奇地站在窗口向内张望。那天教的内容是球冠的体积，我怎么教书的细节早已遗忘，但未忘记的是，一个月后当父亲拿回我 27 元的报酬时，他告诉我，学生普遍反映，我教得比原先那个老师好。虽然我不敢这样认为，但从那时起我就知道，只要我懂的东西，我大概能讲得让一般人都会听得懂。六年后，我从南京大学放暑假回家，一位军人来看望老师，父亲介绍说，他就是你当年教过的一位学生。我一看，他的个子还是比我高，并且一身制服更显英俊了。

有着如此的经历，更有着这样的抱负，1977 年的深秋，我接连参加了扬州地区的高考初考和省里的统考。

初考的准备都是晚上在家自己复习，白天忙于上班。县里一些官员的子女，请到了县中最好的老师集体复习。各个中学也迅速办起了数理化高考辅导班。我从不相信什么辅导班，只相信自己。已自学完的“文革”前老高中一套数理化，尽管近五年来未再翻过它们，但我对基本概念的理解融会贯通，依然清晰如故。我的“辅导班”就是大表兄李有才的那几本老高中数理化复习资料，加上江苏省数学名家许莼舫先生的那本经典《平面几何学习指导》，都出版于“文革”前，写得真是太好了。难怪多年后，我在美国念高中的一位侄子，借了这几本已经破旧的书读后，对我说：“这几页破纸远胜当今的教辅书！”

不费吹灰之力，我通过了初考。其中数学考题，除了最后一道卡了我，其余的一半时间做完，而且确信做得对。回家后，那个未做出的有关数列的题目，我一下子用两种方法做好。全厂只有三人通过初考，另两人报考的分别是大学和中专。这时，厂方为我们三位“高考英雄”开了绿灯，全职放假两周，迎战统考。这是我真正全面复习的两周，因为在初考场面拥挤不堪的考生中，我见到了一些自信心特别强、讲起数理化来滔滔不绝的“老三届”高中毕业生。尤其是六六届的，他们受过“文革”前高中三年系统的正规教育，基本功相当扎实。但是，我还是只相信自己，不相信辅导班，在家里把该看的书又读了一遍。这种复习方法，后来我一直沿用。

1977 年 12 月的统考中，我的数学不及我初考那样感到很顺畅。一道附加题属于大学的积分学，我没学过，当然不会做。成绩是不公开的。家兄从县文教局的熟人处打听到我的成绩在全县属于名列前茅，高考的“状元”和“榜眼”均为老三届。但是，高考发榜时，我名落孙山，没有被任何大学录取！初考时，我踌躇满志，一心想当个了不起的理论学者，填写的第一志愿为中国科学技术大学的理论物理专业。主管我厂的县工业局一位女士，“文革”前曾为先父的学校同事，“文革”中知道他一直“政历不清”，惊讶于我“胆大妄为”，竟敢报考科大最热门的专业。统考时，要重填志愿，我吓得划去了它，改填了南京大学的计算数学专业，心想数学对政审的要求不会那么高吧。南京大学却没有要我，大概就是因为父亲的那个“政历不清”。七七级高考开始时，对考生家庭的政治审查还是相当严格的，但很快就有放松的趋向。这个“大势所趋”，成了我后来梦想成真的关键保证。

县城一位比我大几个月却比我迟两年高中毕业的校友，被华东的一所好学校的好专业录取了。我听厂里的同事说，他们看到他，昂首挺胸地从大街的东头走到西头，再走回到东头，就像凯旋的拿破仑一样兴高采烈。这种自豪感，在那个知识最值钱的百废待兴的时代，最能被大家理解并羡慕。而处于此情此景另一个极端状况的我，却并没有悲伤得要跳楼自杀，因为“落榜”对我们家，已不是什么新鲜事了，大姐、兄长都曾经历过。厂里的伙伴安慰我：不要难过，明年再考！我却做好了不再参赛的打算，老老实实地当我的工人吧。

幸运的是，两个月后，全国各省又招收了第二批大学生，从报考省内大学的落榜考生中择优录取。4 月初，我多年来第一次发高烧，病了三天后去上班，厂里的传达室喊我接电话。我奔过去，纳闷谁会来电话？电话的那一头是因动情而稍快的声音：“丁玖，你取了，你被南京大学录取了！”这一头的我，则由呆若木鸡而转变为激动万分。在第一时间通知我特大喜讯的，是县文教局圣寿华局长。他曾是我外祖父的学生，家母好像也教过他。“文革”中他深知我家的境遇，一腔同情在心，尽量出手相助。此时的他确实为我高兴，高兴得语音甚至有些颤抖。这一天是 1978 年 4 月 3 日。

“病树前头万木春”，我是“一病之后万事兴”。我奔回生产技术组办公室，告诉大家这一不期而至的好消息，然后一路小跑至厂权力很大的政治工作组。事后，这个政工组的副组长王仪告诉我，她当时也激动得打了我肩膀一拳。这时离报到只有五天时间。家里忙着为我准备衣物，厂里忙着为我开会送行，平时不苟言笑的政工组长也唱了歌。厂方送我一枝钢笔和一只对数计算尺，并加发了我两个月的工资。那几天马不停蹄日子的更多细节，则记录在我的日记里。

4月8日，我坐上长途汽车，从江都县城来到省城南京。我厂里同一办公室共事的好朋友周小平，恰巧要去南京出差，便自告奋勇与我同行，并要将我送到南大，因为他本来就是南京人，父亲曾为省级机关政府高干，“文革”后期被贬到江都引江水利枢纽工程，降级使用。在汽车站待要上车前，在乡下当插队知识青年的二姐从口袋里拿出5元钱要塞给我，这大概是她身上仅有的钱了。我当然没有收下，但是这一幕却让我感动至深并牢记在心。

我的高等教育，就这样掀开了第一页。在旧作《不让孩子输在起跑线上?》中，我概括了自己在国内的读书历程：

> 我念初级小学时正是“文化大革命”前夜，受到再正常不过的快乐教育。之后直到高中毕业基本上是以玩为主，兼学别样。因课余时间充沛，打乒乓、拉二胡、像猴子一样玩单杠，兴趣广泛，什么书都翻。14岁高中毕业，在家烧中饭三个月，火苗也把旺盛的求知欲熊熊点燃，一口气无师自通地读完了“文革”前高中三年数理化全部教材，又在一个初中教了一个月的立体几何；连续在三个工厂工作近五年后，就凭那三个月的数学基本功，成为南京大学数学系77级大学生。我的同窗和我一样，没听说受过什么“不让孩子输在起跑线上”的早期训练，个个身心健康，头脑清晰，志向远大。大学四年，我们早晨跑步锻炼，上午受业课堂，下午自习做题，晚上埋头苦干，周末有时爬山。我们目标始终如一，兴趣与时间赛跑，深得读书

之乐趣。我们这一代学生，尽管在少年求学初期没有被强迫争第一，没有被抛进题海里淹死，在人生教育的起跑线上从容散步，自然风光尽收眼底，童年乐趣应有尽有，岂不快哉快哉？本质上，我上大学才开始从“ABC”起学英文，在“起跑线上”已经“输光了”，可是我和同学们一样，进步神速，还修了三学期的德语。为什么学习能如此高效率，功课能全面发展？只因少年时代在父母“任其自然”的宽松环境中，书没读呆，就像刘欢所唱“该出手时就出手”。当我多年后在母校高三教室门口目睹铺天盖地的高考复习资料无情地挡住了窗外明媚的阳光，一双双呆滞的眼睛在暗无天日的书海里发出幽灵般求救的绿光，我多么庆幸我们曾是生活在毛泽东时代那风华正茂的同学少年！当在交谈中听到校长对江泽民刚刚提倡的“教育减负”不以为然之时，我就悲哀地发现，正是这些“灵魂的工程师”推波助澜地炮制了“不让孩子输在起跑线上”的这一奇谈怪论。①

进了南大，听说我四门(数学、语文、理化、政治)总分 318 分，数学 80 多分，虽然位于全班平均分数之上，但班上数学考分超过 100 分的就有好几个，其中全省数学单科状元魏木生考了满分 120 分。除了他的单科全省第一外，全省总分状元尹光炎和语文状元冒荣也在我们班上。他们三人都是老三届。冒荣大学四年，一直是南京大学学生会的宣传部部长兼大学生黑板报主编。这让考上中文系的才子们够嫉妒的，谁让他们的语文没有考过他！由于对人文知识、文学读物的共同爱好，我们不光是同寝室的室友，也是

① 先后发表于《科学时报》(2012 年恢复原名《中国科学报》)、《文汇报》(编辑将题目改为《“起点论英雄”得不偿失》)及《数学文化》杂志。

谈得来的好伙伴。粉碎江青反革命集团后的前几届高考，陈景润的伟大成就经由徐迟的报告文学《哥德巴赫猜想》而家喻户晓，许多最有抱负的考生向往着数学、天文、物理专业，都想干出一番轰轰烈烈的科学事业。结果是，南大七七级的数学系和天文系，摘取了那年高考平均分全校并列第一的桂冠。哥德巴赫（Christian Goldbach，1690—1764），全世界因为他的传世大猜想而记住了他；70 年代，中国人知道他，则是因为徐迟的报告文学。

我最初并未被录取到所报考的南京大学计算数学专业，而是当时还在数学系的计算技术专业，属于计算机科学的范畴。也许是我不到 90 的数学考分，放进计算数学的班上不那么漂亮，也许是计算技术的领导，更不在乎我父亲“不清”的政治历史，我从未想搞个水落石出，能进南京大学已经是感激涕零了。一学期后，计算机软件专业独立门户，成了计算机科学系，而我所在专业的一部分数学成绩较好的，被转到计算数学专业，其中就包括我。四年后，我和其他三位同学，考取了何旭初教授的硕士研究生。又过了两年半，1984 年 9 月，获得硕士学位的我，留在系里任助教。

就在那一年，政府放宽了留学政策，同意我们这类年轻人可以通过“自费公派”的形式出国留学，只要能获得国外学校的奖学金。校园内马上掀起了一股申请出国读书潮。我动作算是慢的，因为正忙着“个人大事”。当大部分同学纷纷着手准备考托福后，我才于第二年 1 月下旬开始陆续向美国寄出了三封求学的“探路之信”。一封直奔密歇根州立大学数学系李天岩教授，一封是给马里兰大学数学系约克（James A. Yorke）教授，而最后的一封则飞向斯坦福大学工业工程与运筹系伊乌斯（Curtis B. Eaves）教授。当然，那时我还不知道，李天岩曾是约克的博士研究生，更未听说过他们师徒两人在混沌动力系统研究领域的一篇开山之作《周期三则意味着混沌》(Period Three Implies Chaos),只是因为我在写硕士论文的过程中,曾经读过他们关于同伦延拓法和伊乌斯关于单纯不动点算法的一些论文。

这三位大教授给了我不同的待遇。李教授用繁体中文给我回了一封短信,让我把写过的两篇文章寄给他看看。他在签名后加上的"敬上"二字,让我惊讶不已。后来从第二封来信开始,他就直接署名"天岩",而"敬上"却依然存在。一个美国华人教授写给中国"丁玖同学"的信末结尾,就像是兄弟般的称呼,而不是我已习惯见到的那种方式,这让我很感亲切。其实这就是在台湾长大的他,深受中国传统文化熏陶和西方现代文明影响的具体表现。不久,我也收到了斯坦福大学工业工程与运筹系寄来的一套申请材料,并叫我在支付申请费的同时,不要忘了加上这次厚厚大信封所花的五美元邮资,且我的托福成绩应尽可能地高。当我收到李教授的第三封回信后,我就决定只申请一所学校——密歇根州立大学了,因为他已经让系里为我"保留了一个助教奖学金名额",并叫我"赶紧用力准备下一次的 TOEFL"。

我 5 月份去上海考了托福,报名费是对我成长一直倾心关怀的硕士导师何旭初先生亲自出面向学校借的。结果是,我创造了南大数学系托福成绩的新纪录 557 分,之前的纪录是现在美国硅谷工作的姚栋园博士的 551 分,他和我是同级的硕士研究生,从中国科技大学考入周伯埙教授的门下,研习近世代数。想出国的本系同事们,居然要向我取经了。其实数学系的"英文高分",常常是其它系的"低分"。例如我的听力部分,只考了很差的 45 分。由于我几年中,精读了英语名家薄冰的《英语语法手册》好几遍——这是我在国内从头到尾看过的唯一一部英文语法书，加上阅读时力求理解，托福的语法和阅读理解这后两个部分，我分别考了63分和59分。薄冰教授2013年以九十高龄仙逝，我写了一篇微博，深深为他致哀，也感谢他写了这本好书。我一直以为，读书要精读所属领域中最优秀的，而不是随手拈来一本往往是坑害人的差书。能够辨别出好书坏书，因而知道应读哪本书，是一个年轻学生能否成功的关键之一。可惜许多老师，也不知道哪些书可以读，哪些书不该读，这就常让学生或家长不知所措。

然而，密歇根州立大学并不把我这个南大数学系托福最高分当回事，甚至都没有把我的申请材料送到数学系，因为我的听力分数没能达到校方所设定的最低要求52分。李天岩教授7月底从中国大陆访问后回到那里，才知道这些。他来信让我再考一次。这让刚刚被同事们的“吹捧”搞得有点“飘飘然”的我，情绪一下子“一落千丈”。我沮丧地回答他，短期内我不可能再考一次。我既无美元，学校大概也不可能再借钱给我，我也无脸再请何旭初先生向学校求情。我请李教授能否先将我推荐到托福要求稍低的一个学校过渡一下，譬如他曾经短期教过书的犹他大学。

留学的前景不可预测，我也只能听天由命。新学年刚开学不久，一封来自密歇根州立大学数学系的公函，突然飞抵我手。这是系里专门负责研究生事务的普拉金(Jocob M. Plotkin)教授8月29日写来的。这封录取信不知读了多少遍，以至于30年以后，我还能一字不漏地背出来：

Dear Mr. Ding,

I have discussed your application with Professor T. Y. Li. Since you have such a strong record in mathematics, we want to recommend that you be admitted into our program in winter term of 1986 which starts on January 2, 1986. Because of the 45 score in one section of your TOEFL exam, your admission will be provisional. This means that you may be required to take English classes when you arrive here. The language classes required (if any) will be determined by our English Language Center.

Your application fee is being paid by our department. If you have any questions, please write me.

Yours truly,

J. M. Plotkin

Director of Graduate Affairs

这封信内容的中文翻译如下：

我已经和李天岩教授讨论了你的申请。因为你有很强的数学记录，我们想推荐录取你并于1986年冬季学期入学，开学日期为1986年1月2日。因为你托福考试中有一部分成绩为45分，你的录取是预备性的。这意味着你到达后可能要修一些英文课。所要求的英文课(假如你必须修的话)将由我校的英语中心决定。

你的申请费已由我系付了。如有任何问题，请给我写信。

金秋十月的一天，我终于收到了普拉金教授的正式录取函，签署的日期是10月7日，恰巧是我的生日。这让我感到异常的亲切和喜悦。

就这样，27岁的我，怀揣可怜的50美元，心怀大大的未来憧憬，来到了美国这个陌生的国度，去追寻我的博士之梦。

第三章　新的发现

任何人来到新地方，除非不善观察或麻木不仁，都会有新发现，更遑论来到新国家。到达密歇根州立大学的第一个学期，甚至第一个月、第一周、第一天，我都有与传统观念、习惯思维不一致甚而相左的观察和感触。

如前所述，在兰辛机场，那位素不相识的美国人，主动替我付费，拨打公用电话，已让我这个刚刚到达的外国人，内心温暖不已。20 世纪 80 年代，中国人与美国人的直接交往甚少，报刊很少报道西方社会的风土与文化，我们对西洋人知之甚少。即便是现在，我每次回国和亲朋好友聊天，同样发现他们当中的绝大多数，对美国人、美国文化及美国教育，依然缺乏充分而客观的了解。

在国内，我在较苏南地区相对贫穷的苏北长大，家乡人民的普遍看法是“越穷越大方”，反过来说就是“越富越小气”。这个命题虽然无法严格证明，但我耳闻目睹或直接经历过的众多例子，可充当不完全归纳法的一种示范。譬如说在我家乡，来客人了，乡亲们常常拿出最好的东西招待，而不是敷衍了事。我到现在还怀念那些左邻右舍，就是因为淳朴百姓破旧的外衣里裹着的是一颗火热的心。这颗心如果在中国的发达地区跳动，温度可能要降低好几度。因此，我去美国前，根本没有冀望过感触到洋人“火热的心”，因为那是个“世界发达地区”。

来美不久，在这室外寒冷无比的“多雪冬天”，我又一次地被这颗火热的心烧得滚烫。我第二次去银行办事时，尽管沈韵秋曾开车带我去过那里，但被时差折磨得朦朦胧胧的我，并不清楚它的精确“坐标”，只知道从我居住的公寓，向东走几分钟路就到。但是，当我步行到那里，在皑皑白雪的冻土上，一排排的平顶砖房，稀稀落落地到处站着。我茫然了，一时看不出何处是银行的招牌。正在张望之中，一对老夫妻跨进停放在不远处他们的私家车，准备离开。我赶紧走过去，问他们信用社在哪里。女方听到我结结巴巴的英文，似乎马上推断出我定是个新同学，怕即便指出方向，我还是找不到目的地，就让她的丈夫坐在车里等着，她在冰天雪地上，陪我走到百米外的银行门口，并一直把我送进某间办公室，才放心地离去。从那时起，我就认识到，心肠的冷暖与富裕的程度，根本没有什么函数关系。后来的观察与思考让我明白，这些特质是和从小受到的教育，以及教育所支撑着的整个社会的文化、传统、信念、文明等密切相关。

那时，密歇根州立大学采用的是短学期制（quarter），而不是我们已经习以为常、绝大多数学校使用的春秋两学期的学期制（semester）。这个短学期制，肇始于 1890 年建校的芝加哥大学，由它的首任校长哈珀（William Rainey Harper，1856—1906）提出并实践，将一学年分为约十星期长的秋季、冬季及春季三个学期。一般而论，短学期制的秋季学期从 9 月上旬到 12 月中旬，冬季学期从 1 月上旬到 3 月中旬，春季学期则从 3 月下旬到 6 月上旬；而传统的学期制，秋季学期从 8 月下旬到 12 月中旬，春季学期则从 1 月中旬到 5 月上旬。20 世纪中叶起，美国许多州立大学纷纷改用短学期，但现在绝大多数又回归到传统的学期制了。我毕业后的第二年，即 1991 年，母校也脱离了短学期制。

我到达美国的当天是元旦，全美国还处于和中国春节一样隆重的圣诞节、新年假日之中，但学校的行政办公机构，第二天就开始了工作。1 月 3 日上午，我在沈韵秋的帮助下，去学校的国际学生中心报到，办理新生入学手续。当注册我读书的第一个学期、本学年第二学期——冬季学期的课程时，我本想多修数学课，但普拉金教授却不慌不忙地对我说："不要着急，先把英文学好。"他对中国研究生总体的印象是：数学没问题，英文有问题。

冬季学期 1 月 6 日星期一，就正式开始上课了。没有大会小会，没有领导的动员报告，更没有形式主义的繁文缛节，所有学生各就各位，从校园内外的四面八方走到指定的教室上课。因为我的托福听力部分未过关，加上来校后，在英语中心的英文听力考试还是没通过，于是必须修英文听力课和随之搭配的英文写作课，因此第一学期，我仅仅正式修了一门数学课。当然，我为了及早通过博士资格考试，同时也旁听了几门研究生数学课，意在一石二鸟：既重温了数学内容，又浸润于英文环境。第一周所经历的国际学生报到、学期注册、缴纳学费、房费和医疗保险费等，看到学校的行政管理人员，几乎都是笑容可掬，办起事来干净利索，有条不紊。这种高效率程序化的做法，让我惊讶，更让我佩服。

但是，令我惊奇的大部分新发现，都与"教育"直接关联。我的助教奖学金，需要我平均每周为系里工作 20 小时。第一学期，我的主要工作是答疑，即在规定的时间内坐在教室里，等待学生来问数学问题。后来我开始教小班的习题课，即教授每周教两三次，一二百人的大班初等微积分或学院代数（相当于高中代数），这个大班分成30人左右的许多小班，让我们助教每周一两次，在小班上讲解习题，包括回答学生提出的任何数学疑问。这个“助教”，并非等同于国内大学教师职称之一的“助教”，而是让那些获得校方助教奖学金经济资助的研究生，担任的一种教学辅助工作 teaching assistant，简称TA，可以直译为“教学助理”。它和美国大学教授的三档职称中最低一级的“助理教授”(assistant professor)，完全是两码事。

美国是联邦制，除了极少数特殊高等学府如军事学院以外，没有国立大学。州立大学的生源主要是本州的高中毕业生，教育经费除了学费外，主要靠州议会批准的州政府财政拨款，花的是本州纳税人的钱。所以，来自州内的学生，只需缴纳所谓的“州内学费”(in-state tuition)，而来自外州的学生包括外国学生，则要支付“州外学费”(out-of-state tuition)，一般为前者的两三倍或更多。当然，享受不同类型奖学金资助的学生常常有免缴学费的优待。由于州内学费的吸引力，州立大学是本州绝大多数高中毕业生报考大学时的首选。研究型的州立大学，由于实力雄厚，学生的质量普遍高于一般教学型的州立大学。例如，加利福尼亚大学系统的入学标准，远高于同州的加利福尼亚州立大学(California State University)群体。前者有10个校区，包括十年前新建的美熹德(Merced)校区，都是响当当的研究型大学，其中以伯克利校区最为有名。后者则有多达23个的校区，分布于这个美国人口第一大州，南北方向长条形的纵向地带，学生人数接近44万之众，几乎是加州大学的两倍，成为美国最大的四年制大学系统。

顺便一提，美国许多大学的英文名字，翻成中文几乎一样，容易被国人误解。不说别人，就说先父，他当年也以为，录取我的密歇根州立大学，就是中国人知道得更多、历史也更为悠久的大学——名闻遐迩的密歇根大学（University of Michigan），逢人便说，后来我也懒得纠正，也理解在“文革”中吃尽苦头的他，为儿子骄傲的心态。和世界名校芝加哥大学（University of Chicago）同处一城的地方性大学——芝加哥州立大学（Chicago State University），如果也翻译成芝加哥大学，那就成了笑话。前者为私立大学，后者则为公立，它们的学术声誉当然也相距十万八千里远。仿冒哥伦比亚大学（Columbia University）的野鸡大学 Columbia State University（哥伦比亚州立大学），房子在美国西海岸的加州，通讯地址却在几千公里之外的东南部路易斯安那州，1998 年终因贩卖文凭，而被法院强行关闭。中国的大学名字，也未尝不忽悠人？几年前，我系录取了一位台湾来的研究生，他第一次来我办公室时，我问他在何校毕业，答曰“台大”，我想当然地以为是台湾第一学府台湾大学，不禁刮目相看。后来才知是我从未听说过的台湾科技大学。

密歇根州立大学的名气，虽然不及百余公里远之外、号称“美国大学之母”的密歇根大学那么响亮，却也是一所实力很强的公立大学。它 1855 年以密歇根州农学院之名建校，为美国历史上的第一家农学院，也是“赠地大学”的先驱。赠地大学由联邦众议员莫雷尔（Justin Smith Morrill，1810—1898）于 1857 年最初提出，最终在 1862 年因林肯总统签字的“莫雷尔赠地学院法案”（Morrill Land-Grant Colleges Act）生效。据此，联邦政府为大力发展高等教育，而将自己控制的土地，赠与各州政府卖钱，来兴办和资助培养工农业实用人才的大学。美国 50 个州中，几乎所有的以州名起头的州立大学，如爱荷华州立大学，或我已定居 25 年的密西西比州旗下的密西西比州立大学,都以农学院起家,盖因美国从19世纪下半叶开始的现代化,首先以农业现代化鸣锣开道,自然各州的农学院应运而生,后来都成长为本州的主要州立大学。这些大学都以工程研究著称,它们为美国传统的工业现代化和目前快速发展的信息现代化立下了汗马功劳。

密歇根州立大学建校100年之后,在其校史上最杰出的校长约翰·汉纳(John A. Hannah,1902—1991,1941—1969在位)的领导下,发展迅猛,成了一所研究型综合大学,并将当时的校名"密歇根农业及技术大学",改为名副其实的现名。据说此举曾得到密歇根大学的强烈反对,因为后者本州老大的"独裁地位"受到了有力挑战。的确,不像在中国人思维中固有的观念"好大学什么都好"(这和另一个思维模式"院士什么都懂"一样幼稚可笑),密歇根州立大学有不少专业,把老大哥甩在后面。比如说,它的农学专业与康奈尔大学,一直在美国傲视群雄。我们每天喝的牛奶能在冰箱内放置多日而不会变质,就是因为当年密歇根州农学院科学家的伟大贡献。其它的如核物理,大哥也只能向排名全美第一的小弟称臣。在国人的眼里,哈佛大学是最杰出大学的代表,但是它的计算机科学系在美国的顶尖大学中,算是比较差的,如果读者相信著名杂志《美国新闻与世界报道》(*US News and World Reports*)的权威排名,在这个行当,它的排名常落到二十名之外。曾经录取过我的南京大学计算机软件专业,它的尖子毕业生想去美国读研究生学位的最理想大学,却可能是许多中国人几乎闻所未闻的学校卡内基梅隆大学。那里有排名世界第一的计算机专业,其高年级本科生能让麻省理工学院的研究生害怕。在中国家喻户晓的李开复博士,就在那所学校撰写了有名的博士论文,其印度裔导师,是计算机界有诺贝尔奖之称的图灵奖获得者。我的博士论文导师李天岩教授的台湾新竹清华大学同班同学孔祥重博士，曾是卡内基梅隆大学的计算机科学系教授，后来被挖到哈佛去当讲座教授，他幽默地说自己“到那里养老去了”。

从相对落后的中国，来到占地面积可以覆盖50个南大鼓楼老校区的密歇根州立大学，第一次给美国大学生教室答疑前，我想，班上是全世界最发达国家的学生，他们的脑子也一定是最灵光的，知识也一定是最丰富的，一定要使出浑身解数教，不能让他们小看自己。没想到，一个小时下来，学生问的问题十分简单，都是我想都不要想就能回答的。比如像多项式这样的最简单初等函数的导数运算，或一元二次方程的求根公式。我惊讶地发现，大部分人都背不出我们从小就记得滚瓜烂熟的最基本代数恒等式，像平方差公式之类的。我甚至都怀疑他们是否读过高中，因为这些初等代数的知识，中国的大部分初中生都已掌握得透熟。这样的学生毕业后，真的能成为美国各行各业到处都有的杰出科学家和工程师吗？刚刚进入美国高等教育体制的我，真是百思不得其解。是因为这个有4.5万名学生的大学规模太大？还是由于基础课大班人数太多，而使得教学效果不彰？其实不然，十年后我的一位朋友步起跃教授告诉我，他所任教的美国最著名的女校韦尔斯理学院(Wellesley College)，班上的大学生绝大多数也背不出解一元二次方程的求根公式。但是这个学校的毕业生中杰出人才无数，包括了宋美龄、谢冰心、希拉里·克林顿等中国人耳熟能详的大名人。

另一个让我吃惊的事是，这些基础课的学生一般不需要交作业。教大班课的教授教完了书中的一节，学生下课后，为了巩固课堂所学，应该做教学大纲中所布置的家庭作业。我们助教答疑或教小班的习题课，就是为了解惑他们做作业所遇到的问题，或做一些额外的题目，帮助他们加深理解概念。但是，除了个别教授的习惯做法或特殊要求，我们被告知不必收他们的作业批阅评分。也就是说，与国内的做法不一样，这里的学生修基础数学课的成绩，是按平时考试和期末大考的平均数确定的，而与家庭作业基本无关。这样，从理论上讲，学生可以不做习题，只要能考出好成绩来就行，真是太自由了。

几周后，整个大班要进行一次统一的课堂考核。我和其他几个答疑或者教授习题课的助教，负责几个小班的监考。在我来美第一次监考的班上，发下考卷后还不到一刻钟，一位男同学就交卷了。我想，终于见到一个交卷快的好学生了，不由得一阵兴奋，心想美国还是有数学好的。他出门后，我好奇地打开了他的答卷。天啦，几乎什么也没有写，是不会做才马上交卷的。这又与我的常识冲突。我那个时代的南京大学，交卷早的都是成绩拔尖的学生。我的一个女同学一直是班上的学习委员，聪明得很，大学四年成绩全班第一。不仅每次数学考试都得优，政治什么的也是优，搞得别人都有点妒忌了。当然每次考试，她也是交卷最早者之一。尤其绝的是，当我们许多同学大学毕业前，一起参加本校八一级研究生入学考试时，有同学紧张得不放过考试前最后一分钟的看题背书，她却是悠哉游哉地晃进教室，一边吃零食一边做试题，又是很快交卷。结果是，那年南京大学在全国录取的大约 180 名研究生中，她的总成绩再次排名第一，在校刊上风光了一把。另一方面，大学各系的那些勉强及格或干脆不及格的，每次考试总是苦思冥想，不拖到最后一分钟不交卷，甚至死皮赖脸地乞求老师再赏几分钟，不得已才痛苦地交卷。哪有不会做 15 分钟就交卷的道理？一些诚实度不太高的学生甚至想方设法，偷看别人的答案，绝不会提前交卷的。分数是革命的本钱啊。

但是，这个美国学生的举动出乎我意料之外。是的，从学习的角度来评价，他可能不是一个好学生，至少从这次考试的结果来看是这样。但是，他却没有抄旁边同学的答案，而是像一个天才似的快速交了卷，并不想在那里磨蹭时间。小教室坐满了学生，他歪一下头就可以增加自己的考分，但是他没有这么干，大概是对属于别人的分数不感兴趣。

更多的意外，发生在我开始讲授习题课之后。第一次小考改完考卷，准备下次习题课时发给学生。这时，大班授课的教授，特地交代我学校的有关政策及注意事项，这又让我惊讶起来。他关照我，任何学生的所有成绩，均是其个人隐私，绝对不能公开。假如发回考卷时该生未来上课，千万不能让其他人代为领取答卷。另外，碰到学生打电话问及自己的考试成绩，也坚决不能告诉，以防别人冒领，即便对方货真价实也不行。后来电子邮件流行了，同样不能通过电子邮件告诉学生的成绩。回想起我在国内求学的年代，班上所有同学的成绩，客观上都是透明或半透明的。虽然那时我们的大中小学校，还没有像现在这样，把学生成绩透明到从第一到最末的精确排序，但是，班上谁的成绩领先，谁拖后腿，或甘居中游，我们基本上心中有数。我们大致知道一门课谁考得最好，谁没有及格，因为全班同学的考试成绩放在那里，可以看到。成绩好的同学应该最喜欢这样的透明度了，而不及格挂红灯的则恨死它了。但胳膊扭不过大腿，怨也无用，眼瞪瞪地看到自己像“文革”中的牛鬼蛇神一样，被揪出来公开示众。可是，我们的老师一贯相信，家长们也认可，成绩公开化，可以鼓励先进学生更加努力，鞭策后进同学迎头赶上。

当然，经过第一学期的教学实践，包括自己的必修课和旁听课，我有了许许多多的其它小发现，有的甚为惊讶，有的则感到好奇，还有一些属于与我们不同的习惯做法。举个例子，我们的大学生哪一年进校，就称为哪一级的学生。然后，哪一年毕业，就说是哪一届的毕业生。例如，2000 年入学的新生称为 2000 级学生或 2004 届毕业生。但在美国，没有“级届”之分，官方记录与平时叫法，都只说预期毕业的那一年。比如说，2015 年进校的大学新生，一律都叫 2019 届。这种不同，到处都有。各级机构每一年的预算方案，总是以终点年份标号。如每个大学的 2016 年度教育经费预算，指的并不是 2016—2017 学年的各项开支，而是关于 2015—2016 这一年。我们的食品包装袋上，记录的是生产日期（当然找不到日期的也很多），他们的食品包装印上去的，则为过期之日或最好在某天之前食用的日期。这种向后推移只看终点记载年月日的做法，和我们一切以起点为准的法则，恰恰形成有趣的对照。从数学上看就是一个区间的不同端点，我们重视起点，因而催生了一句口号“不让孩子输在起跑线上”；他们强调终点，催生了格言“谁笑到最后，谁笑得最好”。如此哲学，甚至也反映在年龄的计数上，我们一生下来，就已经是“一岁”了，让美国人觉得奇怪，他们活了整整 365 天后才算一岁。我们的妙处是可以早点入学，以便提前起跑，晚年去世时也比人家“高寿”一年。2014 年 9 月 19 日，阿里巴巴公司在美国纽约华尔街的股票交易市场上市。之前一日的全美大报纸《今日美国》(*USA Today*)的金融版首页上，一张马云踌躇满志演讲的全身大照片下，饱含幽默的一句说明文字很有意思：

1964 年 10 月出生的他是 49 岁还是 50 岁？

我从小读到硕士研究生毕业，看到的都是，值日生或班级干部擦好黑板后，教师走上讲台。师道尊严在这细节中得以体现。我出国前教了一年半的书，也充分享受了这个殊荣。来美国后发现这里的教授上课时，做的第一件事是擦黑板，因为没有哪个学生会事先把它擦得干干净净，更没有哪个“要求入党的积极分子”抢着干。当年我们的同学中，不光有积极擦黑板的，还有主动打扫厕所的，个别女同学甚至自告奋勇到男同学楼的厕所，把它擦洗得干干净净。他们最后大都实现了入党的夙愿。在美国，教本节课的老师下课以后，需擦完黑板才走。当然也有例外。我系一位亚洲同事，坚持他的本国传统，上课前不擦黑板，因为前一节课的教师已经替他擦过了；但他下课时扬长而去，将黑板留给后一节课的人来清理。替他做扫尾工作的其他教员，对其不甚公平的做法颇有微词，我亲见一名女讲师当面质问他，为何不擦黑板？须知，学生是交了学费来读书的，他们不会以替教授擦黑板的方式来“要求进步”的。但是，我后来不时发现，他们常常是许多费时费力的公益活动的积极参与者，而不怀有暗藏内心的明确目的，更不计较任何利益的个人得失。他们也常常帮助别人，并不求回报。

习惯成自然。我在美国教书擦了多年的黑板，回到国内短期讲学时，也照擦不误。最大的好处是，擦去了老师与学生之间潜在的“唯师独尊”的界线。扬州大学有一位名叫朱琳玲的研究生，听了我的讲课后，曾经在她的博文中这样细致地描述：

> 我们上课的教室是商经楼的小教室，只有两块小黑板，往往写一两个定理或是写几个矩阵就没有空间了，老师总是不

厌其烦地擦黑板。甚至每次上完课离开教室，老师也习惯性地把黑板擦干净了再离开。他说，在美国，老师都是自己擦黑板的。有同学很心疼，课前或是课间悄悄地帮老师把黑板擦了，老师总是很感激。

还有一个新发现，看上去与读书、教学没有什么直接关系，却曾让我回味无穷。其实这个发现，在我出国前与李天岩教授的一次国际长途通话中，就依稀可见了，但来美后，才能把它总结成一个普遍的文明现象。那时在国内打国际长途要去电信局，付了令人心疼的十天工资，才能被领到一个小电话亭里说上三分钟。当我听到李教授拿起话筒，说了一声“Hello”时，他的声音之轻，与他同年 6 月初在广州中山大学教课一周时，留给我深刻印象的激情迸发，简直判若两人。我差一点以为号码拨错，打到别人家去了。短短三分钟的交谈，我这边习惯性地声音越说越响，幸亏封闭的电话亭，声音传不出去。电话那边的轻声依然如故，不慌不忙。我挂上话筒后，甚至怀疑他会不会没听懂我请他办的事——嗓门大的人往往潜意识里希望对方和他一样大喊大叫，否则会以为对方没听见。可是，李教授完全明白了我之所托。不久密歇根州立大学的国际学生办公室就按我所求，寄来了通常用于公费留学生赴美读书的“交换学生”IAP—66 签证表格，尽管我没花政府一分钱，是实质上的自费留学生。按照当时的国家留学政策，我算是“自费公派”，因而也必须以此签证进入美国。

那次打电话美国时间是在晚上，但我不知到底是晚上几点，因为我还不知道美国和中国不一样，全国同时有好几个时区。事后我想，通话时也许李教授的家人正在休息，他只能低声与我交谈。然而他大概没想到，在经历过“文革”喇叭到处震天响的中国人，耳膜整天被马路上不耐烦的车辆叫喝声撞来撞去，人民大众的听力已经大幅度下降，分贝太小的声波似乎就影响不到鼓膜的世界了。难怪我们的同胞走遍全球，留下的全是高分贝的振动频率。

果然，一到美国，除了课堂上感染学生的荡气回肠，到处听到的都是轻声细语，像风声雨声一样“声声入耳”。我每次去李教授的办公室，他每当拿听筒讲话的声音总是很轻，因为隔壁的教授在工作，不能放任自己的声音干扰对方。但是他教起课来，声音又是那么的洪亮。这是令学生击掌喝彩的高强度喉咙，这样的大分贝感染了听众，让他们赞叹于思想的精巧，让他们浸淫于知识的海洋。与其他教授及美国学生交谈，我也发现他们只要在公共场合，声音总是压得很低，仿佛不相干人物的存在，就是一道无声的命令：请不要打搅别人。很快我就懂得，这就是美国人尊重他人、注重公众形象的具体体现之一。从小他们就被父母教导，不要在公共场所妨碍别人。在日常生活举止上，他们已经习惯于大庭广众前不大声喧哗、排队买票时不随便插队。他们极度尊重别人的隐私，拜访他人前，总是先打电话预约时间，不会不请自到，将主人逼向难堪之境；进入别人办公地盘或私人卧室前，总是先敲门，绝没有破门而入之举；甚至吃饭时都习惯于抿嘴嚼食，注重饭桌文明形象，餐厅里基本上听不到“咂嘴进行曲”。

毕业后我开始参加本系行政事务会议，发现了更多有趣的现象。讨论系务问题时，教授之间常有不同意见，如果不懂英文的人，听到他们的各自发言，绝对想不到他们会严重地不同意对方的观点，因为他们讲话的方式依然一如平常，语气平和，甚至像恋人亲密交谈时的柔情蜜意。这在中国是难以想象的，除非吵架的一方涵养极深，以柔克刚。但如今这样的情形，已和大熊猫一样稀有了。我认识的一名办事能力颇强的南大校友，那时当班干部时，不知何故曾令一位女同学极为反感，某次在集体食堂的餐桌边，旁若无人地当众大声谩骂他。他却骂不还口，神态自然，奉行了一次“好男不和女斗”的古训，至少在形象上胜了对方一筹。但是，在我们国人的逻辑里，吵架时似乎声音越响，理由越足，连用了上千年的成语“理直气壮”，好像都能佐证这个明显的正比关系。在大城市的街巷弄堂里走一圈，常会听到振幅越来越大的对骂声。这种怒目而视的叫喊，我在美国住家的周围社区，想听也难以听到。我在学校教书的二十多年间，记得只有一次目睹一位美国同事开会争论时，不小心嗓门提高了大约 30 分贝。不过那次他的确太生气了，以至于忘记了本人的欧洲血统，失去了平时一贯保持的绅士风度，把自己降格到一般的市井阶层。

其实，正如一位文理俱佳的年轻数学博士林开亮告诉我的，电机学家陈之藩在《把酒论诗——悼雷宝华先生》一文的开篇就提到一件事：

> 是十几年前了罢，旧历年我从美国回到中国台湾。一堆新认识的小朋友在我家起哄让我写对联。雷宝华先生忽然来了，他也参加起哄。我说对联易写，词却不容易想出来。他说，你写我杜撰的这副：
>
> 理直气和，义正辞婉
>
> 境由心造，事在人为
>
> 大家一听，却不由得一怔。“和”与“婉”这两个字怎么改得这样好，先之以惊疑，继之以震撼。其中有一位中学生，慢慢地说：“雷伯伯，不是理直气壮，义正辞严吗？”

雷先生笑眯眯地抚着小朋友的头，解释说："理直气壮，应该是理直气和；义正辞严，可以改为义正辞婉。"他继续说："你想想，理既直矣，就不必气壮了；义既正了，又何必辞严呢？"

不仅美国人讲话时"低声下气"，连他们的汽车也变得"沉默寡言"了。这是我第一天从住处走去教室途中的最新鲜发现。回想在出国前，国内的汽车远比现在稀少，私家车更是凤毛麟角。坐小轿车的大多是高人一等的阶层，司机的气概也水涨船高了。见到行人挡路，自然不爽，不是拿喇叭出气，就是横冲直撞让行人吓一跳。这种国内大街小巷里司空见惯的现象，可以将我小学高年级语文老师胡贵宝先生，用于演示标点符号之妙用的无标点符号告示例子"行路人等不得在此小便"，改成"行路人等，不得在此挡车"来概括。记得胡老师当年在课堂上，让内急难耐的聪明人借了一支笔，在缺乏标点符号的告示中，加了两个救命的逗号，于是旧貌变新颜："行路人，等不得，在此小便。"于是此人救急成功，堂而皇之地就近撒尿了。美国的驾车者，服从的正是"行路人，等不得，在此挡车"的不成文交通规则。行路人走到哪里，都是马路十字路口的优先通行者，汽车则老老实实地停在那里，耐心等待他们完全通过，才慢慢启动再行。更有甚者，明明是汽车先到了路口，驾驶员也毕恭毕敬礼让三先，轻轻地一挥手，请行人先走，姿态比苏联老电影《列宁在一九一八》中的那句著名台词"让列宁同志先走"还要客气。

我终于知道了，在这个国度，有两大类主人，一类是学校的学生，另一类是十字路口的行人。

熟悉了这些小小的新发现后，我就沉浸在怡人的氛围中享受读书的乐趣。

第四章　埋头读书

数学系研究生事务主任普拉金教授对中国学生的强项劣势了然于胸，在我报到的第一天他就规劝我：数学不慌，英文先大抓。虽然我听从了他的建议，修了英语听力与英语写作两门课，但我除了正式注册颜宪尧(David H. Yen，1934—2011)教授的一门数学课外，还旁听了几门研究生基础课。其中两门是系里博士修课两大过关考试之一——博士资格考试的课程，目的是一箭双雕：既能帮助提高自己的英文听力水平，又能复习巩固资格考试的有关数学内容。颜教授是系里指派给我的学术顾问，如果我需要修课方面的指导，就可以找他请教。

这两门一学年的课，覆盖的内容(分析与代数)我在南大读本科时学过，但时隔多年未再复习，不重温一下是不行的。事实上，我到达学校的1月2日晚上，沈韵秋就告诉我，系里当天已经考过本学期的资格考第一门，第二天继续考第二门。他建议我去试一下，反正按规定，刚进校就参加资格考，通不过，不算失败。于是我在翌日上午，就去碰第二门的运气了，但是却碰上了难题，因为我的记忆库年久失修，而漏掉许多公式，结果没考过。尽管这个大胆的仓促应试，并未给未来的博士论文导师李天岩教授留下不太好的印象(他后来曾嘲弄过一位刚来读书而未敢考的大陆名校硕士，笑称资格考仅仅是用来“考美国笨蛋的”)，我实在是惭愧不已，因为这是自己的考试历史中，一个刷不掉的污点。我听说那一学年开始的秋季学期开学前，来了两个四川大学的年轻硕士前来攻博。他们向系里要来了几份过去几年资格考试的卷子看了看，准备了十来天工夫，就通过了9月初的这两门考试。而四个月后的冬季学期刚开始，他们又通过了更难对付的两门“博士预备考试”。如此的神速让我自叹弗如。这两位成都数学才子——吕克宁和郑德超——做学问的精神与做人的方式都一直为我所敬重，几十年来他们已成为各自研究领域中的佼佼者。

但是，我对自己的实力是有自信心的。回想起刚进南大时，看到早两个月入学的同学，好像都是“拼命三郎”，个个似乎“武林高手”。不少人超前学习，仿佛什么都懂，吓得我一周下来瘦了一圈，让来南京出差顺便看我的家兄大吃一惊。但是不久我就发现，只要我能真正搞懂基本的重要数学概念，循序渐进，学习上就会立于不败之地。多年来逐步养成的自学能力，这时派上了好用场，很快就在同批录取的学友中脱颖而出。我至今清晰地记得，第一学期教我们“立体解析几何”课的王永成老师对我们所说的一段自身体验：“我大学毕业的时候，几乎忘光了所有的公式，但是我却学会了怎样学数学。”的确，掌握学习的方法，远比牢记学习的内容更为重要，这就是“授之以鱼不如授之以渔”的道理。后去上海交通大学当教授的王老师最终成了一位在汉语排版方面颇有建树的计算机专家，大概和他学会了“怎样学数学”不无关系吧。他早年“忘光公式”的读书经历，验证了杰出代数几何学家广中平佑所说的一句名言：“学习的目的在于掌握智慧。”

我又像当年进南大一样埋头读书了。尽管时差困扰了我好几个月，我还是在一个短学期后，就顺利通过了可与托福等价的密歇根英文考试，不必再修听力与写作两门课了。我入学时的“条件录取”，也因此改成了名正言顺的“常规录取”(regular admission)。从第二个短学期——春季学期起，我的主要精力用在了数学上。我不仅注册了要交学费的研究生课程，而且还旁听了其它数学课，它们中的一些与我当时设想的未来研究领域没有直接关系，但是我比较喜欢涉及一些不同领域的东西，尽量拓宽自己的知识面。就像在南京大学时，学习再忙也坚持阅读人文书刊，在这里我像海绵一样地吸收某些数学领域方方面面的知识。为了尽快通过博士资格考试，我继续旁听这两门基础课。其中讲授实分析的拉彭(Peter A. Lappen)教授一副欧洲绅士派头，不苟言笑，走进教室就上黑板，其龙飞凤舞的板书，大概是我这辈子见到的写得最快的人。当年9月初，我就顺利通过了博士资格考试，第二年1月，又考完了两门博士预备考试，从日记中看到，至少有一门考了第一。

密歇根州立大学数学系应有尽有的课程设置和多多益善的讨论班(seminar)，成了我取之不尽的知识源泉。系里还拥有一个藏书丰富、装饰典雅的图书馆。当我报到的第一天，从研究生事务主任的秘书手中，接过除了我的助教办公室和大楼门钥匙之外的系图书馆钥匙，我差点儿惊呆了，她竟然如此相信一个刚来念书的外国研究生，不怕书被偷了？回想起母校南京大学图书馆曾经相信过学生，实施开架借书，几个月下来，许多书就不翼而飞了，因为一部分读书人，坚信鲁迅为小说《孔乙己》的主人公创造的名言——“窃书不算偷”。可是，在这里读书的那几年内，我从未听说过系图书馆的“监守自盗”。每个人充分享受使用图书馆的便利，尤其是在静谧的夜间，坐在舒适的单人沙发上，沉浸在数学思维的海洋里，感觉真是美妙至极。

在那里念书的四年半中，我修过、旁听过的各门课，授课老师特色、风格各异。我赴美后第一门数学课的任课老师颜宪尧教授，原籍山东，他从纽约大学柯朗数学科学研究所（Courant Institute of Mathematical Sciences，New York University）获得博士学位。德国数学家希尔伯特（David Hilbert，1862—1943）的学生、同事柯朗（Richard Courant，1888—1972），逃离纳粹德国后，以哥廷根大学的风格建立的这个研究所，它的应用数学在美国是龙头老大。颜教授比李天岩教授年长差不多十岁，彼此是亲密无间的同事。我修他的课也是由于李教授的建议，尽管这门“偏微分方程数值解”的基本内容，我早已在大三时学过。颜教授精通力学和微分方程，讲课风格如同他的处世为人，稳重厚实，逻辑严谨；说话语气从容不迫，四平八稳；板书则是小巧灵秀，与他高大的身材形成有趣的对照。我从他那里学到了做学问的严密和做人的平和。

我从其他教授的讲课中，不光吸收了有用的数学知识，也目睹了他们各自展示的多彩个性，并能熏陶于一些独特的教书艺术。1988—1989 那一年，我修了阿克斯拉（Sheldon Axler）教授的“高等泛函分析”课程。阿克斯拉教授具有典型的美国风格，性格开朗，崇尚自由与浪漫，绝非我后来在美国南方常常见到的保守主义分子。他本科毕业于普林斯顿大学，是美国数学界中广受尊敬的匈牙利裔数学家、数学写作与演讲大师哈尔莫斯（Paul Halmos，1916—2006）的再传弟子，论文导师为加州大学伯克利校区的数学教授萨拉森（Donald E. Sarason）。与其师爷一样，他也善于教书，流利的板书与优美的英文相得益彰。我从本科起，就喜欢泛函分析这门纯粹数学的分支，毕业前差点去考这个专业的研究生，所以一知道阿克斯拉教授将开这门课，我马上注册了。泛函分析的概念对计算数学家，相当于高等微积分对工程师的效用。这门三个短学期的课，没有专门的教科书，只有两本好教材——卢丁（Walters Rudin，1921—2010）的 *Functional Analysis*（《泛函分析》）和康威（C. B. Conway）的 *A Course in Functional Analysis*（《泛函分析教程》）作为参考书。连上三学期，却没有一次考试，只按平时课外作业所得的总分数，计算学期成绩。让人叫绝的是教授的评分标准：布置的习题，做对了得 10 分，不做得 0 分，但是如做错了，则得负 5 分。这就让修此课的学生紧张起来，不敢做错题。因为不考试，可以想象部分习题有相当的难度。大部分注册的学生，是那些将来要从事分析、方程或几何、拓扑方面研究的纯数学博士生，其中至少两人，就是任课教授本人的弟子。但他们也害怕得负分，经常互相讨论，不敢轻举妄动，贸然交题。班上有一位是刚通过国内某个留学基金项目考来的名校毕业生，计划跟随系里的名教授读博士，几年后却投奔了东海岸更有名大学的更有名教授拿到博士，现在早已是美国某一个研究型大学的教授，兼任母校的特聘教授了。当时的他，毕竟只有本科文凭，对这门难课信心不太足，不时来问我题目。有次作业发下来，某道题他得了 10 分，我却被倒扣了 5 分，因为我的解题证明过程太精炼而被教授认定不对。而他却因和我讨论才会做该题，但写得较为详细。当然，我课后向阿克斯拉教授解释了我的正确解答。经过仔细考虑，教授同意把分数从负 5 分上调为正 10 分，但不希望今后再看到我作业中的“马马虎虎”，从此我记住了他用的这个我第一次见到的英文名词 sloppiness。阿克斯拉教授的确是个讲课高手，以至于我和其他人提名他竞争系里的教学奖，他翌年就当之无愧地拿到了。后来我申请大学教职时，他热情地给我写了一封推荐信，不吝笔墨地夸奖了我在他这门别具风味一学年课上的“表现”。

但是，真正让我折服并对我后来的研究和教学生涯影响最大的教授，就是我投奔他而来的李天岩先生。1985 年 6 月初，当他第一次访问祖国大陆时，和他已在通信中认识的我，专程飞去中山大学听他的一周讲座，目睹了他手舞足蹈的课堂表演，也第一次听到题目被他妙译为《周期三则乱七八糟》的那篇他与其博士论文指导教授约克合写的著名论文“Period Three Implies Chaos”。那一周，我在他的讲座中学到的数学思想，可能比我整个硕士研究生阶段学到的还要多。这种感觉对于那些按部就班学习的人来说，可能以为是夸大其词。其实只要读一读美国普林斯顿高等研究院理论物理学家戴森（Freeman Dyson）写的一些回忆性文章或书籍，就会知道这种感觉的强烈。30 岁就被美国原子弹之父奥本海默（J. Robert Oppenheimer，1904—1967）院长挖去当教授的戴森回忆道，他在芝加哥大学与伟大的物理学家费米（Enrico Fermi，1901—1954）谈论他自己以为可行的一个物理计算时，费米 20 分钟的评述让他全然相信中国的老话“听君一席话，胜读十年书”。

我在南京大学数学系何旭初教授门下读硕士学位时，从第一个学期起，导师就让我们几位研究生举办讨论班。他也亲自参加，不时发表有启发性的真知灼见。其用意是，不仅让我们尽早在研究领域里登堂入室，更重要的是，培养我们的独立思考习惯，提高数学演讲能力。记得第一次轮到我报告的内容为，斯坦福大学工程-经济系统系伦伯格(David G. Luenberger)教授所著的最优化教科书《线性与非线性规划引论》(*Introduction to Linear and Nonlinear Programming*)中,关于线性规划对偶理论的那一节。我本着“数学是一个有机的整体”这一华罗庚教授曾经强调过的基本观点,将泛函分析中的对偶概念作为引子,用类比法自然地将对偶的思想贯彻到线性规划之中。这场我一生中的首次讨论班报告,得到了同学们的好评,平时不苟言笑的何先生也微笑了起来。可以说,我本科在南京大学打下了比较坚实的分析数学基础,硕士研究生阶段又有幸得到讨论班的有机训练,加上研究生第一学期,教我们专业基础课的沈祖和教授在讲授了一学期美国马里兰大学数学系奥泰噶(James M. Ortega,1932—2008)和雷英波特(Werner C. Rheinboldt)两位教授 1970 年出版的经典著作 *Iterative Solutions of Nonlinear Equations in Several Variables*(《非线性方程组之迭代解》)后,第二学期,就让我们学生主讲这本书的下半部分,这更强化了我们自学及讲解的能力。来美后,我信心十足地成为李天岩教授讨论班中的一员大将。

李天岩教授是个传奇式的人物,极具个性。他对讨论班的报告要求极高,不希望只讲什么定理证明的逻辑推理,或“莫名其妙的 ε-δ 语言”,他想听到的是那些条件结论背后的基本思想。如果你只想背书式地展示某个命题对一般自然数 n 都成立的证明,那你就错了。他想看到的是,你对 n=3 时的具体推演。对任意 n 都成立的论证步骤,也许你能倒背如流,却不会应付更简单的 n=3 特殊情形,因为你没有真懂这个定理,还仅仅停留在会背诵证明的阶段。这样的学生其实大有人在。李教授曾经告诉过我们,一位马里兰大学的研究生在博士资格口试时听到一道题,证明两个紧集的"笛卡儿乘积"也是紧集,她央求教授改证更一般的情形:任意多个紧集的笛卡儿乘积为紧集,因她早就将这个著名的吉洪诺夫(Andrey Nikolayevich Tikhonov,1906—1993)定理的证明背得滚瓜烂熟。

进校仅三周,还没正式进入讨论班,我就领教了李天岩教授对学术报告的严格要求。那天,他将一篇长达70多页的文章递给我,说:"我还不知你的水平到底在哪条线上,三个礼拜后你向我报告一下这篇文章的内容。"他在给我一个非官方的"博士资格考试"!论文作者雷内加(James Renegar)博士毕业后成了康奈尔大学的年轻数学教授,在学术界已崭露头角。他的这篇长文用了数学分支积分几何的工具,研究线性规划一类算法的计算复杂性,而对这个工具我是门外汉!但是,尽管我每天忙于修课旁听,还要倒时差,但我不能知难而退,辜负老师的期望。我从系图书馆借来了积分几何世界权威、西班牙数学家桑塔洛(Luis A. Santaló,1911—2001)教授的经典名著(若干年后我在国内见到该书吴大任教授的中文译本,备感亲切,便买回家收藏)。多年来不断提升的自学能力,让我在几天内就了解到这个工具的基本概念,并被以概率观点研究几何之美倾倒。对这个学科知之甚少的年轻学生,只要听说在画有两条直线的平面上,任意投掷细针大量次数,则可以用概率方法估计圆周率的值,就会对积分几何的先驱之一、法国植物学家和作家布丰(Georges de Buffon,1707—1788)古稀之年的天才创造啧啧称奇。

三周到了,我站在李教授办公室的黑板前准备大显身手之时,只见他坐在椅子上,双脚放在办公桌上(这并不显示他傲慢无礼,而是在美国司空见惯的现象),嘴里突然吐出令我惊讶的一句话:

"你要把我当成笨蛋,我什么也不懂。"堂堂大教授,什么也不懂?霎时间,我全明白了,他是在考察我讲课的本领、演讲的效果,是否真能让"笨蛋"也能听懂"高深的数学"。我知道我的短处是普通话发音较差,家乡口音颇重,但是我希望用我的一点长处来弥补,这个小小的长处就是:只要是我已经真正弄懂的东西,我基本上能讲得让普通人也能听懂。这部分是来自天赋的父母教书基因,部分是来自南大受到的教学训练。

第一次报告完毕,李教授未置一词。他很少当面表扬人,但我清楚得很,我把这个"笨蛋"教会了。第二周我更胸有成竹了,讲完后,他说:"你回去给我写个关于这篇文章的英文报告吧。"我舒了一口气,终于通过他独特的"资格考试"了。后来才知道,这篇文章是投给国际学术期刊《数学规划》(*Mathematical Programming*)的稿子,编辑部送到李教授的手里审阅。他就想出这个鬼点子,一石二鸟,既能据此给我的数学功夫和演讲能力打分,又让我有机会练习怎样写审稿报告。当然,他自己也节省了花在审稿上的时间,何乐而不为呢?这是我学术生涯中的第一次审稿,虽然是非官方的,因为我还是博士生,但对我却是意味深长,意义深远。

1986年的夏天,李教授开办了一个讨论班,专门讨论美国麻省理工学院斯特朗(Gilbert Strang)教授那年刚刚出版的新作 *Introduction to Applied Mathematics*(《应用数学导论》)。尽管因为还未考过博士预备考试(其实连博士资格考试还没过呢),那年夏天我拿不到系里的夏季助教资助,但我没有想到去校外打工赚钱,因为过去六个月拿到手的助教薪水剩下的钱,足够我这三个月的开销。我理所当然地参加了进来,参与讨论班的有李教授的两个博士生。他们是来自韩国国立汉城大学的李弘九(Noah Rhee)

和北京师范大学八一届毕业的张红。其他人包括颜宪尧教授的博士研究生、广西大学的八一届本科毕业生韦东明等。每个学生必须报告一章内容，我因在国内的硕士专业为最优化理论与方法，所以安排我报告关于最优化理论的那一章。

这是我在美国所做的第一次讨论班报告。尽管有过南大讨论班的几年训练，我还是把它当成一生中第一次作学术报告来准备。这的确是我一生中的第一次英文讨论班报告。我精读了斯特朗教授书的那章内容，梳理了几年来对这门学科的心得体会，决定用自己的语言，几何化地介绍最优化理论的基本想法。当我成竹在胸地上场报告前，李教授和我打了招呼，抱歉因有事要提前十分钟离场。那天我根本没有按照作者采用的教科书标准证明，推导等式约束最优化中著名的拉格朗日（Joseph Louis Comte de Lagrange，1736—1813）乘子法则，而是采用了多元微积分中方向导数概念的基本思想，一下子直观地推导出。我的英文口语表达能力，肯定还停留在起步阶段，但我自信的神态流露的是对这个法则比较透彻的理解——这归功于在南京大学读最优化专业硕士研究生时打下的基本功和认真的演讲准备。我从听众的面部表情中确信他们真的听懂了。演讲者最觉得意的事，莫过于感受到观众的共鸣。突然，我看到李教授站起来了，因为他要走了，但是他的嘴里先吐出了几个我永远记得的词，而且是中文词：“讲得不错，马列主义学得好！”

几天后，系里一位年纪与李教授相仿因而彼此常常聊天的博士研究生王铎告诉我，李教授跟他讲“丁玖有思想”。这五字评语虽然属于过奖之言，但让我非常高兴，因为我在未来博士论文导师的眼里基本过了关。中国的传统教育太多地强调“有知识”，催生了一句几千年令人羡慕的成语“学富五车”，但是在西方人的眼里，“有思想”的学者才是真正有创造力的学者。王铎“文革”前考入大学，我进大学不久他考上了北大的研究生，毕业后来到密歇根州立大学数学系，成了周修义教授的访问学者，后转为其门下的博士研究生。身材不高的周教授是李教授的师兄，因是在新加坡长大的华人，大学毕业后，没有去当兵，直奔美国，1970 年在约克教授那里拿到博士学位。虽然他较师弟年长两岁左右，看上去却十分年轻，精巧的面庞、炯炯的目光，一看就知道是个能干之人，可以在任何领域有所建树。我第一次见到他的时候，聊了两句。我用中文说到南京大学数学系的王牌队伍——叶彦谦教授的常微分方程定性理论团队及其在国内独树一帜的研究强项“极限环理论”，他则用英文回答我，“Not many people do that!”（没多少人干那玩意儿），一下子就把我镇住了，顿时对他格外尊敬。

虽然我在大学阶段读过的课外数学书，数目上可能不亚于课内教科书，但国内研究生的培养机制限制我们选修其它领域的课程。来到美国，我基本只修国内未系统学过的那些科目。第二年，我一见周教授要开一学年的“常微分方程与动力系统”研究生课程，就毫不犹豫地注册修课。周教授那时刚四十出头，手上有好几个研究基金，在系里工资最高，正处于研究生涯的高产期。他和林晓标的博士论文导师黑尔教授 1980 年合著的 *Theory of Bifurcation Methods*（《分支方法的理论》），是这个领域的主要参考书之一。他与颜教授或阿克斯拉教授的教课风格迥异，各有千秋。颜教授教书像潺潺流水，滋润心田，但难见波澜壮阔之举；阿克斯拉教授的课堂证明思路清晰，逻辑性强，滴水不漏；周教授的讲台表演则是天马行空，随心所欲，从大处着想而不拘小节。在推演过程中他常让我们帮忙，因为他忘记了下一步该用到的三角函数的某个恒等式。这就从某一方面佐证了王永成老师所坦承的“忘光公式”，确有知音。记不得又有什么关系呢？我们学生最需要的只是思想，而周教授向我们传授了做研究的思想！

当相对论在全世界响彻云霄之时，曾有一名无知无畏的青年，想考一下伟大的爱因斯坦，问他声音在水中的传播速度是多少。爱因斯坦不慌不忙地回答道，先生，我记不得了，但是您可以从任何一本物理教科书上查到。几年前，我有一次在回国的飞机上，与邻座的一位美国人柴尔德莱斯（Russ Childress）先生闲聊中国的教育。这位北卡罗莱纳大学教堂山校区历史系的毕业生，常年来中国广东指导那里的一些出口家具生产。中国工程师在技术上非常听话，按部就班地遵循国外的设计方案，鲜有别出心裁的另辟蹊径之举。在谈到中国学生中普遍存在的创新不足的现象时，他引述了他曾在北京教物理的一位同胞朋友所说的一句俏皮话：如果老师在课堂上教 $2+3=5$ 这个等式，美国学生就会问为什么 $2+3$ 不等于 4 或 6，而中国学生则默默地将公式记在心里。不会思考或不想思考，是中国几千年填鸭式教育的后果之一。就在不久之前，我从某位高校领导的微博上，见到一位大学生粉丝网友留言：“我看见有的获奖名单后面注明是女的，那其他人是不是男的？”除非他是瞎胡闹，否则这就是“不想思考”的一个明证。

中国的教育太重视记忆术了，把学生大脑的存储功能挖掘到极限，但对人的大脑的最重要功能——思维——却视而不见，听而不闻，因而这种记忆力与理解力不能相辅相成，并驾齐驱。学校里到处鼓励的囫囵吞枣式的机械性记忆，一言以蔽之，就是死记硬背。动物也是有记忆力的，家养的犬对熟人摇尾，对生人狂吠，信鸽可以飞回千里之外的家。但是人和动物的区别就是，人可以思考，因此人可以被定义为“会思考的动物”。人会改造自然、改变世界，而动物则不能，就是归功于人的思维特性，而不是记忆特性，否则我们的宠物狗和猫，也能统治世界了。可惜，我们目前大行其道的应试教育，让我们的学生只会背公式而不爱甚至不会思考。美国20世纪下半叶最伟大的物理学家费恩曼（Richard Feynman，1918—1988）有个好父亲。他从小就告诉儿子，仅仅知道事物的名称而对事物的本质一无所知，等于什么也不知道。他举例说，有一只鸟，在不同的语言里，有不同的叫法。即便你背得了一百个叫法，却不知道它的习性，你对那只鸟还是一窍不通。这对我们“知其然而不知其所以然”的教育法，确实也是极妙的比喻。

如果说阿克斯拉教授的课程学期成绩不依据考试，只看平时作业，加上他的独特打分标准有点与众不同，那么周教授给学生最终评分的方法之简单，就更出人意料。我事后听说，交了课堂作业的，基本都拿到A，没交的也得个B。也就是说甚至是一个婴儿，只要能注册他的课，就能拿到B，因为婴儿当然是不会做作业的。姑且不论这种评分方式是否合理或太松，学生们却至少从这门课中观赏到做研究的艺术，部分人甚至可以从这里起步，奔向热门研究的前沿阵地。真正做研究的教授往往在分数面前，对学生特别宽宏大量；而有些早已在研究阵地上丢盔弃甲的教授，视分数为保持他们教授权威的最后一张招牌，不肯轻易放松，学生平均分数89.9时，也只能得到倒霉的B而与A无缘。

当然，最让我啧啧称奇的讲课风格，还是非李天岩教授莫属。

在1987—1988这一学年，他被国际上颇有名望的日本京都大学数理解析研究所请去，当了一年的讲座教授，据说薪水是日本大学正教授的一倍半。这个研究所共有十个讲座教授，其中九位是永久性职位，属于国内学者，只有一个讲座才向国外聘请。李教授在那里给京都大学数学系做了一系列的演讲，总题目为《[0, 1]上的遍历理论》。这一年里，我们几个他从祖国大陆招来的弟子，平时见不到导师表面上威严的面孔，像见不到猫的老鼠一样，活得的确自由自在，天天活蹦乱跳，但每个人都很自觉，普遍用功。我已经通过了博士学位要求的所有数学考试——资格考和预备考各两门及两门第二外语的考试。在继续修课的同时，我开始阅读别人发表的最新论文，并着手思考问题，撰写了我来美后的第一篇学术文章。当远在东方的李教授收到我的文章初稿后，给我回信时，不仅给予了学术建议，而且还大大褒扬了我自己找问题动手干的主观能动性。

1988年秋季学期，刚从东瀛满载而归的李天岩教授，决定开一学年的遍历理论课，用的讲义就是他在日本简单整理的演讲稿，目的是想经过课堂正式讲授，为以后可能写书做准备。这是我第一次正式注册他的课——高等应用数学选讲，注册者除了他几乎所有的中国博士生外，还有一对美国博士后夫妇，这迫使他不得不用英文授课。麻省理工学院的丁肇中教授为了提高国内来的访问学者的英语水平，平时故意不和他们讲汉语。但李教授却恰恰相反，只要没有洋人，总是满嘴汉语，甚至在大多是美国学生的班上，也偶尔耍点汉语的小把戏。有一次，他对注册他课的几个中国弟子的作业表现不甚满意，那天一进教室，他就直奔黑板，写下四个汉语大字——“眼高手低”，笑坏了不知其意的美国人，羞怯了比他小不了几岁的徒弟们。

关于课堂教学，写过皇皇巨著《古今数学思想》的美国应用数学家和数学史家克莱因(Morris Kline，1908—1992)对教师曾给出如下谆谆告诫：

> 我想力劝每位教师成为演员。他必须借助于剧场的每一种手段，来使课堂技巧生机盎然。在适当时他可以也应当成为戏剧性的。他不能仅给事实，缺乏火样热情。他甚至可以利用近乎怪癖的举动，来挑起人们的兴趣。他不应害怕幽默，而应将之应用自如。这样，即使是不相干的笑话，也会使课堂大大活跃起来。

坐在李天岩教授的课堂里，你大概对克莱因的话更能体会，因为他就是诠释这段话的范本。上他的课，满脑子都是瞌睡虫的人也不会想打盹。如果我来美的第一个学期就修他的课，那我的时差困扰也不会拖得那么久。他绝不是那种照本宣科的老学究，也不是按部就班只讲定理证明的标准师，更不是语速、频率、振幅几乎不随时间变化的教书匠。他讲课时面部表情多变，常常是手舞足蹈，吐出新的数学概念前，总是以生动的例子鸣锣开道，好让我们从容不迫地登堂入室。抑扬顿挫的语气，有时像潺潺流水，有时如惊涛骇浪，有时则仿佛美国黑人民权领袖马丁·路德·金最有名演讲中，重复他那著名句子“I have a dream !”(我有一个梦想!)那样，连续强调同一个单词，声音的分贝越来越高，把我们的激情也完全调动起来了。

第二个学期，那一对美国夫妇没有再来旁听，这样每节课教室里，荡漾的全是标准的台湾国语声，李教授上课时的肢体语言更加丰富多彩了，我们听得也更起劲了。本来，我们连混沌动力系统遍历理论的基本概念都几乎一无所知，但是这一学年，我们跟随他浸润于这片集纯数学几个学科知识于一体的理论大海，"遍历"畅快地吸收着令人神往的新知识。于我而言，我就像"混沌"所揭示的"蝴蝶效应"那样，根本没有预测到这门课，居然成就了我博士论文的方向。

第五章　教学助理

美国的高等教育，不管是本科还是研究生，一直对需要经济支持的优秀学子尽施援助之手，帮助他们完成学业。一旦录取，学生就不会因财政因素，而丢掉成才的机会。在后面的第十三章，我将专门谈及大学生的入学及教育资助问题。我当了教授后，才对此有更多的了解，对女儿、亲戚，以及同学、朋友子女考大学的过程，更有直接或间接的经历。

留在南大数学系教书后的1985年年初，我听说系里送了一个名单上去，因为中苏关系开始解冻，教育部考虑恢复派人去苏联留学。我是青年教师，读硕士研究生学位时，又在曾经翻译过苏联数学家那汤松（Isidor Pavlovich Natanson，1906—1964）名著《函数构造论》的何旭初先生鼓励下，修了一年的俄语课（当时非常后悔学徒时未和尤兆华师傅学俄文），自然是被系领导考虑的对象之一。我对苏联的数学佩服得五体投地，大一、大二年级修“数学分析”时，看过函数论列宁格勒（现圣彼得堡）学派奠基人菲赫金哥尔茨（Gregory Mikhailovich Fichtenholz，1888—1959）的多卷本参考书《微积分学教程》，读得如痴如醉。尤其是想到，如果能踏上莫斯科大学教学大楼的宽阔台阶，真是学术幸运之神的眷顾。但当我把这一潜在的可能性告知父母时，他们并不特别兴奋。斯大林时代的政治恐怖、"文化大革命"的全家遭遇、中苏交恶的历史，都让他们一想起来就心有余悸。他们不希望我去苏联，担心未来不可预测的政治风险，倒是希望我能有机会，去风平浪静的美国留个学。如果政府能发给我出国的护照，只要美国的大学录取了我，即便要缴纳全额的学费，他们也愿意"倾家荡产"让我赴美读书。

但是，我怎么能为了出国留洋，而让父母变卖家产，花掉一生的积蓄为我付学费？况且他们根本没有那么多的钱，我不是钱锺书《围城》里的主人公方鸿渐，没有他那么走运，可以怀揣亡故未婚妻之父母的大把银元，去欧洲游学，最后讨价还价，从爱尔兰人手里买个子虚乌有的美国"克莱登大学"的博士文凭，荣归故里。我的人生取向，完全与现今常见的"啃老族"现象背道而驰。我 14 岁就开始尽可能挣钱养活自己了。我的女儿后来在美国读大学，靠自己的能力赢得四年全额奖学金，也没有花过我一分钱学费，大概遗传了我的"不靠父母"的秉性。

我的父母均出生于 1928 年，家境不错。祖父的长子读过大学，据说和新中国第一任司法部长史良女士同学，民国年间在上海当律师；外祖父教了几十年的书，一些上进的学生成了民国的省级官员。1937 年，因为外祖父的大学同学陈杰夫在扬州中学担任高中部教导主任，他计划把自己不到九周岁的女儿，保送到扬州中学读初中。母亲说过他举荐的学生，不用再经过入学考试就能被录取，可见他的推荐信誉之高。但是日寇的铁蹄，踏碎了母亲的读书梦；日寇的子弹，也射穿了她未来夫君父亲的胸膛。从此，我的父母失去了学堂求学的场所，但聪明而勤奋的他们自学不辍。尤其是母亲，由于她父亲的亲自辅导，让她成为一个既饱读诗书又写得一手秀丽小楷的女才子。据说，父亲年轻时的书法，在赢得母亲的芳心过程中立有奇功。正因为父母少年时代，因侵略者烧进的战火而陷入教育的困境，他们对五个子女的成长，都倾注心血并寄予厚望。

美国的研究生教育机制，让我无需增加父母的经济负担，而实现自己的留学梦想。这就是各大学普遍实行的“助教奖学金”制度。这个制度基于一个信念：来自世界各地的研究生，均为明日社会之栋梁，应该竭尽全力帮助他们顺利完成学业；以及一个观察：他们已经在原先的大学，获得了雄厚的基础知识，完全有能力有资格将这种知识传授给大学的低年级学生。数学系最容易实行这种校方和研究生“双赢”的制度了。一些在中国的中学已经完成，因而在大学里不再教的初等数学课，如初等代数与三角函数，却堂而皇之地在美国的大学校园里，继续耀武扬威。当然这些课在哈佛大学、哥伦比亚大学那样的常春藤名校，不见了踪影。高中代数一旦进入大学，名字就需改动，摇身一变地叫做“学院代数”(College Algebra)，否则就不好意思大摇大摆地踏进大学校园了。奇怪的是同样内容的三角函数，在大学里没有被改名为“学院三角函数”。为什么大学生还在学高中的内容呢，尤其是在美国这样引领世界科技潮流的“超级大国”？

其实，只要会思考，答案就出来。我多年前曾在中国科学院数学与系统科学研究院下属的计算数学与科学/工程计算研究所，看到一份中国数学会访问美国科技教育界的考察报告，结论中有一句：“美国5%的知识精英创造了社会赖以进步的科技成果，而95%的平民百姓坐享其成。”这就是说，发达国家，并不是每个人都被带动发达起来，也不需要每人都发达。每个人都发达，就会导致每个人都灭亡。中国的古代成语，大多极富有哲理，“一山不容二虎”就是一例。如果山上都是老虎,山上也就无法安宁了。数学家苏步青教授担任复旦大学校长时也曾说过,如果每个中国人都搞“哥德巴赫猜想”,就会亡党亡国。美国教育理念的哲学基础来自社会常识,做法就非常简单:让每位学生自由地成长,尊重每人各自选择的人生道路,无需逼他们“好好读书”。这样的话,社会就出现“按需所学,各显神通”的平衡状态。

因此,除了那些招收了最优秀高中生的顶尖大学及学院,绝大多数的大学新生有相当的比例,还要重修中学的代数与三角,原因是他们“高考”的数学考分,低于学校定下的某个标准。这就可以解释,为何几乎所有的州立大学和所有的两年制社区学院,“学院代数”的班级甚至比微积分的还多。这些简单的数学课当然需要人来教。此外,每学期还有些教授主讲的初等微积分大课,分成几个小班要有配套的习题课。这些辅导课如果都让教授讲,就像歇后语所云“高射炮打蚊子——大材小用”了,系里的硕士、博士研究生完全可以胜任,教得好的甚至不亚于教授。另一方面,这些研究生教学助理,即通常所简称的 TA,由于付出了脑力劳动,理应获得相应的报酬,但他们的薪水与教授相比,根本就不在同一个层次上。这样,学校就以比教授便宜得多的价钱,雇到有资格开讲这类低档次课程的教员。而被雇来教书“半工半读”的研究生的收入——尽管与教授相比不可同日而语,但单位时间的收入高于像系秘书这样的普通百姓——就可以部分或完全地解决他们的学费和衣食住行的日常开销了。

为什么要提“单位时间的收入”呢?因为研究生的主要任务是读书,而不是工作,全职工作是毕业以后的事,因此系里的教学助理的资助性质大都是半日制的,即每周工作 20 小时,称为二分之一制助教。另有一部分的教学助理称为四分之一制助教，每周只工作 10 个小时，报酬也相应少了一半。他们或者资格欠缺，或者自己只想如此，或者是受雇的外系研究生。半日制教学助理的工作量一般是教两门课，每周花在教室讲课的时间为六个 50 分钟，因为通常学生修一门课，等价于获得三个学分，每周的上课时间总共 150 分钟，或为每周各花 50 分钟的三节课，或为每周各自耗时 75 分钟的两节课。也有个别人，主要是快拿到学位的博士候选人，不仅在本系享受到二分之一的助教资助，而且在别的系也谋到一份四分之一助教或类似的额外资助。

我实现了父母希望我去美国留学的愿望，也没有伸手向他们要学费、生活费。由于李天岩教授向普拉金教授强烈地推荐了我，托福听力部分没有达到密歇根州立大学研究生录取标准的我，不仅被录取了，而且还拿到一份让我欣喜万分的半日制助教资助。1985—1986 这一学年，助教奖学金的薪水是每个月 880 美元。这在当时是个什么样的概念呢？我出国前在南大当助教，每个月的工资七七八八加起来为 80 多元人民币。我的硕士导师何旭初先生是当时国内计算数学领域为数极少的“博士生导师”之一，有“北冯(康)南何(旭初)”之誉，他的工资收入每月不到两百元。南京大学数学系唯一的一级教授、1930 年代美国芝加哥大学数学博士、师从美国数学界领袖之一穆尔(Eliakim H. Moore，1862—1932)教授的曾远荣先生，每个月也只有 330 多元进账，而且从 50 年代起几十年如一日。当时美元对人民币的官方兑换率并不高，大概为一美元等于 3.8 元人民币。我后来归还南京大学借给我的赴美机票费 2400 元人民币，按要求寄去了一张将近 700 美元的个人支票，但民间或黑市的两币兑换率，则不止官方数据的双倍了。简单的算术就可知道，我这个正在读书学生的收入，是国内名教授的多少倍。当然，我每个月拿到手的工资，有一部分要花在学费上，根据注册修课的学分数而定，每月200美元左右。但剩下的钱，对于我的日常生活，是绰绰有余了。

刚开始时，由于我还在修英文听力和写作课，我的教学工作量较轻，只是给初等代数和初等微积分的学生答疑，每周不过十多个小时。第二学年，我开始教两个“微积分-Ⅰ”小班每周两次的习题课。美国和中国一样，理工科学生都要修微积分，但课程的设置和覆盖的内容，两个国家又不大一样。中国走的是苏联的老路，把大学新生分成三六九等。在我的母校南京大学，数学系的大一学生，因为将来的主要职业目标是数学教授或政府养着的职业数学家，从第一学期开始，要修两年的微积分课，名字就改叫“数学分析”，它比别的系科学生修的微积分，要难上加难，碰到的每一个定理，都要严格地证明，所有的考试题，大概80%都是证明题。尤其是一开始的极限理论，用的是最严格的ε-δ语言。班上少数几个智商高、接受能力强的同学自然不在话下，但苦坏了脑子暂时还转不过弯来的另外一些同学，任凭他们晚上十时全校强制性熄灯后，打电筒被窝里死扣，或是不畏难闻气味，“厕所偷光”加班加点，差点要凿壁偷光了，但一考试还是惨不忍睹，被ε-δ的语言打得鼻青脸肿，遍体鳞伤。李天岩教授曾在发表于台湾的普及杂志《数学传播》、后又在大陆《数学文化》杂志上转载的文章《回首来时路》中，幽默地回顾了他同寝室的同学，那时候如何急得“要写遗书想自杀”。

在中国，一方面，数学系的微积分太难，而另一方面，其它系的微积分有的也太容易了。它们统统称为“高等数学”，这个名字极具误导性，容易让人以为，所有的“高等数学”都收进那一两本书中了。在我们数学系学生的眼里，这些高等数学比初等数学还容易呢。在南大，高等数学按不同系的难易程度，有甲乙丙丁之分。比如说，物理、天文、气象对数学的要求较高，学甲类高等数学，地质、地理就要次之，化学、生物就更差了，哲学系的学生修门丁类数学大概就够了，其它像中文、历史、外语之类的，干脆不学最好。这就导致中国的人文社会科学工作者，读大学时受到的逻辑思维训练最少(除了中文系开设的“形式逻辑”课之外)。

但是，只要翻越了“极限理论”这座高山，微积分的十八般武艺掌握起来就不费吹灰之力了。所以，到了大二，数学系的学生大多不再想“自杀”了，而且越学越起劲，渐渐而容易变得自负起来，言必称“证明”，把其它的理工科专业，都看成是小儿科一般。更有甚者，个别太会证明的能人，以为没有数学证明，地球就转动不了。我听说过 20 世纪 50 年代的北大数学系，就有数学学得太好的政治糊涂虫学生，要求校方严格证明为什么“领导我们事业的核心力量是中国共产党”。

其实，刚刚高中毕业的大学新生，从一马平川的初等数学，立刻跑进荆棘丛生的高等数学，不会不在内心深处留下累累伤痕。刚会走路的孩子，就让他跑步，不跌破脑袋才怪呢。回顾微积分的几百年发展史，如果 17 世纪的青年牛顿当年把心思完全放在寻求微积分学的严格逻辑推理和基础性的实数理论，他大概也发明不了他称之为“流数”的导数术，甚至也无法推导出万有引力定律。作为微积分基础的极限理论，则是到了两百年以后的 19 世纪，才水到渠成地由法国人柯西(Augustin-Louis Cauchy，1789—1857)、德国人魏尔斯特拉斯(Karl Theodor Wilhelm Weierstrass，1815—

1897)及另一个德意志人戴德金(Julius Wilhelm Richard Dedekind,1831—1916)等严格分析学家,为微积分大厦浇注了坚实地基。但是如果我们的大学生一开始学习微积分时,不遵循牛顿基于直觉、源自应用、重视计算的脚步走,而是片面强调严格训练,一开始就是吓人的实数理论、上确界、下确界等超难概念,一些人不想自杀才是奇迹呢。

美国高等院校的课程设计师们,聪明地懂得这一点。他们让微积分课分为两个阶段来教——初等微积分和高等微积分。“初等微积分”面向的对象是所有大学生,既包括数学系的学生,也可以是来自生化系或英文系,只要它是你的必修课,或者你想选修此类课。在这门课里,只有微积分的基本方法,没有微积分的严格理论,其内容的难易程度,大致稍低于中国畅销了几十年的樊映川名著《高等数学讲义》,但包含大量的应用题,因为“活学活用”是美国教科书的一大特点。至于“高等微积分”,则要等修完其它一些基础数学课程(例如“初等线性代数”和“初等微分方程”)之后,才放在数学系一部分高年级大学生的面前,供其选修。

这样一来,我教的“微积分-Ⅰ”习题课,学生群真是个“杂牌军”了,来自五湖四海,几乎什么系的都有,不像我1984年留南大工作第一学期教的外系“高等数学”课,全是物理、天文大一新生。回想我在国内读书的时候,数学系的学生只能修本系开的课,其它系的同学想挤进来根本针插不进,除非那个系有如此的必修课要求。比如1982年和我曾同寝室的两位气象系研究生,第一年要和数学系的高年级学生同修“实变函数与泛函分析”,因为气象研究对数学的要求实在不亚于物理或天文。如果“混沌之父”洛伦茨(Edward Lorenz,1917—2008)的学士和硕士学位,不是分别来自达特茅斯学院和哈佛大学的数学系，作为麻省理工学院气象学教授的他，60 年代初也许就会对观察到的长期天气预报的混沌数据视而不见，而痛失发现“蝴蝶效应”的天赐良机。我们当年国内的同学概念，真是在狭义观点下的“同学”，男女各住同一层楼，上同样的必修课，听同系的选修课，同吃同住同学习，一切行动听指挥。四年下来，我们的同学之情溢于言表，正像我的同学王雪平 1981 年 12 月在我笔记本上的临别赠言所云：“四年同窗情，一生永相铭。”但是，我们和其它系的“同学”，几乎是“老死不相往来”，除非想和外系的异性学生谈情说爱。

在美国，同学的概念只能在广义的意义下来理解了。即便是数学系同一年进校的本科生，也不一定同时修同样的课。在国内，第一学期的微积分只应是大一的新生修，而在美国我第一次走上讲台，就发现“微积分-Ⅰ”班习题课上的听众，从大一到大四都有，甚至还来了外系的研究生。他们的年龄分布区域也很宽广，从刚毕业的高中生，到已工作了数十载，又回校读学位的饱经风霜者。美国似乎一直在实践着中国史上最伟大教育家孔子“有教无类”的理念，不管年龄性别，不分宗教信仰，也不看政治态度如何，只要满足入学的基本条件，只要愿意缴纳学费，都可以进校读书。尽管他们的背景五花八门，水平参差不齐，但是有一点，却让我感到舒心愉快：他们看上去都颇有礼貌，并且恪守诚信之道。

固然，他们中的一部分在中学缺乏严格的训练，这部分地归咎于中小学教师普遍数学水平低下，加上对学生的放任自流，以至于他们的代数运算不熟、几何推理欠缺、三角函数粗通。另外一部分人，由于几十年上班挣钱，早把学过的数学还给教科书了。到了学微积分时，尽管还在“初等微积分”阶段，他们碰到计算导数要用的代数表达式化简，就束手无策。美国的大学数学教授经常调侃一个关于美国学生的数学幽默，说学生把数学表达式“x 的正弦比上 n”化简成等于 6，即 sin x/n ＝ 6。为什么呢？他的理由是：分子 sin x 中的 n 和分母 n 可以约去（不错，他还知道约分），结果就是 six，这个英文词的意思为 6。这个有点艺术夸张的笑话，确实有时会在数学班上派生出不同程度的等价物。比如说，就在最近，我教的一个初等微积分班上的一次考试，内容是求简单函数的不定积分。某个男生套用变量替换的死公式，找到了余弦函数 cos(3x) 的原函数 sin(3x)/3，但他不肯停下，却画蛇添足地将它“化简”为 sin x，因为他觉得分子分母中的 3 应该相互消掉。其他大学生的数学故事包括 1/2＋1/3＝2/5，即分子加分子，分母加分母，非常方便。更有甚者，竟然有大学生算不出自己所修之课的平均成绩，因为教授只是说，该课的平时测验占学期总成绩的 2/3，期末大考占 1/3，而没有给出具体的计算公式，不会算的学生只好请任课老师帮忙算出。

我当教授后，就碰到过这样的大学生。有次考试，我给了八道题目，每道题满分 10 分。改完卷子发下后，有个女生问我她的成绩 58 分到底是百分制的多少分。这让刚从中国来到美国的大学毕业生或研究生感到不可思议。其实，只要我们稍微比较一下两国的中学生，就不会惊奇万分了。在国内，每个学生都被管着用功读书，因为他们的家长一心想把子女送进大学，最好是攀上名牌大学。中学教师也与家长配合默契，拿着鞭子抽打马儿一样地催促他们向前狂奔。为了挤上高考铺就的名校之桥，他们的代数、几何题目翻过来倒过去地做个不停，他们平时练习的机器化程度，活像英国天才默片演员卓别林（Charles Chaplin，1890—1978）的伟大电影《摩登时代》(*Modern Times*)中的经典镜头。反观在太平洋的另一边,从小学到高中,学生读书像玩一样,初中三年只有代数-Ⅰ,代数-Ⅱ到了高中才有,三角属选修,几何不学严格的证明。同学少年的无穷青春活力,用在了锻炼身体、演说辩论、校园结社、教堂服务等与数理化关系不大的活动中,尽情享受美好的年华,尽早体验社会责任感。实际上,他们在中小学校学的大多数东西,都与"活着"有关,而数理化倒是与一般人的生活无太大的关系,很多人除了小学的加减乘除四则运算外,一辈子也用不到多少数学。

我从小目睹母亲煮饭炒菜,结婚前尽管自己没有下过厨房,但很早就培养了独立生活能力。出国后第一年,一人生活也把自己喂得不错。不用量器放盐,也能毫不费力地控制菜肴的咸淡。这就是耳濡目染的效果。你让从未拿过炒菜铲子的美国青年学烧中国饭,难度几乎等同于赶鸭子上架。记得我后来当教授的第一年,我系的女教师,要向我太太学做中国饭,在我家折腾了一天。真正的意图,与其说是学烧中国饭,毋宁说是想吃中国饭。结果是中国饭没有学会烧,却品尝了几道鲜美的中国菜,兴高采烈地扬长而去。美国学生学数学也和学烧中国饭一样的情景。他们中小学在数学上没有花过大功夫,小学三四年级还在整数加减法上徘徊不前,手上拿的是高级的计算器,把九九乘法口诀表也放到脑后去了。杨振宁教授曾这样比较过中美两国的教育:学三角函数时,中国学生可能要做几千道习题,翻来覆去地大量练习,而美国学生可能只做了十分之一或更少。因此他的结论是,中国教育适用于中等或中等以下水准的学生,因为多多益善的反复训练能提高他们的基本数学技能,而美国教育则对天才有利,因为天赋高的学生可以在自由宽松的学习环境中超前学习，发挥他们脑袋瓜的最大潜能。

即便是密歇根州立大学这样的美国最好的公立大学之一，绝大部分学生的数学水平也实在不敢恭维。我的微积分习题课班上，数学好的实在是凤毛麟角。开始我诧异于这种现状，主要是中美学生比较的天平刻度不对等。当时中国的大学还处在“精英教育”阶段，只有百分之几的高中毕业生才幸运地考上大学，他们当然是高中生中的佼佼者。但是，现在中国的大学早已从精英教育转变为大众教育。来美读书的大学毕业生，平均水平下降，这可以由近几年来我系读研究生的中国学生的表现“管中窥豹”。美国的高等教育普及已久，几乎每个高中毕业生都有上大学的机会。如果我们拿中国最好的高中生和美国的一般高中生比比数学，当然是极不公平的，也缺乏说服力。事实上，多年的观察让我早就看到，虽然美国一般大学生的数学能力较中国的同类型大学生为弱，然而美国顶尖大学许多精英大学生的数学本领，却远远强于中国名牌大学的数学尖子。这就是为何在哈佛大学任教的杰出华人数学家丘成桐教授十多年前就发出感叹：“在中国我常听说，美国大学生的数学是多么差，其实美国好的大学生的数学，好得真是不得了。”

如此“数学好得不得了”的学生，在密歇根州立大学属于稀有动物，大概不会出现在我的班上。因此我教的微积分习题课，演示的基本上都是简单的概念题，比如是套用机械性的导数公式，算一下某某初等函数的导函数，从来没有吓人的复杂运算，更没有什么需要用 ε-δ 语言写成的证明题。李天岩教授在《回首来时路》一文中说得很明白：“在我目前任教的密歇根州立大学，系里根本禁止在一二年级初等微积分的课程里灌输学生这些 ε-δ 的抽象概念。”与我在南大读研究生、教学实践时承担物理系、天文系大一新生“高等数学”习题课相比，这里教的内容对我而言太没有挑战性了。在南大，用的是黄正中教授那本写法严谨的全国通用教材。我每次上课前需要好好地准备一番，迎接个别聪明学生的难题挑战。毕竟南大是中国的一所名校，能踏进校门的，脑袋瓜一般都比较灵光。

但是，我在南大教过的学生中，有极个别人尽管相当聪明，但似乎过分聪明，缺乏诚信，偶尔还有考试作弊被我当场逮住的。我在密歇根州立大学教书的年数，双倍于南大，数下来考试作弊颇为鲜见，倒是见过这样的一个学生，她在某次期中考试中，明目张胆地将 14－5 写成等于 11，我在监考的来回走动中，一眼瞟见此等中国小学一年级水平的算术错误，心生怜悯，便用手指了一指这个“等式”叫她再好好地算一算，但她却坚持回答我：“Yes, it is eleven。”（对，就是 11）或许她的眼睛把 4 和 5 颠倒了一下，我于是无计可施，举手投降。我在当天的日记中，记载了这件趣事，日期是 1986 年 10 月 9 日，把我刚刚体验的生日之喜冲淡了一点。

当我在超市或街上，认识一位素昧平生的普通美国人，一听说我在旁边的大学教数学，他们当中的 95% 以为数学就是代数，然后向我吐露心声，“代数是我读大学时最搞不懂的东西。”但是，他们并不感到难为情，因为他们一辈子也没有多少机会，徒手解一元二次方程或二元一次方程组。在他们心里，如果一样东西用途不大，有必要花那么多时间去学它吗？李天岩教授的博士导师约克教授对这些学生非常理解，有时甚至宽宏大量，说干脆让他们及格算了，省得又要他们重修这门学不会的课而浪费时间。扪心自问，如果哪个现代的孔乙己老先生，教私塾弟子牢记“寿”字的一百个篆字写法，有家长会让自己的孩子去进那个学堂吗？除非那个孩子想当个会写一手“真草隶篆”的书法家。

美国人数学好的确实不多，但这不能证明他们缺乏聪明才智。事实恰恰相反，他们的发明创造不光数量庞大，专利产品多得浩若繁星，而且常有神工鬼斧之灵、巧夺天工之妙。这里不必提及他们在现代科学技术上的尖端创新，只要踏进一些专门化的商店，如用于家庭建设、庭院装饰、修整花草的那些大超市，琳琅满目的工具、零件、用品，无一不是设计得天衣无缝，合情合理，富有人性。兹举一例。饮水机在中国、美国的办公场所到处可见。我在美国用过的那个，接开水时从不用担心烫到手，因为那个热水出口的控制小扳手，多设计了一个防止烫伤的小环节：先向里按再向下按，才能输出热水，即便不小心碰下按钮，也不必担心被热水烫伤。但是我在国内的机场，好几次都被饮水机的热水烫疼。我们不是有那么多的数学尖子吗？我们是全世界奥数的超级大国，也是金牌强国，可是，在真正需要动点脑筋的发明创造上，我们比不过好像数学差得离奇的美国人。

“悬念大师”希区柯克（Alfred Hitchcock，1899—1980）导演过的名片《精神病患者》（*Phycho*）有一细节，可以形象地刻画美国人的数学水平。片中一开始，那位携款逃跑的女秘书，因开车路上偶遇警察，心惊肉跳，将自己的车子加上700美元现金，换了车行的一部车继续西行，晚间大雨滂沱，只好仓促投宿一家导致她最后送命的路边旅馆。惊魂稍定后，她想知道手上还剩多少钱。于是她拿起纸一笔一画地用竖式算了起来：40000 − 700 = 39300。这就是典型的美国人。他们中的大多数，如果没有计算器，就不会扳手指或心算了。我在超市购物时见到的收银员，几乎都具有这样的特征。幽默的希区柯克大概想抓住这个好机会，在电影中用此种滑稽的方式，暴露一下普通美国人的破数学。

即便如此，美国学生在课堂表现中，有许多值得中国学生学习的地方。其中最特殊的一点就是他们敢提问题，完全没有害羞之心，害怕提的是小儿科问题。他们从小到大所受的教育，就是鼓励提问题。我刚开始教课前，李天岩教授就提醒我，不要因为听到过于简单的问题而流露出不屑一顾的神态，这在中国是司空见惯的现象。老师听到这些问题时，正好可以教训学生一下，为什么平时不好好读书？但在美国却是大忌，因为学生的人格理应受到尊重。李教授用他惯常的肢体语言，活龙活现地表演道：如学生问你“1 + 1 为什么等于 2”这个幼儿园的问题（当然，由此而延伸出的自然数集合精确定义只能从大学近世代数教科书中读到），你应该先大声地褒奖他一番：“What a wonderful question!”（问得好！）其实，再聪明的人也常有不懂的问题。我和李教授讨论研究时，他也提在我眼里是再明白不过的简单问题，尽管他脑子里存储的“高深知识”曾让他的博士导师约克教授惊讶不已。天才物理学家费恩曼极度聪明，也极喜欢提问题。年轻的时候，他和别人争论起量子力学来，丝毫不顾对方是否是大人物，以至于长他一辈的丹麦大物理学家玻尔（Niels Bohr，1885—1962）40 年代每次到研制原子弹的洛斯·阿拉莫斯国家实验室（Los Alomos National Lab），都想找这位二十出头的年轻人聊聊。他说，因为只有他不怕我。

正是这些面容可爱的学生，头脑单纯、身心健康、直截了当、表里如一、举止有礼，让我教书教得很快乐。加上数学内容浅显，我花费的备课时间也不多。但这绝不表明我教书吊儿郎当，一走过堂了事。恰恰相反，我一跨进课堂，就马上进入教师的角色，沉浸在教书的乐趣之中。在美国三十年，我见过各式各样的人，包括我们自己的同胞。不用说，有的人教书特别认真，不吝花费自己大量的业余时间，无偿帮助班上的学生补习答疑。对我来美第一年生活上帮助极大的沈韵秋，就是他们当中的一位杰出代表。我在那里听到过许多他任劳任怨教好书的动人故事，他也当之无愧地获得过系里的最佳助教教学奖。但是，也有不少人把教书视为“为他人作嫁衣裳”的苦差事，只求自己研究上的进步，无视如婴儿嗷嗷待哺的学生之存在。我也见过这样的助教，既想助教工资越高越好，又想助教工作越少越好，把占点便宜看成人生之大乐趣也。我的助教收入已经几倍于国内的教授工资，没有美方大学对国内国外学生一视同仁的经济资助，我无法来到这个国家，接受最好的博士教育。没有任何理由，干工作得过且过，要有自己基本的职业道德。我父母一辈子教书兢兢业业，他们的学生也十分感谢他们的教导。我记得在我读高二时，家里盖新房子，这是第一座属于我们家自己的私房。开工那一天，来了许多“义务工”帮助搬砖搬瓦，大多数是父母早先的学生，其中一位跛足，年龄和我的父母相差无几，但他也在人群中添砖加瓦。请假回家帮忙的我，目睹了这一幕感人的场景，潜移默化地奠定了我未来当个教书人的思想基础。“教好书”是我来美几十年教书生涯中，一贯遵循的基本准则。

由于我喜欢教书的天生秉性和深入浅出的教学技巧，加上在解释概念时，常常穿插一些相应的微积分人物历史掌故和贴切的比拟方式，让学生们感到课不仅听懂了，而且听得比较鲜活有趣。

我教得快乐，学生听得也快乐，这大概是教书先生最大的快乐了。由于我在国内读大学开始起，就喜欢阅读名人传记（不是明星自传），尤其是伟大数学家的传记，常年不断，集腋成裘，逐步积累了不少科学史，尤其是数学史中的学术故事和名家轶闻。在研究生阶段读过克莱因的名著《古今数学思想》（*Mathematical Thought from Ancient to Modern Times*），让我对现代数学众多学科的来龙去脉，有了相当清晰的了解。这归功于1980年代初，北京大学数学系教授群的集体翻译。我以为这翻译之功，是北大数学系百年史中最了不起的事迹之一，因为它向中国人传播数学思想的影响力，相当于1930年代出版的美国数学家及数学史家贝尔（Eric Temple Bell，1883—1960）的名著《数学精英》（*Men of Mathematics*），对一代代年轻学子追求数学之美的号召力。人们常说，如果教一杯水的知识，肚子里就应该有一桶水的知识。“处处留心皆学问”，积累多了，就会减少“书到用时方恨少”之窘态。小时候，我曾听我奶奶说过一句话“学会羊癫疯，省个过河钱”。的确，谁会强迫一个疯子付船夫摆渡过河之钱？我当年未主动向我的师傅学习俄文，就是因为忘记了我奶奶的这句至理名言。

然而，我自己难道不正是因为会了一点雕虫小技，而改变自己命运的幸运儿？1971年1月我初中毕业时，进不了高中，因为“文革”中政治挂帅，包括初中升高中也不例外。我家的政治出身不好，自然敌不过当时最吃香的工人阶级、贫下中农和革命干部家庭，我因而没法被推荐继续上学。一听到这个12岁就要失学在家的噩耗，我情不自禁地掉下了眼泪。同年同校高中毕业的家兄，急忙把我带到江都县中学的革命委员会副主任吴永秀家请求照顾。没想到，性格豪爽的山东女汉子吴主任一口答应，理由竟是“我校革命文艺宣传队需要你拉二胡呢!”原来,1965 年考进初中的家兄,第二年因为“文革”爆发而无书可读,年纪太小的他不会革命,倒是跟随另一位革命的逍遥派学会了拉二胡,而且越拉越好。后来他好不容易进校读了一年多的高中,成了校文艺宣传队的主力二胡手之一。我从小就跟他学东学西,自然也学会了拉二胡,并且和他一样,会拉所有的七把调。奇怪的是,我们俩拉二胡的风格,与我们各自的个性相仿。他是慢性子,拉慢弓的《江河水》可以催人泪下;我则是急性子,可以把《赛马》拉得飞快。2014 年我校华人学生学者春节联欢晚会上,作为中国学生学者联谊会的“教授顾问”,为助众兴,我自告奋勇地拉了一段《赛马》,因为马年到了。正因为像家兄这样的几个高中生毕业离开了为学校添光彩的宣传队,我作为新鲜血液,成了“江都县中学毛泽东思想革命文艺宣传队”乐器组的一名骨干分子。如果我那时不会拉二胡,天知道我现在会在哪里。这确实验证了我奶奶那句平凡之语的非平凡性,也是我长期研究的数学概念“混沌”之形象说法“蝴蝶效应”,所揭示的“未来之不可预测性”。我一直感激吴永秀老师帮助改变了我的命运。无巧不成书,后来当我在南大读书时,我惊喜地得知她的先生在天文系工作,而且他们一家住在我的硕士导师何先生的楼下。我们在南大校园的首次愉快会面,让我马上想起了二胡的往事。

密歇根州立大学几年的助教实践,让我越来越喜欢这些单纯活泼的大学生,教书成了我读书、研究之余,调剂身心、锻炼演讲的好方式,随着我英语听说水平的逐步提高,我的讲课效果也越来越好。一部分学生声称,他们听不出我有多大的口音;另一部分人则说,在第一周慢慢习惯我的口音后,我的教学方式就让他们着迷了。自然，也有个别学生到了学期最后，听我的英语还是有点困难。这当然不奇怪，美国人听外国腔的英语，有的耳朵特别灵敏，有的则功能失效。几年前我系要雇一位正式的助理教授，讨论是否把该位置授予一位外国留学生申请人，反对者声言听不懂对方的英语，而支持者则说句句听懂。就像拿英语作为理由，只想雇本国同胞一样，说我英语太差的人当中，有部分学生很可能因为自己没念好书而成绩太差，却把罪过强加在外国老师的英语上。我想，几乎每一个在美国当过助教的中国人，都会有这样的经历吧。

我很快就在系里所有的助教中引人注目了。按常理，系里一百多个助教做的事，不外乎是替教授改学生的习题本子、为学生答疑、上微积分习题课、独立教小班的“学院代数”或“三角函数”，好一点的顶多教“微积分-Ⅰ”。教学效果的好坏主要依据之一，是每学期结束时由学生匿名填写的《教学评价表》。中国人填写对老师的评价表，可能会顾及面子，讲究中庸之道。但美国人是不讲面子的，他们心里想写什么，就写什么，真是畅所欲言，一吐为快。你教得好，他就不吝笔墨地赞美你。如果他觉得你不胜任，就毫不客气地大加鞭挞。这不仅是他们作为受教育者的权利，而且是作为因交了昂贵学费，而变成教师主人的这群特殊顾客，对教育产品的打分。系里负责助教工作的副主任，不光眼睛看到了评价表上我的学生打给我的不少高分，耳朵里也刮进了一些学生对我的若干好评，觉得我是助教群中的一块不错的料子，应该最大限度地挖掘我的长处。于是我的教学任务，很快由习题课，提升到独立讲授小班微积分，最终每学期让我上“微积分-Ⅱ”和“微积分-Ⅲ”了。全系大概只有三到五个助教，被赋予这样的重任。初等微积分系列课，共有四个部分，最后一部分“微积分-Ⅳ”，讲的是多元微积分，内容比较繁杂，系里自然只让正式教授来教。

到了最后一个春季学期，即 1990 年 4—6 月份，因为我班上的学生都知道，我谋到了一份正式教职，秋季学期将去南方教书，祝福我未来好运气，其中三个美国学生，两男一女，集体送了我一件密歇根州立大学的草绿色 T 恤衫，这是我在美国继一本摩门教《圣经》后，收到的第二份学生礼物。我不信上帝，《圣经》对我的吸引力不大，虽然书的赠送者，不仅喜欢我的讲课，而且更希冀我像她一样，成为虔诚的摩门教教徒。这天下午，当这三名学生来到我的办公室，亲手递上礼物时，我非常感动，马上穿在身上，与他们合照留念，因为这是西方的白人学生，对东方的黄种老师表达的一份真诚谢意。而上面印着的醒目白色花体英文大字 Michigan State University，让我永远将在密歇根州立大学留学教书生活的日日夜夜，铭记在心。

第六章　博士论文

这些年来，我每次回国学术访问，在与教授们交谈时，常听到他们谈论有些研究生不大会自己找题目做研究，往往是像平常课堂考试等发试卷那样，等导师施予他们一个学位论题。坐在那里等饭吃的做论文方式，总没有走来走去找饭吃来得舒畅。我们都知道，农场集体圈养的肉鸡，远没有农家自由放养的土鸡，食之味美汁鲜，盖因肉鸡饭来张口，食谱单调；土鸡到处觅食，营养丰富。土鸡的市场价钱，也因而是肉鸡的几倍。我小的时候，住在父母的学校教工宿舍，下雨前最爱干的事情，就是在校门口的大操场上，用大扫帚捕捉由于低气压而矮飞的蜻蜓，喂家养的鸡，因为它们给我们下蛋吃呢。就像读书时，不应只读教科书那样令人视野狭窄，选择研究课题时，也必须处处注意，主动出击。就我而言，博士论文的论题虽然属偶然得之，事先可能连导师也没有想到，却正是“处处留心皆学问”的必然结果。其实，我在美国所撰写的第一篇学术文章，也是与导师的研究课题无关，但得益于我南大老同学的先驱性工作。虽然它未被放入我的博士论文，其催生的动力，与后来的博士论文有着异曲同工之处。

下面开始到本章结尾，有好几段为了学术性历史事件的精确叙述，包含了一些高等数学的词汇，不过有大专院校理工科毕业文凭的读者，理解起来应该不在话下。然而我这本书既然是为普通读者所作，我仅仅用初等数学或几何的语言，加上一些比拟方式，将这些概念适当描述一下。即便不完全搞懂这些数学内涵，也不影响读者的整体印象。性急的读者不必担心数学术语的理解而减少继续读下去的热情，希望所讲故事的戏剧性和启发性能够燃起更大的阅读热情。

这项研究是关于亏秩矩阵最小二乘解的摄动理论。最小二乘法的祖师爷之一，是 18—19 世纪的“数学王子”、德国人高斯(Carl Friedrich Gauss，1777—1855)。他 18 岁时的大脑，就已滋生出最小二乘的思想。作为德国哥廷根大学天文台台长的他，在研究天文观察数据时，发明了最小二乘法。这在几何上与平面上给定试验数据点的曲线拟合有关。比如说，设想在笛卡儿 xy-直角坐标平面上有十个点，可以看成是某个试验结果的十组数据。它们一般不会恰巧沿着一条直线排列。但是，我们能不能画出一条直线，使得它和这些点的“垂直距离”的平方之和，在平面上所有可能的直线中取最小值？这就是所谓的“最小二乘问题”。它的答案是肯定的，其解法就是“最小二乘法”。最小二乘的问题主要由一个矩阵确定，它是排成几行几列的一组数字。对于所谓的“满秩”矩阵，即与矩阵相伴的称为“秩”的那个非负整数，等于矩阵行数和列数中的较小值，最小二乘的理论与算法已经非常成熟，构成了数值代数这个计算数学子学科中的一部分。

我的大学同学魏木生 1982 年公费派往布朗大学留学，曾为林晓标的室友，1986 年拿到博士学位。他的优秀博士论文是关于散射波的研究和计算，这需要考虑最小二乘问题。但此时的矩阵不再是满秩的，而是“亏秩”的，即矩阵之秩小于矩阵的行数和列数。

他在浩如繁星的文献中，找不到这类亏秩问题的摄动理论。有一次在学术会议上，他碰巧遇到数值代数的大人物——美国科学院、工程院双院士，斯坦福大学计算机科学系的高露博(Gene Golub，1932—2007)教授，便向他求教。对方的回答让他惊讶：还没有人认真研究过此类问题。魏木生于是决定，自己动手打下这个新领域的第一根桩。1989 年，他关于亏秩矩阵最小二乘摄动理论的第一篇论文，在国际期刊《线性代数及其应用》(*Linear Algebra and Its Applications*)上发表了。

1986 年，魏木生去位于美国中西部地区明尼苏达大学数学及其应用研究所，做了一年的博士后研究。这家注重应用数学的研究所和更注重纯粹数学的加州大学伯克利校区数学科学研究所一样，常年都由美国国家科学基金会拨款资助。第二年的秋季学期，魏木生来到我读书的密歇根州立大学数学系，继续干他的博士后。之前，受到系主任的委托，李天岩教授在六七个申请者当中挑选了他，因为柯朗数学科学研究所的大牌数学家拉克斯(Peter Lax)教授写了一封强有力的推荐信。能让拉克斯写推荐信的人，当然绝非等闲之辈，除非是他本人的弟子"近水楼台先得月"。的确，魏木生在关于散射波计算的博士论文中，推翻了曾写过这方面理论专著的拉克斯的一个观点，从而得此殊荣。在我的周围，布朗博士林晓标去了别处，另一个布朗博士魏木生填补了他的空缺。整整一学年，我们两个老同学和两个家庭，共同度过了许多愉快的时光，甚至经常一同驱车去店购物。就在那个秋季学期，我拜读了魏木生写的几篇文章，觉得非常有意思。

魏木生博士的开创性工作，本质上是通过估计亏秩最小二乘问题摄动解的误差上界，而论证了一般最小二乘解的"上半连续性”。“解的连续性”大概的意思是说，当所解问题的数据稍有变化时，解的变化也不大。自然界的许多现象都是连续的，比如水是连续流动的。但是为了能够应用矩阵论中一个著名的“奇异值分解定理”，他不得不使用以德国数学家佛罗贝尼乌斯（Georg F. Frobenius，1849—1917）名字命名的特殊矩阵范数。这个范数是把 m 个行、n 个列的矩阵，一行行首尾相连，而转变成有 m×n 个分量的行向量，再计算出这个向量作为通常长度概念推广的欧几里得范数，即所有的分量平方求和，再开算术平方根。文章结论虽然漂亮，数学分析也很精辟，但使用这个范数，总是不及最小二乘问题本身定义所采用的欧几里得范数来得自然。这是我很快涌上心头的读后感。然后我精力高度集中，苦苦思索，不久有了一些小灵感，只用欧几里得范数，获得了一个较为简洁的摄动界。

因为这是我来美后写成的第一篇文章，完稿时，我颇有点小激动。我的硕士论文从未投稿，一方面因为当时太太怀孕，我当然要尽点责任，后来又忙着出国留学，无暇整理，另一方面我早已对那个工作不再看重，盖因来美后发现，国际上基于三角剖分的单纯不动点算法之研究已趋沉寂，不像七八十年代初那么红火。而基于微分拓扑思想的现代同伦算法，生命力却一直很旺盛，我的几个师兄弟的博士论文都与这个方法密切相关。我后来也将同伦延拓法的思想，用于另一个领域的研究。

兴奋之余，我将文章的初稿寄给了远在日本京都大学数理解析研究所当讲座教授的导师，请他提建议。李天岩教授很快回函，在三页长信中对我文章的主要定理发表了具体意见，并在有关读书研究的方法论上，给予了启迪心智的评述。平时几乎不大当面表扬学生的他，这次却满腔热情地鼓励了我，因为我没有“等米下锅”,而是“找米下锅”。按照他的观点,这应是一个研究生“应尽的义务”。

李天岩教授自己的求学经历就是博士生做研究的最好示范。他30岁前有三大学术贡献:首次在数学上给出“混沌”概念精确定义的短文《周期三则意味着混沌》;率先计算性地构造布劳威尔(Luitzen E. Jan Brouwer,1881—1966)不动点的现代同伦延拓法作;证明计算遍历理论中的乌拉姆(Stanislaw Ulam,1909—1984)猜想。其中最有名的一项工作,是他与博士论文导师约克合作研究的结晶,迄今为止被引用的次数超过了四千次。这在引用次数普遍大大低于实验科学和工程领域的数学论文群体中,是名列前茅的。第二篇论文的作者,又加上了他的研究生课程教授凯洛格(Royal B. Kellogg,1930—2012),因为在修课中听到的布劳威尔不动点定理的漂亮反证法,给了他计算的灵感。他单独完成的第三件成果,则提供了我博士论文的思想源泉。

我们先来回顾一下,他怎么“运气好”地写了天下第一篇用现代同伦延拓法计算布劳威尔不动点的文章。这个以荷兰数学家命名的拓扑学大定理,在最简单的一维情形,就是初等微积分中的介值定理,其几何性质人人都懂:连接一条直线两侧之点的任意连续曲线,必与直线相交。布劳威尔不动点定理,在二维的情形就是:圆盘上的任意一个连续自映射,必定有一个不动点,即该点在映射下的像也是它。李天岩1968年毕业于台湾新竹清华大学,当兵一年后,去了美国马里兰大学数学系读博士学位,师从约克教授。毕业前一年的1973年,他修了凯洛格教授开设的“非线性方程组数值解”课。课中,教授讲述了加州大学伯克利校区数学系赫希(Morris W. Hirsch)教授十年前发表的布劳威尔不动点定理的一个新证明。

这个简洁反证法的思路是:假设不动点不存在,则导致与拓扑学另一定理相矛盾。这后一定理是说,不存在一个将圆盘映到其圆周边界的光滑映射,使得在该映射下,圆周上的所有点保持不动。这些拓扑学上有趣的深刻定理可以用来解释,为什么我们的头顶上,有一个不长头发的旋窝。李天岩听到这个新颖的证明,喜欢思考的他顿生一计:为何不可以将此思想借来计算出定理保证存在的不动点? 通过赫希反证法中所定义的那个将圆盘映到圆周的映射,因为圆盘是一个二维的区域而圆周仅是一条一维的曲线,这样定义域比值域多了一个自由度,就可以定义一条新曲线,它起始于圆周上的一点,而最终延伸到原先映射的一个不动点。只要能在数值上跟随这条"同伦曲线",不动点就可以算出来。主动而独立的思维,牵引出这么新奇的新算法! 创造性的思想,是那些靠死记硬背定义、定理、证明的书虫,难以想象的奇迹。但是对某些喜欢追根求源、寻找原始思想的探索者,这却是最自然的水到渠成。

当李天岩告诉约克他的初步计算想法后,约克全力地支持他干下去,尽管他手中还有其它研究项目。眼光深远的导师知道这个课题的价值。经过两个月在学校计算中心的编程计算,李天岩的算法思想终于实现了,最后那天,那薄薄的一页打印纸记录了历史上第一个现代同伦算法的数值结果。这一年,在美国南卡罗来纳州的克莱姆森大学(Clemson University)召开的不动点算法及其应用会议的筹委会,一听说凯洛格、李天岩、约克三人用微分拓扑的思想构造了新的同伦不动点算法,而不是因循守旧地沿着1967年由耶鲁大学经济学教授斯卡夫(Herbert E. Scarf)所开辟的基于单纯剖分和组合技巧的单纯不动点算法的路线继续走,马上给他们提供了机票，赴会宣读论文。后来，斯卡夫在会议论文集的序言中，对他们三人的新思路赞不绝口。从此，现代同伦延拓法进入了计算数学的大舞台。

1987 年初夏前通过两门第二外语考试后，我一边正常修课，一边积极了解另一个崭新的领域——线性规划的内点算法。这与我在南大读硕士阶段所学到的最优化理论直接相关，起始于在美国贝尔实验室工作的印度人卡玛卡(Narendra K. Karmarkar)于 1984 年发表的一篇开创性论文。这个领域在当时的国际最优化界已开始热浪滚滚，跟进的研究者趋之若鹜。许多人甚至预测，卡玛卡在 20 世纪结束前将会获得诺贝尔经济学奖，就像最早提出线性规划有效计算方法的苏联数学家康托罗维奇(Leonid Kantorovich，1912—1986)当年那样。不过，这个预测没有变成现实。李教授考虑到，我的老本行属于线性与非线性规划范围，建议我跟上内点算法快速发展的步伐。他的一些素有学术往来的朋友，如日本最优化理论领域的著名学者小岛(Masakazu Kojima)教授也时有这方面文章的抽印本寄来。我力图多了解这些最新的研究成果，慢慢地进入了此领域的前沿阵地，并完成了一两篇关于线性相补问题内点算法的文章。其中与导师合作的第一篇，1991 年有幸发表于美国工业与应用数学会(Society for Industrial and Applied Mathematics，SIAM)，那一年新办的《最优化期刊》(*SIAM Journal on Optimization*)创刊号上。我曾打算将这些内容整理成为我的博士论文，但后来事态的发展却是始料未及的。

1989 年 3 月，我三岁的女儿由奶奶带到了美国。这是我们父女俩的第一次相会，尽管她在底特律机场见到我时，用一口纯正的扬州话对我说："我在照片上见过爸爸的。"那年 6 月初，春季学期刚结束，也是本学年的告一段落，李教授开讲的三学期课程“[0，1]上的遍历理论”也圆满落下了帷幕。我们这些弟子们也大开了眼界，拓展了视野，虽然那时他的主要研究兴趣已不在混沌动力系统和遍历理论，而是在矩阵特征值计算及求解多元多项式方程组的同伦算法。我们对他七八十年代的累累战果，有了比较清晰的了解。如果对导师过去的工作都一无所知，那成什么学生？要想成为好学生，不光要理解导师目前的工作，也需要知悉导师过去干了些什么，否则可被称为一个跛足的弟子。这和怎样对待科学史一个样。伟大的全能数学家庞加莱(Jules Henri Poincaré，1854—1912)说过：“如果我们想要预见数学的将来，适当的途径是研究这门科学的历史和现状。”这句话被《古今数学思想》的作者克莱因放在了该书序言的最前面。了解历史和认识现状同样重要，因为历史是一面镜子。一百年前与法国数学家庞加莱齐名的德国数学家希尔伯特的最优秀弟子外尔(Hermann Weyl，1885—1955)也曾经提到，他自己“喜欢讲授数学史”。

我们全家计划在 6 月份趁我去北加州开会的机会，游览一次美洲大陆的西海岸，这是我来美后的第一回大旅游。在动身旅行之前的月初，李天岩教授问我是否有兴趣根据他刚完成课程的现成讲稿，帮他完备一下，写成一本中文书的初稿，台湾某个学术基金会希望他出这本书。前一年他在日本京都大学碰到的一位任教于美国普渡大学数学系的台湾教授，代表那个机构和他商量了此事，这也是他开这门课的初衷之一。1991 年在这位代数几何名教授门下拿到博士学位的张益唐，在默默无闻了 20 多年后，一鸣惊人，以与“孪生素数猜想”相关的杰出工作享誉全球，成了当今最伟大也最具传奇色彩的华人数学家之一。李教授愿意从他的国家科学基金会奖给他的夏季研究资助中，拨出一份给我，这样我就不必在夏季学期为系里教书，而集中精力写书。我当然愿意啦，这不光是巩固已学知识的极好机会，更给我准备未来的学术写作提供了一个练兵的机会。

我们全家旅行了从密歇根州到旧金山市沿途的不少地方。我和许多母校南京大学的老同学、老熟人再次相聚。在第一站伊利诺伊大学欧巴纳—香槟校区（University of Illinois at Urbana-Champaign），我与1978年和我同期录取的南大同窗胡著信不期而遇，并和与我同机赴美读博士的南大化学系学友李巧英重逢。然后我们去了中部密苏里州的堪萨斯城，受到在密苏里大学堪萨斯城校区（University of Missouri at Kansas City）任教的韩国师兄李弘九一家的热情招待。在犹他州首府盐湖城，还在犹他大学读博士的南大老同学尹光炎开车带我们一睹盐湖风光。到了旧金山海湾地区，我见到了已在斯坦福大学统计系获得博士学位的另一个南大同学张砚凝。出生于北京、大学成绩优秀并且热爱长跑的他，当年考上了中国科学院计算中心的研究生并公费出国留洋。我来美国读书后收到的第一封在美老同学来信，就是他热情洋溢的“欢迎明信片”，并对我给新生女儿取名“易之”大加赞赏：“不愧了你的文学功底。”现在，事业有成的张砚凝，长跑的热情还未降温，参加过好几次马拉松，包括著名的波士顿国际马拉松比赛。我也与南大七八级的数学才子戴建岗再次相会，他正在斯坦福大学的数学系撰写博士论文（他现为康奈尔大学运筹与工业工程系的教授）。之前的3月初，他专门去了旧金山国际机场替我接机，把我母亲和女儿送到飞往底特律的登机口。我们在美丽的斯坦福校园，漫步游览这所世界名校。这是斯坦福夫人(Jane Lathrop Stanford,1828—1905)为纪念1885年与她共同创建学校的丈夫——铁路大王斯坦福(Leland Stanford,1824—1893)而建立的。25年后的2013年感恩节前,我去看望已在那里工作的大女儿。在万里无云的蓝天下,我们两人在这座美丽的教堂前留下了合照,让85岁高龄的家母再次目睹壮观的斯坦福大教堂。

回到密歇根后,我很快进入状态,开始起草导师让我帮忙的书稿。它的基本框架已在那里,要加的内容只是作为预备知识的基础部分,和前后必须连贯一致的书面表达及语言符号。我马不停蹄地伏案工作了两个月。写书的过程,也是我重新梳理知识、锻炼学术写作的过程。这给我日后写自己的教科书提供了一个极好的练笔机会。更重要的是,我无意中获得了一次研究的灵感。这来自撰写关于绝对连续不变测度计算的乌拉姆方法那一章的某个瞬间。

如前所述,李天岩教授的学术生涯中,有三大贡献最是为人所知——周期三、同伦算法和乌拉姆猜想,而这三项杰出的工作都完成于他的博士生阶段。三篇著名论文中的第三篇文章,完全由他一人独立完成,发表在《逼近论杂志》(*Journal of Approximation Theory*)1976年某一期上。该篇论文是怎么诞生的呢?1973年,他的博士导师约克与其合作者、波兰科学院院士洛索达(Andrzej Lasota,1932—2006)在《美国数学会汇刊》(*Transactions of the American Mathematical Society*)上,发表了一篇现已成为遍历理论经典文献的论文。这篇文章主要证明了一个关于绝对连续不变测度的存在性定理。它断言,定义在区间上的某一类逐片拉长的自映射,一定存在一个所谓的"不变密度函数"。密度函数是概率论中常见的数学对象，它是取值为非负数的函数，并且积分为1。其几何意义是，位于它的函数图像之下，定义区间之上的那个“曲边矩形”的面积恰为1。在不变密度函数的存在性被保证之后，李天岩开始考虑怎样把它计算出来，或者换言之，怎样在数值上有效地逼近它。他提出了一个使用逐片常数函数的逼近法，并对洛索达和约克的论文中所研究的那类区间映射，证明了算法的收敛性。逐片常数函数的意思从字面上也能理解，就是这样的函数，它在构成定义域区间的若干个子区间上分别取常数值。

但是李天岩却全然不知，美国氢弹之父、波兰出生的杰出数学家乌拉姆在1960年出版的一本篇幅只有150页的小书——《数学问题集》(*A Collection of Mathematical Problems*)中，已经提出了这个方法，用来计算不变密度函数。文章写好后，李天岩才从别人的嘴里听到，这就是十几年前已有的乌拉姆方法；并且乌拉姆本人在书中猜测，只要不变密度函数是存在的，算法就会收敛。“乌拉姆猜想”催生了“计算遍历理论”这一在物理科学及工程中有重要应用价值的遍历理论子学科的问世。李天岩的文章与乌拉姆方法的“历史性巧合”，也导致了文章题目的改动，加上了副标题“乌拉姆猜想的一个解答”。这篇计算遍历理论领域的里程碑之作，文章的题目最终确定为《佛罗贝尼乌斯—佩隆算子的有限逼近——乌拉姆猜想的一个解答》(Finite Approximation of the Frobenius-Perron Operator—A Solution to Ulam's Conjecture)。

多年之后，李天岩教授对我回忆这篇论文的出笼经过时，十分感慨地说：“如果我当时事先知道，这个算法的收敛性连与冯·诺伊曼(John von Neumann，1903—1957)同属一个级别的大数学家乌拉姆，也未给出证明的话，可能不大敢啃这块骨头。”但是，年轻的李天岩，是个不怕虎的初生牛犊。按他自己的说法，他是“凭着一股牛劲，凡事坚持到底，绝不轻易放弃”。他认为，大人物解决不了的问题，并不说明小人物也解决不了，大人物思考问题的途径也不一定是解决问题的唯一途径。在学问的道路上，只要有独立之精神、自由之思想，只要比别人多花一分钟思考，就有可能将看似困难的问题，搞个水落石出。

李教授计划出版的这部中文著作，讲的主要是在遍历理论中有广泛应用的一类正算子——佛罗贝尼乌斯—佩隆算子，它是把非负函数映成非负函数的线性算子，并保持这些函数的积分不变，前一个性质就是“正算子”的定义。算子的名称借用了两个德国数学家的名字，实际上与他们风马牛不相及。只是因为这个无穷维的算子，继承了非负矩阵的若干好性质，并由于先是 1907 年的佩隆（Oscar Perron，1880—1975），然后是 1912 年的佛罗贝尼乌斯，建立了非负矩阵的一般理论，以至于乌拉姆在他的名著《数学问题集》中，把他们的名字借了过来，给该算子命名。这种“张冠李戴”的现象，在数学史中并不鲜见，比如我在南大研究生第一年，曾下苦功钻研过的解非线性方程组的牛顿法，并不由 17 世纪的英国爵士牛顿正式提出。他只是用它逼近了一个多项式方程的根。牛顿法收敛性理论的系统研究，应当归功于 20 世纪的俄国人康托罗维奇。大一理工科学生都知道的求不定型极限的罗比达（Marquis de l’Hospital，1661—1704）法则，更是一个欺世盗名的结果。被罗比达放在他 1696 年出版的微积分书中的这个有用法则，实际上是瑞士大数学家伯努利（John Bernoulli，1667—1748）两年前所发现的。不变密度函数是佛罗贝尼乌斯—佩隆算子的不动点。李教授书稿的前面几章，讲的都是算子不动点的存在性定理及其各种性质。最后一章才涉及它们的计算问题。它的标题就定为“佛罗贝尼乌斯—佩隆算子的有限逼近”，内容为乌拉姆最先提出的计算方法，以及李天岩关于乌拉姆猜想对洛索达—约克区间映射簇收敛性的漂亮证明。

当我快要写完这一章，整个书稿也就要大功告成之时，脑袋里突然冒出一个疑问：从计算数学的角度看，用逐片常数函数来逼近一般的函数，是最为简单粗糙的做法，为什么不能采用逐片线性，甚至逐片二次函数来逼近呢？常识告诉我们，如果用一根水平线来逼近一条悬链线，远不如用连接曲线上两点的一条线段逼近它精度高。于是，我的好奇之心开始跳动，马上拿起纸笔，画图演算起来。我25年来主要研究领域——计算遍历理论——的千里之行，就从这里迈出了第一步。它与我之前的内点算法研究毫无共同之处，绝无交叉之点，分属相距十万八千里的两个天地。由于既在美国学习了纯数学分支遍历理论的基本知识，又早有南大老本行计算数学专业打下的良好基础，我的思路比较清晰，进展也相当顺利。我注意到，乌拉姆方法既是保正性、保积分的一种保结构算法，又属于传统的投影算法范畴。于是我就沿着这两个方向来推广它。很快，我就构造出两类基于逐片线性或逐片二次多项式的新算法。第一类依赖于迦辽金（Boris Grigoryevich Galerkin，1871—1945）的投影原理，另一类因使用了有限维的马尔科夫（Andrei A. Markov，1856—1922）算子而保结构，我将之命名为马尔科夫有限逼近法。马尔科夫算子比佛罗贝尼乌斯—佩隆算子范围更广，它定义为保持非负函数积分不变的正算子。对于乌拉姆方法能收敛的洛索达—约克类的区间映射，我同样证明了新算法的收敛性。为了证实我的高阶数值方法收敛得更快，我用系里的太阳工作站电脑，输入自己编制的Fortran程序，进行计算比较。数值实验的结果，充分显示其收敛速度比乌拉姆方法快得多。后来，1990年受聘到密歇根州立大学数学系的杜强、邱志嘉教授等，从理论上研究了逐片线性马尔科夫有限逼近法的收敛速度，加上李天岩教授和我在1998年发表的后续文章，最终建立了此类算法的收敛速度理论和误差估计。

1989年8月底，我完成了李天岩教授中文专著的初稿，作为副产品，也拿出两篇学术论文。连我也感惊奇的是，这本书我连草稿都没有打，每章每节基本上是根据李教授课程讲义的概述，先在腹中酝酿一番，然后一气呵成地写下，这大大节省了写作的时间。在两个月内，不仅起草了一本中文学术专著，还做了一些有意义的研究。当我把书稿交给导师，并献上了我的论文初稿时，他先是惊讶，看完后觉得满意。从此，我再也没有过问过那部书的命运。遗憾的是，李天岩教授一直忙于他在多项式方程组数值解方面的宏伟研究计划，基本上已离开混沌动力系统和遍历理论这个早年让他扬名天下的领域，因而从未有暇修改完成这部著作，殊为可惜。而我则相反，从导师课程中学习遍历理论培养出的兴趣，加上这段写作、研究的独特经历，让我离开了内点算法的疆场，而跻身于计算遍历理论之中，20多年来乐此不疲，并与中国科学院计算数学与科学/工程计算研究所的合作者周爱辉研究员，在2006年于清华大学出版社出版并重印了一本研究生中文教材《确定性系统的统计性质》。它对应的英文版，2008年年底则由该出版社和德国的斯普林格出版社联合出版。

大概在1989年10月的一天上午，李天岩教授来到我的助教办公室，亲切地对我说："你可以考虑明年毕业，就把最新的这两篇文章整理成你的博士论文吧。”我心存感激，同意他的安排。我们这一批他直接从大陆招来的博士生，除我是 1986 年 1 月来美，其他几位分别毕业于吉林大学、武汉大学、厦门大学等，加上一个从中西部私立名校西北大学（Northwestern University）投奔他来，由访问学者身份摇身一变的博士研究生，都是 1986 年 8 月进校的。很自然，我应该比他们早点毕业，他们才会接踵而至，毕业找工作。之前一年，来自北师大七七级的师姐已经博士毕业，找到了一个相当不错的助理教授位置，就在李教授布劳威尔不动点计算论文开始名扬天下的所在地——克莱姆森大学数学系担任正式的助理教授。那时，美国的经济还比较强劲，大学教书的新位置也不少。

找工作的难易度，与经济形势甚至政治环境的好坏线性相关。1957 年，苏联的卫星上了天，把美国吓了一大跳，以为自己的科技水平落到对方的后面去了。高层领导一声号令，美国的大学马上开始膨胀，和中国大炼钢铁一样地大跃进了起来，60 年代的新科博士俏得很，个个都能谋到一份大学教书的好差事。结果是，他们当中的一部分，由于先天的不足或后天的懈怠，在竞争激烈的学术环境中，败下阵来，待遇每况愈下，尤其在研究型的大学。这批人在密歇根州立大学的教授群中也不少。我记得有一次，李教授远远指着一名在系里学术成就不高的教授的办公室，玩笑般地对我们弟子说：“当我还在高中读书的时候，他就已是教授了，但是他现在的工资差不多只是我的一半。”但当李天岩教授 1974 年拿到博士学位时，美国产博士的好日子却过去了，很多人找不到饭碗。他能幸运地谋到一份大学教职，但是许多像他这样来自中国台湾的博士，只好打道回府。不过后来不少人由于台湾的经济腾飞而赚了大钱。他又告诉过我们，他的第一个博士研究生、来自中国台湾的朱天照

1982 年拿到学位时，情况又一次地倒转了过来，校园面试的机会多得应接不暇，到后来只好放弃。最终朱天照博士选择了北卡罗来纳州立大学，因为那里的研究氛围最佳。果然他的研究表现十分出色，六年后就破格荣升教授了。

然而，没想到的是，我毕业的 1990 年，成了 30 年来美国大学教职最难求的那几年中的第一年！

第七章　谋求教职

从1989年的秋季学期，到第二年的春季学期，我主要忙于两件大事：第一是写博士论文，第二是找工作。如果谋求高校的助理教授位置，博士生习惯的做法是，在预计自己毕业年份的上一年秋季学期，开始准备申请材料，然后投寄到登广告招兵买马的大学或学院。一旦拿到教职，就可以安排博士论文答辩的具体事项了。

其实，刚来美国时，我并没有计划在美国长期待下去。我来美国读书，虽然没有拿中国政府或南京大学的公费资助，但是按照国家有关规定，属于“自费公派”的范畴。顾名思义是，费用自己出，派出是公家。我持的是“因公护照”，上面印有“外交部长授权上海外事办公室颁发”，级别似乎高于用于自费出国向公安局申请的“因私护照”。因为是“公家派出”，我的签证由政府统一向美国驻上海总领事馆申请，省去了我去领事馆门口起大早、排长队的麻烦。也因为属于“公派”，我必须专程去上海外国语学院，参加为期一周的涉外政治学习，学会说一些在国外该说的话，包括如何与台湾人打交道、坚决反对“两个中国”或“一中一台”，等等。却也因为是“自费”，我必须缴纳85元的出国政治集训费而不能报销。这相当于我当时一个月的工资收入。我是个小小的穷助教，所有的个人积蓄已经用于结婚，加上妻子怀孕在身，我更不能在经济上给家庭增加负担。好在南京大学同意借钱给我，买了一张赴美机票，并预支了1000元人民币给我，名义上是置装费，实际上我留给了妻子，支付生孩子的费用。这些钱我后来全部还给了学校，但对母校的关怀，至今还心存感激之情。

按照美国政府的移民法，公派赴美念书属于“交换学生”的范畴，必须持J-1交换学生签证，而不能拿适用于一般自费留学生的F-1学生签证。当密歇根州立大学录取我时，录取信上说，将很快寄给我申请F-1签证所需的I-20表格；而南大的外事办公室马上告诉我，对方必须寄用于申请J-1签证的IAP-66表格。因为时间紧迫，我咬了咬牙，花了30元，在南京电信局打了不到三分钟的国际长途电话给李天岩教授，请他让校方改寄IAP-66表。美国移民法又规定，J-1签证持有者完成学业后，如果想移民美国，必须先在其祖国居住至少两年以后，才可有资格申请，这就是俗称的所谓“两年限制”。对于这种政策，我们这些自费公派生一点也不在乎，因为我们当时压根儿就没有想移民美国。求知欲强的我们，只想拿到博士学位，回校继续工作。因此我在美国读书的同时，依然算是南京大学的一名教师，属于停薪留职。

到了1989年夏天，在美国的中国留学生，有的参加了集会抗议活动，有的冷眼静观事态发展，有的则“两耳不闻窗外事，一心只读圣贤书”。不管态度或动机如何，几乎所有毕业后可以回国的中国学生都暂时打消了这个念头。在此大环境下，我也随大流，暂时放弃了回南京大学工作的初衷，跳进了在美国找工作浩荡大军的洪流之中。

第二年4月11日，美国总统布什颁布了一道行政命令，允许在美国的所有中国人，只要在那一天前踏上这块土地，都可以申请永久居留，即便是非法移民也行。持 J-1 签证的“两年限制”自然也被取消。据说，至少有 8 万华人符合该项条件，包括像我这样的“自费公派生”，以及普遍比我来美更早的“公费留学生”，或半年到两年期限不等的“公费访问学者”。许多人持的是 J-1 签证，现在都可以办绿卡了。大多比我早几年来美国放洋的留学生，像我给他带来女儿的林晓标博士，都是读书的种子，学习勤奋，研究卓著，但苦于 J-1 签证的限制条件，理论上不能被聘为通往终身教职的正式助理教授(tenure track assistant professor)，经常是打一枪换一个地方，在不同的学校，当名不算正式编制的访问助理教授或博士后。现在，一道特殊的行政命令，像高速公路上的两个出口，给了他们选择去留的自由。

新年前后，按部就班地寄出若干封求职信之后，我就心安理得地等待结果了。没想到，很快就接到地处旧金山美丽海湾的海军研究生院(Navy Postgraduate School)打来的电话，问我是不是美国公民。听到“No”的回答后，又问我是不是持有绿卡，听到同样的回答后，对方客客气气地说了句“那么我们不能考虑您了”，就结束了对话。这让我刚刚涌上来的快乐感，又降回到原处。

几个月过去了，几乎所有我申请的学校都毫不客气地拒绝了我，尽管拒绝信都写得彬彬有礼，其口气好像我比被录用者，只差了一个微不足道的那么一点点。收到最早到来的拒绝信时，我被其中客气的措辞迷惑了，真以为自己就只差那么一点点，就可以得到教职。后来见多了这些千篇一律的漂亮话，一下子醒悟了信中外交辞令的心理学原理。

的确，有那么多比我强的竞争对手，他们或者来自俄罗斯，或是像林晓标这样比我早几年来美读书，已经成绩斐然的博士，还有大批大批美国本土博士。许多学校，根本都不考虑雇用新出炉的博士。不少已获得博士学位好些年的，还在那里待价而沽呢。事实上，曾经两次来到密歇根州立大学短期工作、中途又在康奈尔大学待过一段日子的林晓标博士，那一年终于被聘为北卡州立大学数学系的正式助理教授，成了我的大师兄朱天照教授的同事。曾有人统计过，全美国最好的五十所大学数学系每年毕业的博士，如果都去当教授的话，就可以填满全国各大学数学系的新位置，甚至还绰绰有余。那个时期，在《美国新闻与世界报道》杂志的权威排名下，密歇根州立大学的数学系每年差不多在前五十名的最后几个位置上下波动。因此，如果上述统计规律大致正确，只看学校"排名"的话，我找到大学教授位置的几率，也差不多仅在50%左右吧。那年求职的最后结果是，我系另外三名华人申请者，一个和我一样是新科的博士，其他两位分别来自哥伦比亚大学和纽约州立大学石溪校区（现已改名为石溪大学Stony Brook University），上一年度分别在名教授门下拿到学位后，来到我系做博士后，都未能如愿以偿地谋到大学正式教职的一纸聘书。

李天岩教授曾在我们弟子讨论班的一次"开学典礼训话"中警告过大家："你们要干得比美国人好得多，才能拿到和他们同等的位置。"他又说过多次："我不希望你们今后在麦当劳端盘子。"这两句话我一直牢记在心。是啊，你是中国人，你的母语是汉语而不是英语，因而你的英语口语、发音、写作等语言驾驭能力，自然远逊于美国人。如果你的数学研究和教书本领不是出类拔萃，如果你业务上和大部分美利坚同等学力者"相差无几"，谁会要你当大学教授以免"误人子弟"？这可能不应算作种族歧视，尽管不敢公开表示，但在内心深处偶然汹涌澎湃的种族歧视心理，在美国到处都有。但是扪心自问，如果一位汉语说得结结巴巴、怪腔怪调的洋人，申请中国某某单位的秘书一职，大概也会碰得一鼻子灰，除非招聘者有着浓厚的崇洋媚外情结，或大开后门之便。

不过，我的申请材料不算是差的，否则海军研究生院也不会主动打电话给我。我的履历表上已经有了几篇被接受发表的学术论文，我的推荐信都很强，当然我工作后雇主帮我申请绿卡时，才从校人力资源部的主任处看到它们。导师的信不长，只有半页纸，但分量很重。他写该信时，还以为我那年找工作，大概和我师姐前一年差不多一样容易。后来轮到我的师兄弟们找工作，他只好像其他教授一样，写上两三页褒奖一番。李教授在推荐信中说，我在他的弟子中，是唯一对他所有的研究领域都有所了解的家伙。颜宪尧教授的推荐信也写得非常有力。阿克斯拉教授在推荐信中，说我在他的班上是个拔尖学生，并夸我“人见人爱”。专管教学事务的系副主任霍尔(Douglas W. Hall)教授，在专讲我教学工作的推荐信上，则把我列为全系百余名助教中的最佳之一，并如实反映一些美国学生专门去他办公室，要求他安排我教他们必修的微积分课等情况。

这些有点闪光的记录，吸引了一些学校的注意。1990 年 1 月，我参加了美国数学会在肯塔基州路易斯维尔(Louisville)召开的年会，好几个数学系的雇人委员会主任都主动安排与我会面，包括美国高等学校中第二老资格的威廉与玛丽学院(William and Mary College)。学院是为纪念 1688 年英国光荣革命后共同主政的威廉三世与玛丽二世于 1693 年创立的。虽然名为“威廉与玛丽学院”，却是地地道道的研究型大学，而且被称为“公立大学的常春藤”之一。我至今还记得与该校数学系约翰逊(Charles R. Johnson)教授在他下榻的旅馆有过40分钟的愉快交谈。与他人合写过名著《矩阵分析》(*Matrix Analysis*)的他坦率相告,我已在他们考虑的最强候选人名单里。他让我再寄上一些证明我教学能力的辅助材料,如学生对我的教学评语。我当然想去这所名闻遐迩的老牌大学,不仅因为它所在的威廉斯堡(Williamsburg)是个历史名城、旅游胜地,而且因为其数学系强大的线性代数研究团队也颇合我的胃口。但是,尽管我使出浑身解数,力图打动对方,这些学校最后还是没有请我去校园正式面试。

很显然,我的英文缺陷是我“非正式面试”失败的一个原因,其它的原因可能包括非一流的博士毕业学校和太新的博士证书,虽然导师是一流的研究教授。吕克宁曾和我总结道:“一流的学校和一流的导师,对博士生的学术就业前景,同等重要,缺一不可。”从去美国到开始找工作的那几年,我和像我一样拿J-1签证的师兄弟们,都没有仔细考虑过毕业后的去向问题,连导师也以为我们这些“自费公派生”,肯定都要回国,因而主要重视数学研究,没太在意英语水平的提高。我们自己的常年讨论班,甚至都用母语讲。我们中国人聚在一起,总说汉语,有时甚至不顾及身边的洋人。如果丁肇中先生在场的话,一定会狠狠地训斥我们,因为他从来不让他的访问学者在实验室里说汉语。可是,李天岩教授并不太在意我们说汉语,他甚至可能比我们讲得还多!回到家里,我和家人更是只说扬州话。缺乏讲英语的语言环境和主观能动性,很少与当地普通民众日常交流,也鲜于同美国教授或办公室美国室友谈天说地,英语口语怎能像潺潺流水?听力怎能如天衣无缝?用词怎能登大雅之堂？后来的一年，我的师兄弟们从我这里吸取了“平时不烧香，临时抱佛脚”的教训，立马开始拿自己的蹩脚英语开刀，纠正发音，摆正重音位置等等，一个个都忙得不可开交，讨论班也决定改用英语讲了。

终于有好消息了。到了 2 月 16 日，华盛顿州的西华盛顿大学（Western Washington University）数学系向我抛来了橄榄枝，邀请我 3 月 3 日去校园面试。上个月，我已在路易斯维尔市美国数学会的年会上，和它的系主任里德（Thomas T. Read）教授见面，交谈了 45 分钟，也许我们之间的交流给他留下不错的印象，也许归功于一年半前已在该系谋得正式助理教授位置的沈韵秋博士的大力举荐（沈韵秋从中国科技大学来美留学时，持的是 F-1 学生签证，毕业后可以在美国大学被合法地聘为正式教员，不像林晓标有“两年限制”这般的限制工作性质的身分麻烦）。但是，为了填上一个正式助理教授位置，他们要不惜工本地依次校园面试八位候选人，因为所有的交通费、招待费都是系里掏腰包。算下来我被录用的概率也只有八分之一，面试的质量就显得特别重要，要尽可能减少语言方面的破绽。面试的程序包括与系里的教授及雇人委员会成员分别会面，和系主任、院长甚至副校长各自交谈，但最重要的一环就是那 50 分钟的“试讲”（interview talk）。报告内容一般是候选人自选的一个研究论题，通常与其博士论文有关。它有双重的功能，一是看看你研究领域的大致风貌，二是瞧瞧你的教书本领到底有多大。如果这个演讲砸了锅，你就没戏了，无论你的推荐信把你捧得有多高。

正因为这个报告是面试准备过程的重中之重，我未敢马虎。李天岩教授也高度重视起来，毕竟弟子找到工作，导师脸上也有光。事实上，从我开始找工作起的那几年，美国经济的衰退，加上苏联及东欧人才的涌入，大学正式教职的获得几乎到了“蜀道难，难于上青天”的地步。现在名扬天下的数学家张益唐，那时也因与导师关系不睦而雪上加霜，多少年遭受挫折。然而我们几个师兄弟，先后都如愿以偿地拿到了大学的教鞭。而哈佛、耶鲁等顶尖名校的博士，拿不到正式位置的比比皆是。有的待在本系再磨蹭一年两年，有的去了外校先当一个访问助理教授再说，有的失望透顶，干脆另起炉灶——改行学计算机或其它什么行当去了，也有个别真的只好“到麦当劳端盘子去了”。这种严峻的现实，完全与祖国人民心目中普遍存在的“迷信名校”背道而驰。以为名校毕业，就能有好工作、赚大钱，实在是一厢情愿的事。我看到太多具有“可怜心”的天下父母，包括对国外教育既缺乏了解又固执己见的一些熟人朋友，宁可“砸锅卖铁”苦自己，宁愿放弃其它名气稍逊学校慷慨提供的丰厚奖学金，也要不惜工本，每年花上五六万美元学费、生活费，让孩子去读世界名牌大学的本科，以为从此的“锦绣未来”就打了包票。四年之后，当这些被寄厚望的子女因厌学或别的种种原因，而成绩平平并找不到饭碗时，或进不了名校的研究生院继续深造，辛苦了一辈子的父母，这时才傻了眼：预测与事实的反差为何那么大?

尽管我在我们师兄弟每周一次的讨论班上，作过若干次报告，也自信于自己的学术演讲能力，但校园面试的报告，还是第一次遇到。为了帮我拿到教职，导师李天岩教授亲自上阵了，对我面试报告的准备，给予了许多好建议，并教我怎么讲。他对我博士论文的思想方法和历史渊源了如指掌，我的研究就是他 15 年前开创性论文的延伸与提高。姜毕竟还是老的辣，他在材料的取舍、结构、次序以及数学公式的表达方式上，极具匠心地指导我，甚至连演讲的题目，都是他一锤定音的。我最记忆犹新的，是关于伯克霍夫(George D. Birkhoff，1884—1944)逐点遍历定理表达式的书写方式与口头解释。他告诉我，应从逻辑思维的次序，由里向外地逐次展开，而不是机械性背公式似的从左写到右。这种讲法，后来被我写进与香港浸会大学汤涛教授合著的《数学之英文写作》一书的最后一章，作为怎样讲数学的极好范例。1990 年代初，离广泛使用电脑幻灯片的时代还很远。黑板前的表演，还是作报告的主要方式。但这种看似最原始的演讲法，依我看来，远胜于当今学术会议上普遍使用的投影仪法，因为数学的思维是流动的，而不是静态的，它在粉笔头下的跳动更具生命力，效果正像乌拉姆在极其优美动人的自传《一个数学家的经历》(*An Adventure of a Mathematician*)中所表达的那种惊奇："黑板上的乱涂，会改变人类历史的进程。"

我第一次在我们的讨论班上试讲我的面试报告结束时，导师摆了摆手："我只能给你打 20 分。"他说得没错，我的发音、用词、语速、板书等等，都大有纠正改进之处。比如说，中国人说英语，常把重音位置搞错，如果面试报告者将"The solution is unique"(解是唯一的)中最后一个词的重音，不幸地放到第一个音节上，听你报告的雇人委员会成员的眉头可能就会轻轻一皱。更严重一点地，如果将"physicist"(物理学家)，说成意思完全是风马牛不相及的"physician"(医生)，这个位置你不要再想了。平时总说我会作报告的导师，这次故意打低分，用意很简单，我必须把这个决定命运的报告当成头等大事来抓，切切不可掉以轻心。他的忧虑不是杞人忧天，第二年，他的另一个弟子，虽然在研究上出类拔萃，然而在准备面试报告时，过于乐观而试讲次数明显不够，最后失去了去一所好的研究型大学教书的机会。

经过几轮练兵，我的“试讲分数”大幅提高，到飞往华盛顿州面试前，大概离八九十分不太远了吧？3月5日下午，我在位于风景如画小城的西华盛顿大学数学系，刚讲完我的面试报告，沈韵秋教授就从听众席上，直奔到我的面前，连呼“excellent”(太棒了)。其实，我从其他听众的面部表情中，已经捕捉到好的信息，知道他们从头到尾听懂了我的讲演，尤其是我中间用于说明佛罗贝尼乌斯—佩隆算子的思想，而用不同系别教授申请研究基金打比方的有趣例子——这归功于李教授的创造——引出了他们的哄堂大笑。我的成功表演感染了他们，留下了好印象。我从心里感谢李天岩教授为此付出的心血。他比绝大多数博士生导师，对学生的就业努力更负责，尽管平时在学生面前的面孔常是“多云到阴”的。他应被归类于“刀子嘴豆腐心”那个集合；我们生活的这个大千世界，有太多的口蜜腹剑大师李林甫了吧。十年后，我也像我的导师一样，帮我的一个博士生准备了一个好的面试报告，甚至有过之而无不及地替他写了下来好好准备。最终他拿到了至少两个学校的正式教职。经过了多年的实践、改进和充实，我当年的那份面试讲稿，已一步步演化成我拿手好戏的演讲论题，题目也换成更吸引眼球的《从统计观点看混沌》(Chaos from the Statistical Viewpoint)。这是从美国成名很早的杰出数学家、1962年菲尔兹奖获得者米尔诺(John Milnor)那本脍炙人口的薄薄小书《从微分观点看拓扑》(*Topology from the Differential Viewpoint*)的书名，得到的灵感。

我没有得到西华盛顿大学的工作！事实上，这个正式的助理教授位置最终被取消了。被邀请面试的八名候选者当中，有一人就是 1985 年一进密歇根州立大学，就噼里啪啦很快通过博士资格、预备考试的吕克宁。他是周修义教授的得意门生，是一个“又红又专”的杰出人才，和我的个人关系也很好。我们俩曾当过两年的中国学生学者联谊会生活部的共同部长。这里我指的“红”，只限于“品德”方面。他的导师 1988 年搬到地处美国南方大城亚特兰大的工科名校——佐治亚理工学院（Georgia Institute of Technology），担任一个新建的动力系统研究中心的主任。林晓标的博士导师也同时离开布朗大学，以讲座教授的身分加盟。吕克宁也像亚特兰大诞生的最伟大小说书名那样，“随风而去”（*Gone with the Wind*，中译本书名《飘》）地跟他走了。一年内拿到博士学位后，他加入明尼苏达大学数学及其应用研究所做博士后。被周教授的推荐信称为“年轻一代中最好的动力系统专家”、研究结果深刻的吕克宁手中，已经有了一所大学薪水颇丰的正式教职聘书。尽管他之前接受了西华盛顿大学的面试邀请，却不会再考虑那个学校了。剩下的七人中，有一个研究属于离散数学分支图论领域的美国人。她得到了系雇人委员会主任的青睐，因为她们不仅是同性，更是同行，想壮大自己的队伍。于是这位女教授极力地反对雇我，理由是对任何中国人都可用得上的句子：他英文不行。她说的也许不错，因为我也感到，尽管我在讲坛上演说数学，似乎很神气，有点会表演，课也公认上得不错，但是从那两天短短的语言交流、吃饭闲聊，她就能判断出我的日常英语口语之优劣。但是委员会的其他人，加上系主任，除了欣赏我履历表上的研究记录外，也一致认为我的讲课能力较强，坚持要我。这样委员会分裂为互不相让的“一中一美”两派。最末的结局是位置取消，一个也不要。

一个月后，西华盛顿大学数学系又来问我，是否感兴趣去那里担任“访问助理教授”。这是个一年期的临时位置，但不排除第二年招聘时，优先考虑转为正式助理教授。尽管我迷恋于那里的“有山有水有风光”，但是，我已经接受了南密西西比大学(University of Southern Mississippi)数学系的助理教授位置，不会再考虑它了。很快，我从干燥的北方大州，搬到了潮湿的南方小州，开始了长达几十年的教书生涯。

最终的工作落脚地居然是美国“最穷的州”，在人均收入排行榜上，几十年如一日地垫底，不光是我始料未及的，而且极具戏剧性。其实，直到我参加 1990 年 1 月的美国数学会年会前，我没有申请南密西西比大学的位置，可能是没有看到它的招聘广告。为了帮助申请教职者与大学雇主双向交流，每年一度的这个年会，都会安排场所，促进双方接洽。对即将毕业要找教授位置的博士研究生来说，这是一个极好的非正式面试机会。系方慷慨地为这样的赴会者一次性承担所需的交通费和注册费。当我在路易斯维尔的会上，与我所申请的伊利诺伊州一所私立大学的数学系主任正式接触时，他说我的研究领域，不是他们系目前想要的“并行计算”。但是他知道，南密西西比大学数学系今年招人。随即他写下了系主任派伊(Wallace C. Pye)教授的名字，并鼓励我立刻申请。这样，一开完会，我就寄去了申请材料，但心中并没有太在乎结果，只好像是完成了一项申请任务罢了，因为我受北方美国人的影响，潜意识里对南方的几个穷州不大看得起，就像谈恋爱的青年男子，不想和丑姑娘第一次见面一样。工作后我才知道，建议我申请的那位系主任，原来就是南密西西比大学的数学教授，并与派伊教授是多年的研究合作者。难怪他对这个要招人的助理教授位置十分清楚。

正当我对西华盛顿大学失去希望之时，南密西西比大学数学系向我招手了，来电请我去面试。我那时正式工作还没有着落，当然火速应试。我的北方熟人朋友从未去过那里，仅仅道听途说，大多以为密西西比州是个穷乡僻壤的边远地区、不毛之地，就像中国的西藏或青海，对江苏人民而言一样地遥远。我也带着这样的先入为主的想象，飞到了它的首府城市杰克逊(Jackson)。系雇人委员会主任瓦斯(Gary Walls)教授亲自开车一个半小时去机场接了我，其举止优雅的绅士风度，马上就让我感动。晚上与派伊教授及太太的晚餐交谈，更令我感到，美国南方的绅士，似乎比北方的绅士还要绅士。第二天的全市游览，看到的好像与密歇根没有什么两样。有点不太一样的是，北方的房子外层大多是木板镶成的，而南方的却更有气派，红砖到顶。当然我在市中心周围黑人住宅区看到的破旧房子，与我在芝加哥大学附近的黑人区见到的没什么两样。但在几英里之外的市郊住宅区，硕大的绿色草坪围绕着有气派的伟岸别墅，让我目睹了南方中产阶级与富裕阶层，不亚于北方的优雅生活。面试那天闲暇片刻的即兴聊天中，当我问及南密西西比大学数学系的中国研究生，关于黑人的情形时，他们异口同声地回答我：这里的黑人真是好呢，若你的汽车坏了，他们主动帮你修。这些“耳听为虚，眼见为实”的亲身体验，让我初步改变了对南方诸州的一部分偏见。其实，只要读过美国南方女作家玛格丽特·米切尔不朽的小说《飘》，或看过 1939 年据此拍摄的同名好莱坞巨片，人们就会对黑人兄弟姐妹的勤劳善良和忠心耿耿，留下极深的印象。

南密西西比大学面试的程序与西华盛顿大学相仿，也是一个一个地会见重要人物。其中，与数学系所属的科技学院院长道布林(Stephen A. Doblin)博士的会晤很有意思。这位矮个子的数学系前系主任，一只脚搁在他办公室的座椅上，托着下巴问了我几个研究与教学上的简单问题，像一个大教授拷问小学生似的。显然，他对我的回答颇为满意。就是这位院长大人，三年之后当听说我申请其它学校，并拿到了伊利诺伊州一所数学系颇强的公立大学的正式位置，把我叫到他的办公室，竭力地劝说我留下来，如数家珍地说了一大堆生活在南方的种种好处。毕业于阿拉巴马大学(University of Alabama)的他，居然对我说了一句惊人之语："就是纽约给我一百万美元的年薪，我也不会去那里工作的。"这句话折射出的是南方美国人不喜欢北方"扬基佬"(yankee)的事实，当然北方佬也不把南方的"红脖子"(red neck)放在眼里。

很快，派伊教授打来了电话。我终于获得了该校数学助理教授的正式工作。在美国找饭吃，接到对方的电话才是好消息。收到信件，差不多都是客气的"拒之于千里之外"。不久，我也收到美国移民局寄来的一封信，通知我根据布什总统行政命令，而取消我J-1签证的"两年限制"。这样，我的工作就合法化了。南密西西比大学的人力资源部，即刻着手办理我的外国人临时工作H-1签证的申请。

找到了工作，自然我就应该准备博士论文的答辩了。

第八章　论文答辩

南密西西比大学和美国绝大多数学校一样，采用传统的学期制，新学年 8 月下旬开学。和系里之前毕业找到教职的博士生一样，我计划在 1990 年的夏季学期答辩论文。按照系里的规定，我要事先请几个本系的教授，组成我的答辩委员会，并且要求至少提前两个月，将博士论文的初稿送交他们审阅。

那年春季学期，我是一面忙找工作，一面写论文。好在新的算法和收敛性分析在上一年均已完成，剩下的工作主要是编写程序，对几个现成的一维映射例子上机计算一番，比较比较，看看我所提出的高阶新方法，比计算遍历理论这个年轻研究领域中最早也最有名的乌拉姆方法究竟要快多少。计算结果的确是令人满意的，但那时我仅仅证明了新方法对一类区间映射的收敛性，没有继续考虑它们理论上的收敛速率问题。这就相当于知道了新开通的京沪高速列车，从上海出发总会很快抵达北京，但尚不知道这趟高铁到底有多快，是五个小时能到达呢，还是三个半小时就够了？这个有关收敛速率的数学分析，在我离校后的当年秋季，就被去了那里教书的杜强、邱志嘉这对正式助理教授，同我导师一道构思巧妙地做出。在他们所写论文的基本思想引导下，我和李天岩教授后来又发表一篇文章，严格证明了这个新算法的收敛速度界。

挟着获得大学教鞭的春风，耳边听到的是同胞们的祝贺之声，我干劲十足，很快写好了博士论文的第一稿。打开每一篇博士论文，几乎一开始都有“致谢”一页，许多人在这一页感谢的对象如同“韩信点兵多多益善”，除了导师、教授、师兄弟、师姐妹、同学、发小，就是父母，配偶、亲戚，甚至嗷嗷待哺的婴儿，都被列入花名册。我在国内参加过一些研究生毕业论文的答辩，读到的感谢词不是千篇一律，就是肉麻透顶，反而失去了真实性和严肃性，我估计导师都会听得不好意思起来。我在考虑自己博士论文的感谢语时，想到了最受家人尊敬爱戴的母亲，因为所有教育过我的人当中，她的功劳最大，甚至我的大女儿也是她帮我们从十个月带大到三岁送到美国。没有她的无私奉献，我怎能安心撰写博士论文？于是我在博士论文的扉页上写下了言简意赅的六个单词 To My Mother Wang Liufeng（献给母亲王柳风）。

博士论文给导师修改完，看了一遍没有发现大问题后，我就十分自信地复印了几份，送给答辩委员会的成员阅读。这离预定的答辩日期还有至少两个月。我知道应有足够的时间，根据他们的修改建议，继续加工论文的结构和语言。对数学的内容我胸有成竹。但对英文的表达，尽管导师相信我的写作能力，但他毕竟也不是土生土长的纯粹美国人，我期待美国教授将透过毕业论文的改正，给予我最直接的英文写作指导。我记得我申请教书位置的那封到处发出的求职信，经李教授过目后，为了慎重起见，我又请了阿克斯拉教授检查了一遍。这位哈尔莫斯的徒孙，本身也是一位写作高手，一眨眼就看出信中一个无主语句子的不规范性，帮我添上了主语。

但是，一位答辩委员会的成员，不愿意花时间订正我的英文。

我从未修过这位教授的课，但当我第一年旁听另一名教授的“应用分析”课时，他也风雨无阻地坐在那里听课，于是我们彼此熟识起来。年纪不小个头很高的他，对我等后学之辈也颇为友好，碰面时也相互点头致意。在征得他的同意之后，我把他的尊名大姓放进了我的答辩委员会花名册里。谁知道，第一天给了他我的博士论文稿子，第二天李教授就把我叫进了他的办公室。原来这位不太耐烦的教授，一看到论文第二页摘要部分的某些冠词用法欠妥，就不想再看下去，索性一退了事，把我的论文直接送回到数学系研究生事务新任主任西贝克(Charles L. Seebeck)教授那里。后者马上通知了我的论文导师。李教授再次翻看了摘要部分，认为对方太过于吹毛求疵。正在他办公室聊天的系里另一学术大腕、微分几何专家陈邦彦(Bang-Yen Chen)教授对此也不以为然。陈教授在台湾新竹清华大学读研究生时，教过读本科的李教授，因此李教授一直对他尊敬有加。我既惊讶于这名洋人教授“出尔反尔”的冷峻作风，又不满于他缺乏“诲人不倦”的为师之道。我听某个研究生说过，本系有一位德高望重的老教授韦伊(Clifford E. Weil)，长期教授“实分析”这门难课。他不光批阅学生的作业极端认真，还不辞劳苦地将每个人的证明从文字上重新加工，手把手教他们怎样写数学论文。这样的老师才是真正的授业解惑者，是最值得学生尊重的辛苦园丁。

没预料遭此当头一棒，我一时想不出补救的办法。突然，我心生一计，何不请院长大人当我的答辩委员会成员？如果能行的话，可以压一压那个人的威风！我知道霍本斯台特(Frank Hoppensteadt)院长平时工作很忙。密歇根州立大学的“科学学院”(College of Science)涵盖了十多个理科系，包含的学科除了众所周知的数学、物理、化学，还有动物学、昆虫学、生理学。院长的工作统揽全局，每天八小时上班的日程安排很满，他能挤出功夫审阅我这个外国小子的博士论文吗？

但是，如果霍本斯台特院长愿意接这个差事，的确是个理想人选。这不是因为他是“大官”之故，我可以“拉大旗作虎皮”，而是因为他是一位有造诣的数学教授，其研究领域与我博士论文有着不小的相交之处。事实上，他是混沌动力系统领域里一位名声很响的风云人物，出版过好几本专著，包括关于生物数学的一部名作，我现在教书的学校图书馆就有。我清楚地记得，当我们几个师兄弟刚来念书不久，系里搞了一次生动的学术报告会，主角就是他。只见他搬来一台小小的电影放映机，放的是他自己制作的电影，动态地展示了一族称为逻辑斯蒂模型的带参数二次多项式 $S_r(x)=rx(1-x)$，当参数 r 由 3 变到 4 时，从倍周期的分支现象到混沌行为的全景图。他取了几千个 r 不同的值，从随机的初始点出发开始迭代，屏幕上看到的，是这些迭代点的最终走向。我们当时就被这别开生面的从有序到混沌之旅迷住了。没想到三年后，我自己就一脚跨进了混沌的地盘。

霍本斯台特院长个头高，面容和善。我晚上来助教办公室或电脑房埋头苦干时，常在系里的走廊上见到他踏进自己在数学系的办公室。他白天管理着一个硕大的学院，公务繁忙，但是他不忘自己学者的本质，一直坚持挤时间做研究，晚上像一般教授那样在办公室加班加点。虽然他是大院长，然而，我们学生从来都不怕他，因为他从不摆架子，而是个满面春风的谦谦君子、儒雅之人。这部分得益于西方的文化传统。西方人一般不崇拜权威，不迷信个人。在他们的脑海里，“平等”是个天赋的概念，而不是人为的恩赐。在基督教的信念里，只有上帝，才是万物的主宰。在上帝面前，所有人都应该是谦卑的。在这种文化传统的长期熏陶下，官员的长官意识趋向于极小，他们和老百姓一样，都视自己仅仅是个人，而不是个神。

正因为我对院长印象很好，当我需要添加一个委员会成员时，他的名字在我的心头倏然冒出。李天岩教授和他关系也不错，马上首肯了我的想法。我拿起李教授办公室的电话，就往院长办公室打。当霍本斯台特院长拿起听筒时，自报大名后，我礼貌地问他，能否成为我的博士论文答辩委员会成员。当然，我没有解释他的位置是我临时"候补"上的。他似乎想也未想地立刻回答道："I'd be glad to."这句话可以翻成中国味浓的一句短语"乐意效劳"。没想到他这么爽快地答应了我的请求，我心花怒放。不仅一下子解决了委员会人选问题，更在心理上阿 Q 似的战胜了那位挑剔的教授：你看，我能请到院长担任我的答辩委员会成员。当时没有想到的是，霍本斯台特院长以前在柯朗数学科学研究所带出的学生、在国家标准局（现改名为国家标准与技术研究所）工作的亨特（Fern Hunt）博士，几个月后与我联系，就因为她从其导师那里知道了我的博士论文工作。后来我们有过一段时间比较密切的学术交往，还合写了一篇论文。这一"未来是不可预测的"实例，确是我们共同感兴趣的话题——"混沌"之本质意义。

美国大学的学位论文答辩形式，与欧洲、中国都不尽相同。比如说，汤涛教授在我们合著的《数学之英文写作》一书的最后一节"论文答辩"中回忆道：在英国，答辩人不必进行正式的报告，而是回应答辩委员会成员就论文所提的问题。导师甚至都不在场，答辩委员会的成员也常来自外校。我参加过几次中国科学院计算数学与科学/工程计算研究所的博士论文答辩，委员会成员来自北大或其它研究机构。我听说过哈佛的博士论文答辩，是候选人的导师"答辩"考官们的"质询"，而当事人则远离现场，不知是真是假。但是，绝大部分的美国大学，论文答辩的样式是类似的：学位候选人先做一个时间 50 分钟左右的报告，然后回答委员会成员提出的问题。这道程序完毕后，答辩人先退场，委员会则关起门来讨论，最后表决是否绝对通过、条件通过还是不通过这篇博士论文。"条件通过"常常与论文材料的布局欠佳有关，或出于英文写作方面的缺陷，容易光顾有外国腔的学生，一般在修理好语言、调整好结构后，就能晋升为"绝对通过"。

在欧洲，答辩人在那一天的服饰与仪表一般非常讲究。平时衣着邋遢的，这一天也要西装革履，气宇轩昂。这毕竟是一生中稀有的几件大事之一，不亚于结婚典礼之正规。一生中可以数度走进、走出婚姻的"围城"，但博士学位大概顶多只拿一次。当然，名人的名誉博士可以拿个不停，但不能算正式博士，因而普林斯顿大学博士费恩曼干脆将芝加哥大学授予他的"名誉博士"称号拒之门外。在美国这个世界上公民最自由散漫的国度，没有听说过一定要西装革履才能登台答辩博士论文，一切悉听尊便，只要当事人不蓬头垢面就行。其实我答辩那天，因是炎热的夏天，根本没套深色西装，更没有结漂亮领带，它们从来得不到我的青睐；穿的只是一件干净的 T 恤衫，台下的听众有的甚至脚蹬拖鞋，穿着西装短裤。这就是美国式的"随便文化"，在数学人身上的体现。

我的导师对博士论文曾经有过一句戏谑："如果你通过了博士资格考试，系里就欠你一个博士学位。"这句玩笑话实际上揭示了美国的博士研究生教育，与其它国家的重要不同之处：课程学习依然是博士生阶段的主要内容。欧洲许多大学的博士研究生，一般修课并不多，重点在研究。和我几乎同一天出国留学的一位南大同学，幸运地获得资助，去了英国的剑桥大学读博士学位。他曾告诉我，在那里，他不仅没什么课要修，甚至连第二外语也免了，一进去就做研究。当我在美国哼哧哼哧地修课不停之时，他却在英美之间来回跑，到处合作做研究。但是，美国的研究生教育方式总的来说可能还是最优的，因为它给那些立志当研究型大学教授的博士生灌输了十分有用的多学科知识，因而从长远的眼光来看，他们的后劲更足。

1990 年 8 月初，我的博士论文顺利地答了辩，委员会全票通过，但这并非说明，我的答辩过程完美无缺。由于我的英语听力本领一直不强，加上在答辩过程中多少有点紧张，在回答一个非答辩委员会成员的教授提问时，居然没有听清楚对方在讲什么，急得导师只好用中文复述了一遍，让我羞怯得恨不得马上钻进地缝里去。听力不好一直是我的心病。来美好几年了，为何这方面还是欠缺？这不完全怪我没有下苦功。从语言教育的角度理性地分析，应有几个原因。一是我的汉语普通话发音就不标准，家乡口音偏重，以至于我来美第一周，李教授就问我说的是什么地方的口音。进校第一年，我在南京大学的大礼堂，曾听过英文系夏国芳老师的一场生动的报告。她讲的是国人的英文字母发音，不同地域的南腔北调，解释为何大学英文教师中，上海人的比例较高，因为他们的发音最准。江苏扬州出生的我，发音的器官天生就有缺陷之处，一些稍有不同的音，在我嘴里吐出来一模一样。进了大学初学英文，因为当时的理科英语只强调语法与阅读，没有重视正确发音的训练，一开始就沦落为发音半残废者。例如对像 l 和 n 这样的辅音，就辨别不了，听不出 light（光）和 night（夜）的读音不同，这就大大地影响了我英文听力的提高。

钱学森的老师冯·卡门（Theodore von Karman）晚年出版了一本他口授的自传《随风而飞》（*The Wind and Beyond*），写得跟他本人一样幽默风趣。其中一个故事是，当冯·卡门从欧陆初到加州理工学院访问时，由于他浓厚的匈牙利口音，记者误将他问题回答中的“实验室”听成了与之风马牛不相及的“盥洗间”。它们各自的英文分别是 laboratory 和 lavatory，发音相似，因而一不小心就会张冠李戴。十年前被杨振宁教授请到清华大学任教的图灵奖唯一华人获得者姚期智教授，拥有美国名校的物理和计算机双博士，学术成果了得，但某次在海外开会的闲暇聊天中，他向一位国内来的华人教授幽默地自嘲，他当年在普林斯顿大学教书时，自己的英语发音实在太差。或许他终于忍无可忍了，逃离异邦，回到母语世界教书育人。想必许多留美教书的华人学者都有关于英语的烦心故事吧。

发不出 l 和 n 的不同声音，甚至都影响到我和小女儿的幸福交流。大名叫丁易辰龙年降生的“小龙女”，因为是我父母五个子女下一代孩子中“计划生育”之外的第六个，她的外公给她取了个小名“六六”。这下可苦坏了我，因为我总是把她叫成“妞妞”（固然读的声调是正确的去声）。已经能说会道的她常常大声纠正：“不是妞妞（去声），是六六！”发不准女儿名字的父亲，大概是天下最不称职的父亲了吧！

我的发音差和听力弱，连同我的会讲课，一负一正，在系里的外国留学生中几乎是众所周知的。研究生事务主任西贝克教授，曾直言不讳地告诉李天岩教授，说我能叽里呱啦地说一口流利的英语，但却听不懂别人在说什么。美国人能听懂我发音不准的英语，但我却有时听不懂他们发音正确的英语，碰到他们讲俚语或土话时更是不知所云。固然，中国人说英语总有口音，除非在少年时代，就生活在英语纯正的社会。在南密西西比大学数学系当了15年系主任，现已退休的派伊教授曾对我说过，美国前任国务卿基辛格博士的英语有德国口音，因为他13岁之后才来美国。派伊博士认为，13岁是外国移民的英语有否口音的分界线。它的理论在我亲戚的儿子——后面第十三章中还要提到的艾伦（Allen）身上，得到验证：他恰好在13岁生日前，来到美国读书，现在说的美式英文无懈可击。要想改进发音，就要花大力气纠正，就像当年中国女演员陈冲，为了在好莱坞立足，花大价钱雇人帮助矫正发音那样。

我的几个同期师兄弟的英语听说能力都比我强，其中有一个曾在北京工作过几年，不仅说一口漂亮的普通话，而且他的英语和美国人的发音相比几可乱真，让我羡慕得很。不过，就像一个瞎子往往有一双听力敏锐的耳朵一样，可能得益于我对汉语人文作品阅读的长期热爱，我的英文写作能力，部分地弥补了听说方面的缺陷，让导师赞扬有加。离开师门后的第一年，我有一次给他寄去两人合作的一篇稿子请他过目。他看了以后回信道："看了你寄来的文章，心中感触良多，我所有学生的英文写作表达力和对数学材料的组织力若都能像你一样强，不知道要省掉我多少的时间。"此言过奖，因为他在另一封信中也夸奖过我的师兄弟丛栾和黄良椒的英文写作能力。

我个人的经历与遭遇，以及由此得出的经验教训，说明了一个简单的道理：一个人若想取得成功，就应该追求全面的发展，谨防成为跛足的巨人。将长处发扬光大，将短处逐步拉长，这应是完善自我教育和修养的始终如一的目标。

论文答辩的8月,我的最大收获,或许就是那几个负责任的委员会成员对我英文写作的悉心指导。投票一结束通知我结果后,霍本斯台特教授就将他修改后的博士论文稿子还给了我,并耐心地逐字逐句解释,为何这样写、为何那样写。他的语气依然和他的面容一样和颜悦色,丝毫没有大人物的架子,更没有让我感到难堪。

答辩委员会成员希尔(Richard O. Hill)教授,则是另外一个值得我大书特书的好园丁了。希尔教授的专业为数值分析,虽然他在系里不是公认的学术明星,但他写了几本优秀的低年级大学生教材,很受市场欢迎。他曾在系里主持过一学期的数值代数讨论班,李教授那年正在日本当他的讲座教授,关照我们弟子务必要参加这个讨论班,讨论一本关于矩阵计算的好书。我的博士论文虽不属于希尔教授的研究领域,但其数值分析的共性让我想到他,邀其成为我的答辩委员。他常年是李教授的游泳伙伴,也是学术挚友,便爽快地答应了我的请求。

希尔教授不仅具有极高的职业道德水准,而且有大公无私的精神。希尔教授除了仔细阅读、认真修改我的毕业论文外,还从文字上润色加工。答辩后的第二天,他又为我专门花了几个小时,手把手地教我一些外国人容易搞错的英文写作规则。特别是何时该用定冠词、不定冠词或名词的复数形式,而这正是中国人写英文的薄弱环节。可以说,我真正搞懂怎样用冠词,是从希尔教授的那一天教诲中学会的,而绝非靠机械记忆从标准语法书中得来的。2012年,当汤涛教授和我为中国的数学研究生合写《数学之英文写作》一书时,我们特地花了笔墨,叙述冠词用法的一般原则。

毕业后我和希尔教授有过一段时间不长的通信联系,彼此之间的唯一一次见面，却是在15年之后了。那是在2005年的秋季，美国数学会在田纳西州的中部田纳西州立大学（Middle Tennessee State University）召开了一次地区性学术会议。在一个关于数学教育的小组会上，我们不期而遇。但我惊讶地发现，他已用上了拐杖，不禁感叹岁月的无情。我们相见甚欢，虽然我没有明说，但我永远记得他对我数学英文写作的提携之功。

拿到了博士学位，找到了一份教职，我打点行装，准备全家南下了。离开生活了四年半的密歇根前一天的下午，我专门去李天岩教授的办公室，向他作最后的辞行。我颇为伤心，他亦已动情。他和我的师生之情，用他曾经说过的一句话，"是有缘分的。"尽管我们平时关系相当密切，几乎无话不谈，他也有时跑到我的办公室，吐露原本可以不告诉我的心声，但临别前他讲的两件往事——我一直蒙在鼓里——一件让我感动，一件让我吃惊。

第一件与我来美后第一次参加国际学术会议有关。1987年春，李天岩教授问及我，如能在南方另一大城休斯敦找到免费住处，参加在赖斯大学（Rice University）召开的美国工业与应用数学会主办的第二届国际最优化会议，他可以提供我去开会的机票。那时我刚刚进入数学规划的内点算法新领域，参加这个会对我的重要性是不言而喻的。于是我开始想办法解决住宿问题。和我同机来美的李巧英，恰巧有个在赖斯大学读化学博士的南大女同学陈燕求。她热心地帮我找到两个来自南开大学的单身男同学，让我住在他们公寓的客厅。于是我很有收获地参加了这次大会，并且愉快地与李教授的高中同学、伊利诺伊大学数学系的韩世平（Shih-Ping Han）教授见了面。会后，李教授给了我将近两百美元的机票钱。因为他的研究一直得到美国国家科学基金会的资助，我想当然地一直以为，这张来回机票，已由他的研究基金给报销了。

那天下午告别时，李天岩教授才告诉我真相：这张机票，由他私人的银行支票账户“报销”了。他现在告知实情，并不是想叫我还他的机票钱，更不是想让我知道，他当了一回“雷锋”。他只是想告诉我，他对我们这几个被他从中国大陆招来的弟子，一直寄予厚望，想方设法为我们做研究搞学问创造好条件，即便花自己的钱也在所不惜。听到这里，我回想起几天前去他办公室时，无意中在桌子上看到的一幕：他给赖斯大学的国际最优化领域权威之一、美国工业与应用数学会《最优化杂志》首任主编丹尼斯（John E. Dennis）教授写过信，看是否有机会让我去那所南方私立名校做博士后。而这件主动之举，他事先也没有让我知道。

第二件事，涉及与他曾经关系密切的一名大陆数学教授对我的评价。当我申请来美念书时，那位在学术上曾帮助过我的教授却跟他说，我对我的硕士导师何旭初教授不太尊敬。这种评语，如果刮进对“学生不尊重老师”之说有极度敏感性的李教授耳朵里，对我的杀伤力应该在“原子弹”的量级上。但不知何故，他居然还是录取了我！这次他坦言相告，他一直在暗暗观察我，是否真的如这个教授所言。其实，李教授早就知道，我对他从来都是执弟子之礼。师兄弟们都知道，我在背后也称他“李教授”，而不直呼其名，或叫什么“老李”之类的。其实，背后喊他“老李”也并非不敬之语，完全出于习惯或秉性。内心的尊敬才是真尊敬，“口有蜜，腹有剑”方为人所不齿。出生于教师家庭的我，从小就目睹了父母的学生对老师的尊敬之情，最佳例子之一就是我的“精神导师”高允翔。这一次，李天岩教授告诉我，当他在上半年看到我由于何旭初先生

4月份因患贲门癌去世，而流露出的真实悲痛之情，就不相信那位教授的“奇谈怪论”了。

其实，我对说我不敬师长的这名外校教授，始终尊敬有加。我以为80年代曾和李教授联系很密切的他，向对方推荐过我，一出国就给他写了感恩之信。他也曾经告诉何旭初先生他的推荐之功，以至于何先生在他生前总共给我的五封回信中，第一封就特地关照我好好感谢他。

不过，当时李教授还不知道，我在年初得知何旭初先生害重病时，马上就寄了一张200美元的支票给他，并委托家兄专程去江苏省人民医院代我探望。家兄用散文之笔向我描绘了当时的情景：“当我走进病房，只见何先生直挺挺地坐在床上，‘南京大学’红色的校徽歪歪斜斜地挂在胸前。”家母在给我的信中，赞赏了我对师生之情的具体做法。虽然何先生的第一个博士生，也是我老师的赵金熙教授代他存入了那张支票，可是上天没有给予他足够的时间用我的微薄心意给自己买点滋补品，4月初他就与世长辞了。何先生去世后，我征集了南大数学系16个海外同学的签名，致电母校，深表哀悼之情。据说这封我写的唁电，在追悼会上宣读时，感动了所有在场的老师。

几年后，我在美国开会时见到南大数学系的王嘉松教授。当提到我的导师时，他说了一句让我很难受的话：“何先生是一辈子喝稀饭的。”在那个知识分子清贫的年代，我们的大学授课老师和研究生论文导师依然牢记把我们培养成人的神圣教育使命。没有他们为我们打下的坚实基础以及身教大于言传的人生影响，我们就不大可能一步一个脚印地走向成才之路，也许就没有留学海外的先决条件了。

2002 年 5 月 20 日是南京大学的百年校庆，我也回母校参加了庆祝活动。第三天的《扬子晚报》刊登了我怀念导师的文章《纪念何旭初先生》，与也在庆祝百岁生日的东南大学的党委书记的校庆文章同放一版（南京大学、东南大学等南京若干所高校都是中央大学的后继者，那年同贺校庆）。不久南京大学出版了校庆专集，收入了我这篇文章。九年之后，在何先生冥诞九十周年之际，我写下了第二篇随笔《一个时代的怀念》，刊登在同年的《数学文化》杂志上。在新的文章中，在缅怀何先生的同时，我也深情地回忆了先后教导我们这班大学同学的一些老师：颜起居、林成森、王巧玲、徐鸿义、何泽霖、包雪松、吴启光、苏煜城等。

和博士导师李天岩教授依依惜别后的第二天早晨，1990 年 8 月 21 日，我们全家三人，加上前来探亲的岳父岳母共五人，离开了密歇根，开车驶向遥远的南方。新的生活即将开始。

第九章　初当教授

1990年8月21日早晨，我们全家从密歇根州出发向南行驶，沿途经过印第安纳、肯塔基、田纳西和阿拉巴马等四个州，中途在田纳西州的音乐之城纳什维尔(Nashville)的一家汽车旅馆夜宿一晚，终于在第二天傍晚，到达我将投入工作的新学校南密西西比大学所在城市哈蒂斯堡(Hattiesburg)，行程约1000英里。四个月前我来这里面试时就爱上了这个城市和它的名字，因为它和与马克思有缘的德国著名城市海德堡(Heidelburg)、因为林肯的伟大演讲而驰名的美国宾夕法尼亚州小城葛底斯堡(Gettysburg)和附近的哈里斯堡(Harrisburg)，共享最后四个字母。这四个字母的组合，发音也很优雅动听，难怪美国人中午爱吃的方便快餐"汉堡包"(Hamburg)也用了它。当我对这个城市名及其东西走向的主要马路名Hardy Street(哈代街)表示出兴趣时，并半开玩笑地问瓦斯教授，这是与我们的数学家前辈、英国人哈代(Godfrey H. Hardy,1877—1847)有关，还是与文学家前辈、法国人哈代(Thomas Hardy,1840—1928)有关？他告诉我，这个Hardy是哈蒂斯堡市的创始人威廉·哈代(William H. Hardy,1837—1917)上尉，他用他妻子的名字哈蒂(Hattie)命名了他所开辟的新城市。从新地方写给父母的第一封家信，我就将这个美丽的城市名，翻译成了“哈蒂斯堡”。

从密歇根到密西西比，我摇身一变，从学生进化成教授。我离开的大学是 MSU（Michigan State University），其网站是 www.msu.edu。我要加盟的大学则是 USM（The University of Southern Mississippi），恰好是 MSU 字母排列的一个反序！它的网站名自然就是 www.usm.edu。我在美国所受的博士教育，我长期在美国从事的高等教育，都和这三个字母正反排序，关联在一起，这真是上天才赐的巧合。

中国人对密歇根州不太陌生，知道那是盛产汽车的王国，尤其是汽车城底特律。但提到密西西比州，常与密西西比河相混，以为后者是属于前者的一条河。密西西比河属于整个美国，它是美国的母亲河，犹如中国的长江。“大江东去，浪淘尽，千古风流人物”，但这条北美第一大河、世界第四长河，却贯穿美国大陆的南北走向。上游起始于美利坚大陆北部的“千湖之州”——明尼苏达州的北部，下游终止于美国南方的“鹈鹕之州”——路易斯安那州南端的新奥尔良，与墨西哥海湾相吻，全程超过 3700 公里。250 年美国史上的一些文学巨匠，从密西西比河，发掘肥沃的创作养料。他们之中最为中国人熟知的有伟大的幽默作家马克·吐温和尊称前者为“美国文学之父”的诺贝尔文学奖获得者福克纳。密西西比河流经美国十个州，而密西西比州这个南方小州，则坐落在密西西比河下游的东河畔平原上。

1990 年，密西西比州在美国 50 个州中，人口与面积，恰好都排在第 32 位。但现在它的人口上升了一位，越过阿肯色州，排在第 31 位。全州有近 300 万居民（我家乡扬州市的 2/3），其中黑人超过 1/3，在 50 个州里比例最高。它的面积大约 12.4 万平方公里，相当于19个扬州市。密西西比州的经济发展，是南部地区明显优于北部。美国最贫穷的地区之一，大概位于这个州西北部边界境内的所谓“密西西比三角地带”（Mississippi Delta）。南北战争之前，这块土地以盛产棉花著称，又是蓝调、爵士乐的发源地。直到现在，那里的主要居民仍是黑人。他们创造了灿烂的南方文化，但相对落后的经济和教育，使得无数家庭位于国家法定的贫困线之下（2014年的标准是四口之家的年收入低于23850美元）。好在美国是穷人的天堂，许多人家常年享用着政府的救济金。

密西西比州有八所州立大学，学术地位排前三名的密西西比大学、密西西比州立大学和南密西西比大学为主要的研究型大学，在《美国新闻与世界报道》的高校排名榜上，属于“全国性大学”（national university）的范畴。它们成立年份的先后，也与学术地位排序一致。全国性大学，不能从字面上理解为国家办的大学，美国没有国立大学，它指的是学校有从本科到博士学位的多种学科，并从事各项基础及创新研究。从校名上来看，前两个学校榜上有名似乎是天经地义的，因为它们就像密歇根大学和密歇根州立大学一样，是本州的王牌公立大学。但为何带有方向性形容词的“南”密西西比大学，也跻身其中呢？

美国各州有许许多多的“硕士型大学”（master's university），顾名思义，这些大学能授予的最高学位是硕士，即便有博士学位，也是凤毛麟角。这类大学基本上属于地区性的，整体实力远逊于本州最好的州立大学，且校名在本州的名字前加上一个方向性形容词，或以所在城市命名，比如我曾去那个校园面试过的西华盛顿大学，或位于密歇根州奥克兰市的奥克兰州立大学（Oakland State University）。在人口差不多1000万的密歇根州，就有这样的几所：东密歇根大学（Eastern Michigan University）、西密歇根大学（Western Michigan University）、北密歇根大学（Northern Michigan University）及中央密歇根大学（Central Michigan University），就差南密歇根大学了。其实，“南”密歇根大学是有的，只不过叫韦恩州立大学（Wayne State University），位于密歇根州东南部的汽车大城底特律边上，学术排名在州里是探花郎，相当于我校在本州的地位。

密西西比州除了“南”，就没有其它与方向性形容词联姻的大学了，故南密西西比大学“一花独放”。幸亏美国没有南密歇根大学、南密苏里大学，故而南密西西比大学可以简称为“南密大”（USM）而无歧义，因此我在本书下面各章就常用此简写。南密大比中华民国年长一岁，却比南京大学年轻了八岁，更比密歇根州立大学小了足足 55 岁。当年它以密西西比师范学院之名诞生，一直是本州生产教师的最大加工厂，故它出口的教育博士个数也为全州之冠，在每年制造的一百个左右的全校博士中比例不小。

建校六十多年后的 1975 年，南密大上台了一位年轻有为的校长。在他的卓越领导之下，这个学校进步很快，几乎可以和本州最好的另两所大学并驾齐驱了，有的学科甚至远超那两所。我刚被聘用来校，在全校教师大会上，就听到这位姓卢卡斯（Audery K. Lucas）、不系领带只系领结的风度翩翩的校长，不无自豪地宣称：我校正教授的平均工资全州第一。可惜高工资者不是落到传统高薪的计算机科学系或商学院，就是进了学校首屈一指的王牌专业——1970 年代初单独成系的高分子科学（现改名为高分子及高性能材料系），与数学系、生物系及几乎所有的文科系搭不上边。我 1990 年代曾在《美国新闻与世界报道》的排名榜上，看到南密大的高分子科学与大名鼎鼎的加州理工学院并列全美第三，是密西西比州唯一在全美享有盛名的专业。多年来，这个化学子学科的最佳大学，是俄亥俄州境内的阿克隆大学(University of Akron)，其中有个来自上海的高分子教授，是美国工程院的院士，我曾读过他为我校高分子专业副教授晋升教授而写的一封"校外专家鉴定信"。由此可见，顶尖大学并不是什么都是顶尖的。中国的高分子科学专业的本科毕业生，去阿克隆大学或南密大念博士研究生，就相当于学计算机科学的，奔卡内基梅隆大学或伊利诺伊大学，或学纯粹数学的进哈佛大学或康奈尔大学一样。毛泽东主席的名言"具体问题具体分析"，同样也适用于中国学子对海外留学目的地的选择。

当我拿到南密大的正式聘书后，就开始研究这个位于美国的所谓"深南"(deep south)地域的州了，更对学校所在城市哈蒂斯堡的历史现状发生浓厚的兴趣。这个仅有 5 万居民的大学小城，在全美和它差不多大小的城市群中，曾被像《金钱》(*Money*)这样的国家级商业杂志评选为"最佳退休城市之一"，在诸如购物、医疗、教育、交通、气候、物价指数等综合指标排名下，名列前十。这令我相当惊讶，因为我以为美国人均收入多年来保持最后一名的密西西比州，一切都是垫底之州。不仅我从未注意到这些颇为生动的数据，或许连大部分北方美国人，听后也有点目瞪口呆吧？我 1998 年在南京师范大学参加一个国际学术会议，早餐与康奈尔大学数学系的科尔曼(Thomas Coleman)教授闲聊时，提到哈蒂斯堡的如上排名，他揶揄道："Is this from the local newspaper?"(这是来自当地的报纸吧？)言外之意，这大概是小地方人士的自我吹嘘。

当然,“最佳退休城市之一”的称号对我没有多大的吸引力,因为我来这里是开始就业,而不是开始退休。现在,工作 25 年后的我,如果愿意,可以退休了。假如是这样的话,我倒要考虑考虑搬离这个“最佳退休城市之一”换换空气。密西西比的另一个美国之最——“人均收入最低”,去那里教书前,对我有点负面的心理影响,以为它和“生活水准最低”等价,就像江苏人去西藏工作那样困难重重。这又是一个认识误区。在美国,没有哪个地方是生活质量的“发达地区”或者“落后地区”。在南方当大学教授,名义工资不算高,但因生活支出较低,主要是房价较低、纳税较少,因而相对收入就会提高一些。1990 年代中期,学校人力资源部给全校教师发了一份“权威排名”,内容是在每一个州取一所代表性的大学和一座适中的城市,比较全美各州教授工资单上的名义工资,和经过物价指数及纳税支出加权之后,重新计算的“实际收入”。结果是得克萨斯州名列第一,尽管计算该州的代表性大学——得州大学奥斯汀校区(University of Texas at Austin)的教授名义工资在 50 个州里仅居中游,但因为这个美国大陆面积最大州,不光生活费用不高,而且居民不缴州个人所得税,实际收入就高多了。全国也只有十来个州和它一样,只缴联邦个人所得税。再看加州,虽然教授工资很高,税负却也很重,生活指数更高。一纳入这些因素考虑,教授的实际收入就像悼念已故名人的国旗,一下子从旗杆的顶端降到中间。一览表上我州的相对收入较之绝对收入,像加州一样变化较大,但是朝着相反的方向走。我州教授名义工资,固然处在第四十多名,但相对排名却爬到了前二十名附近了。选来比较的城市,就是我校所在的哈蒂斯堡,但代表性大学,却是本州最有名的密西西比大学。校方让我们看到这份材料,用意是让教授群体自我安慰:我们虽身在穷州教书,活得还是比较滋润的。任何用人机构或部门,都有方法让其雇员心理平衡,少想跳槽。推磨的驴子转得起劲,就是因为挂在面前想吃吃不到,和它同时转圈的一束嫩草。

由于美国深南地区几个州的居民中,有大学文凭的比例低于全国的平均数,而且因为需要高素质人才的高科技公司数目偏少,高学历者在人群中所占的比例就更低,因此大学教授的薪水可以是系秘书的好几倍,受社会各层人士的尊敬度远高于其它地区,具体例子下面还要提到。我第一年在密歇根州立大学的室友之一、在电子工程系获得博士学位的一位高级工程师,有次和我电话聊天,我告诉他我在最穷的州工作,他诙谐地回应我:"管它穷不穷,只要你富就行了。"当然我从未富过,但也没有穷过。我并非太追求物质文明的享受,更看重的倒是精神生活的丰富与否,可能最在意的是,工作环境的自由程度和心理压强能否让我满意。

校园面试之旅,让我开始喜欢南方的美国人和这块土壤了。美国南北战争之前的南方诸州,各方面丝毫不输北方。那时的密西西比州尤其风光无限,曾是美国排名第五的富裕之州。但在过后的一百多年间,比较而言,经济发展北方大大优于南方,恰与中国相反。但是美国的文化底蕴,依然根植于南方。音乐、艺术、文学的天才人物,常常诞生在不起眼的南方百姓家庭。比如风靡世界的"猫王"艾尔维斯·普莱斯利(Elvis Presley,1935—1977)、征服全美观众的脱口秀女王欧波拉·温菲(Oparah Winfrey)、好莱坞名演员詹姆斯·琼斯(James E. Jones)、20 世纪美国最杰出剧作家之一田纳西·威廉斯(Tennessee Williams,1911—1983)、世界级流行歌后"小甜甜"布兰妮(Britney J. Spears)、1949 年诺贝尔文学奖得主福克纳等，都是密西西比州的骄子傲女。奥巴马2008年竞选总统而与共和党候选人在密西西比大学进行辩论前，我在回国飞机上的达美航空杂志特刊中读到，密西西比是美国作家产地人均最多的州！许多中国电影迷都知道的美国当代最畅销小说家之一葛里逊(John R. Grisham)，就是今日密西西比作家的杰出代表。律师出身并当过州议员的他，书已经卖出差不多3亿本了。仅仅他的第一部畅销惊悚小说《黑色豪门企业》(*The Firm*)，1991年出版后，销量就达到700万本。1993年由偶像派影星汤姆·克鲁斯主演的同名电影，更是迷倒了全球的观众。

我在密歇根结识的美国民众，大多对我很友好。1987年，我为了提高英语的听说能力，曾经住在一对膝下无子的美国夫妻家里。他们和他们的亲戚对我们非常热情大方。但南方人对外来居民的客气，似乎有过之而无不及。工作节奏较北方略慢一拍的南方人，对自然与人文的热爱之火，烧得却比北方还要旺盛。这里广袤的大地、低廉的房价、善良的邻居，都让我感到相当满意。无雪的冬天，更让受过五次密歇根严冬折磨的我快乐无比，再也不用每天早晨开车之前刮雪化冰了。在我之后被聘来南密大教书的其他华人教授，他们中的许多在美国不同的地方读过博士或做过博士后。一旦买了房子安下家，与过去求学时代的生活经历相比，大部分人虽然也有这个或那个的遗憾，但总体上觉得这里的生活自然、安逸、舒适。

当然我刚到这里，也有严重的不适应感。最主要的是普通人办事的节奏较慢，效率不高；甚至新建的图书馆大楼电梯，都载着它们的使用者，成比例慢吞吞地升降。我在密歇根见到的系秘书，不论是系主任的大秘，还是研究生主任的中秘，或是系办公室打杂的小秘，办起事来都雷厉风行，说办就办，少有拖拖拉拉的。在南方，则要耐住性子，面对办事过程的各个环节，让教书第一年的我要慢慢习惯才行。作为中国学生学者联谊会的教授顾问，我常打交道的校方行政机构是外国学生办公室和研究生院。有些文化知识水平不高、天下大事知之不多的工作人员，不够心灵手巧，被动习惯容易让人头疼。但是他们通常通情达理、心地善良、很懂礼节，缺少一点的只是高学历者更容易具备的办事能力、效率及智慧。

一进校园，我就感觉到美国南方文化与北方的若干相异之处，于是我又有了诸多新发现。南方与北方的不同，犹如英国与美国的区别。一言以蔽之，北方随便，南方正规。我待了几年已逐渐习惯的北方，远比南方自由散漫，这在教授上课时的衣着上即可看出。当我大热天修阿克斯拉教授的课时，他常常是上身 T 恤短袖，下身西装短裤，差点赤膊上阵了。手臂及小腿上的毛发，像暴风雨下的大海那样波浪滚滚，引人注目。南方的夏天更热，但我却没有看到过任何穿着短外裤上课的教授。我也只能入乡随俗，向他们看齐，在密歇根夏天常穿的几件西式及膝外裤，到了南方，就在公开场合上隐退了，顶多只在家里穿穿。

当然，刚看到校园一群群的学生，我就有了一个最大的也是最赏心悦目的新发现。那就是，南方的女孩子比北方的长得好看多了。这又和中国不太一样。三十多年前我谈恋爱时，因女朋友大学毕业后分到广州的研究所工作，那几年我在羊城有机会见识一下广东姑娘的总体形象了。她的研究所就有若干当地人士，肤色普遍逊色于江浙一带的女子，跟我的女朋友没法一比高低了。地理气候上，美国深南地域的女性沾了一个天大的光：空气中的水分子最多。密西西比以及附近的几个州，高高的湿度滋润了一代代的天生佳丽。我所见到的大多数女大学生，眼睛水灵，皮肤白嫩，身姿动人，而且心地善良。在密歇根的那几年，空气干燥得家里洗衣服，都不需要烘干机，挂在客厅马上就会干了。没有了足够浓度的水分子，能指望那里的姑娘出落得像出水的芙蓉吗？

正因为密西西比的姑娘漂亮别致，南密大的官方简称也因之而变，早就不用简洁的USM了，而改称Southern Miss，虽然中文直译应该还是“南密西西比”，但也可以想象成别有韵味的“南方小姐”，简直可与50个州选美折桂的“美国小姐”相提并论了。

一开始，当我还处在北方文化的惯性之中，就出了一个小小的洋相。开学两周后，院长照例在他的家中，举办每年一次的“欢迎新教授派对”。因为我是新雇的教授，应该参加。我虽有西装领带，但在密歇根的岁月，几乎从未穿过。喜欢自由自在不受束缚的我，最不喜欢光顾它们。于是我一身随便的装束，甚至是半截长的西装外裤，就去了院长家。没想到，几乎每位男来宾都是西装革履，像鲁迅文章中挖苦过的周扬、田汉等“四条汉子”那样气宇轩昂。我在这群人当中很醒目，尽管没人对我瞪白眼，其实对我都很友好，但我总感到尴尬别扭，提前溜回家了。

的确，南方人讲究礼节甚至等级。在密歇根州立大学，系里的小秘书喊大教授和教授之间彼此相称的格式，几乎没有两样，一般只喊名，不叫姓。比方说吧，阿克斯拉教授叫李天岩教授为“T.—Y.”，后者把他叫为“谢尔顿”(Sheldon)，秘书也是这样喊他们。但是到了南方，我系秘书从来没有像其他教授那样，喊我“玖”，而是“丁博士”。或许南方的文化，保留了更多的欧洲传统，留下了等级森严的一套社会准则。事实上，当我应邀去近邻路易斯安那州的一所大学做学术演讲时，甚至听说那个州的个别大学，还保持这一传统的做法：教员和学生的洗手间分而用之。这比密西西比的大学有过之而无不及，犹如英国70年代著名的电视连续剧《楼上楼下》(*Upstairs*, *Downstairs*)所展示的，楼上的贵族走正门，楼下的仆人走边门。其实，种族歧视、性别歧视在美国历史悠久，尽管独立宣言上第一句，就开宗明义地宣告人生来平等，但那个“人”用的是“男人”这个英文单词。妇女的投票权，不知过了多少年以后才真正实现。即便在1930年代的密歇根大学，男女同学共同出力建成的学生活动室，大门由男士独享，而女士只能走后门进出，这让1936年计划去那校留学的吴健雄——袁家骝后来的太太和“中国居里夫人”——一气之下，留在加州大学伯克利校区，因为这种男尊女卑的做法，甚至在她的母校中央大学也已消失。这一英明的决定，不仅让袁家骝娶到了最优秀的太太，也为李政道和杨振宁荣获诺贝尔物理学奖助了一臂之力。

不过，这些南北文化差异对我的扰动是微乎其微的。但语音上的小小差异，却差点让我“无所适从”。中国这个五千年文明古国，在创造了灿烂文化的同时，也催生了千种方言。我的大学同学如果都讲地方话，那几乎是谁也听不懂谁。读大一时，教我们班级普通英语的侯焕俅老师是上海人，有次问一个同学问题，当这位来自江苏泰州一带的六六届高中毕业生回答完毕后，侯老师说：“我听懂了你的英文，但是我没有听懂你的中文。”这位是我班唯一平时只说家乡话的人，大概普通话水平全班倒数第一，而我则可能排在倒数第二了，因为我还说普通话。美国是个“轮子上的国家”。美国人四处为家，哪里有机会就往哪里去，这就是美国本质上没有方言一说之原因。但南方人讲英语的语调和语速，均与北方有别。

一些土生土长的黑人，发音也有特殊的腔调。我的英语发音尽管出身不好，但经过几年密歇根英语的熏陶，“近朱者赤近墨者黑”，说得也慢慢地像模像样起来。密歇根的英语，据说可是美国发音最标准的英语呢。

第一学期，系里照顾我这个新来户，只让我教两门初等微积分。那时，系里的教授一学年教五门课，大部分人秋季学期教三门课，每周总的上课时间为九个 50 分钟，春季学期则减一门。25 年后的现在，学校更加重视研究，拿到终身教职副教授前的助理教授，和一直积极做研究的其他教授，每学期的教学工作量都为两门课了。我已在密歇根州立大学教过类似的课程，面对的是同样的美国人，对我而言，应该是驾轻就熟的了。没想到一周过后，在校园旁开了一家中国餐馆的上海老板娘，听到在那里吃饭的一位老讲师告诉别人，我的英语学生听不懂。美国高校的“讲师”（Instructor）和中国的不一样。前者理论上讲没有“终身制”，一般每学期教四门最低等的课，如“学院代数”和“三角函数”。系里只要他们一心一意教书，不要求做研究。其实他们也没法做研究，因为拿出手的一般只有硕士学位。讲师通常学术水平不高，不过却有一个例外，就是现在天下皆知的杰出华人数学家张益唐。他在我找工作那年开始不景气的就业市场上到处碰壁，最后在新罕布什尔大学（University of New Hampshire）数学系当了十几年的讲师，直到 2013 年才一鸣惊人。当然美国一些名牌大学的博士后位置，以某个历史上有名的科学家命名，称为“某某讲师”。例如，阿克斯拉教授拿到加州大学伯克利校区的博士学位后，就曾在麻省理工学院数学系当过两年“穆尔讲师”（Moore Instructor）。这个职位是为纪念在该系终生任教的穆尔（Clarence L. Moore,

1876—1931)教授而设立的。那可是一个令人羡慕的位置。1994年的诺贝尔经济学奖和2015年的数学阿贝尔奖获得者纳什(John F. Nash, Jr.)1951年担任过这一职位。

我系的这位女讲师,长相和神态都像希区柯克导演的名片《蝴蝶梦》(*Rebecca*)中那个一直令女主角胆战心惊的女管家,这位管家无限忠于电影中男主角死去的前妻。平时不苟言笑的女教师,或许也忠于南方轻易不让外国人插手的高等教育,因为我恐怕是系里历史上招聘的第一个华人教授,也是整个大学当时雇用的两名大陆教授之一。另一名教授姓孙,比我早一年来,本科毕业于北京的一所大学,于芝加哥大学获得历史学博士学位。而今,哪里有人,哪里就有炎黄子孙。华人教授也在美国遍地开花,在我校也已不下三十人了。

这个没转告表扬话、只传播批评话的讲师,讲的部分为真,因为第一周确实有去系主任那里说听不懂我英语的学生。但是派伊教授倒不着急,他笑眯眯地回答说:"Just be patient; he is from a famous university."(不要性急,他是名校出身)这是我历史上第一次听别人说,我博士学位来自名校;在中国一般人眼里,只有全美排名前十的大学,才够得上是"名校"。幽默细胞在西方人身上的密度,通常大大超过东方人。这是他们之所以善于交流的一大优势,这在派伊教授身上体现得淋漓尽致。所以,他当了15年系主任后,我们还想让他连任。他出生于美国,但母亲是纯粹的英国人,九十多岁去世前也誓不加入美国籍,终生保持着大英帝国的尊严。

系里有一位女教授南希·达立根(Nancy Dunigan)和我母亲同年,1996年在美国她退休后居住的北卡州自由市(Liberty)家里，两人见过面，自由自在地手拉手，用对方听不懂的语言，互相问候。达立根教授的专长是数学教育，是我州无数个中小学数学教师的“教母”，也是一位自强不息的女性，为事业而奋斗的典范。她最先随丈夫来我系任讲师，但在其它系当教授的他，与秘书搞起了婚外恋；不久她读初中的独子，由于跳水失事而遇难。两次人生打击并没有击溃她，她 40 岁左右只身去了北方伊利诺伊州的私立名校西北大学，读数学教育的博士学位。学成归来后从助理教授，一路升到正教授，1993 年光荣退休。

达立根教授也像那位讲师一样，在注视着我。因为她 4 月份没有去听我的面试报告，尽管听说我的那个报告不错，也吃不准我的教学是否能迷住学生，但她采用的是正面的方式。这时，一位黑人姑娘要修微积分。未来想当教师的她，却拿不定主意修谁的课为好，于是走进了德高望重的女教授办公室求教。达立根教授建议她去注册修我的课。那天我也第一次见到这位已经迟上了一节课的学生。

一周后，女学生欢欣雀跃地跳进了女教授的办公室致谢，因为她碰到了她认为是书教得特别好的教授，居然还是一个外国教授。当然这个细节，是多年后达立根教授和我一同回忆往事时，才告诉我的。那天我在北卡州的某个大学开完会后，专程去看和姐姐住在一起的她。带外国腔的博士想当大学教授，拿到教鞭已属不易。受雇之后，还得证明自己确实对得起这根教鞭，因为他们常面临无知或偏见的困扰。我记得那个学期刚开始的第一个月，《美国数学会通讯》月刊（*Notices of the American Mathematical Society*）撰稿人杰克逊（Allyn Jackson）女士一个电话打到我的办公室要采访我，因为她要写一篇关于那一年数学博士求职现状与困境的评述性文章。阿克斯拉教授知道我找工作到处碰壁，向她推荐了我。我在电话里向她诉苦，英语非母语的外国数学博士，找到教职特别艰难，原因之一就是许多雇主先入为主地认为他们不会比本国博士教得好。我理直气壮地对她说，其实书教得好不好，主要取决于教书的本事，而语言本身远不如有些人所想象的那么重要。我为外国人找工作挣人权的"愤懑之语"，被她记录在文章里，发表在那一年的某一期上。

我曾听到"在美国教数学不需要多少英语"的一个笑话，说一个助教只需会说两个英文单词"this"和"that"，就可以教数学了。为什么呢？因为数学内容含有许多公式，只要在黑板上写出这些公式，用手指着公式的左端说"this"，然后指着公式的右端说"that"，就算讲完了这个数学公式。虽是一则笑料，它却说明思维性的数学较之描述性的学科比如历史，教起来对语言的要求要低得多。我在母校南大正式教书的第一年，班上物理系的新生中有一位是家兄未来小姨子的高中同班同学。她因为来自我的家乡扬州，大概不必担心我的地方口音。家兄那时正在追求他未来的太太，对方妹妹的评语好坏自然对姐姐的表态也有关系。一次家兄来信，得意也有点谢意地告诉我，他女朋友的妹妹写信给姐姐，用了这样的推理法："我扬州中学的同学在他弟弟教的高等数学班上，说他教得太好了，我想他的哥哥也不会差吧。"她的推理不合逻辑，但结论正确，家兄一直是受学生爱戴的好老师。

我在系里很快站稳了脚跟，不仅教学颇让学生满意，甚至连每学期教一门"学院代数"的院长，也常告诉我他听到学生对我的好评，而且在研究上我也继续努力。第一年，我们全家住在学校的研究生家属公寓里，这是道布林院长在我到达之前应我所求，请学校的住房办公室帮助解决的，作为刚来工作的临时住所。我每天从家步行一公里就到办公室，每晚都在那里看书做学问，效率也高。四年后我被提前晋升为副教授，拿到了终身教职。再过了五年，成为正教授，比系里两位早我两年获得博士学位的一男一女白人教授，提得还要早几年。我虽然进大学前耽误了五年的光景，却幸运地在 40 周岁生日前，爬到大学一般教授职称的最高点。

第十章　定居南方

我在中学每学期一次的“个人小结”中常常感慨“光阴似白驹过隙”。现在的我，更惊讶“光阴似箭日月如梭”。是啊，我已经在美国的深南地区，生活了四分之一个世纪！这么长的时间，不光我当年想不到，就连我的一些远方朋友，也佩服我像不动点似的，在一个固定点打万年桩。2011 年，在南京师范大学孙文瑜教授主持的纪念我们的导师何旭初教授冥诞九十周年的研讨会上，一位复旦大学的学术同仁以近乎质问的口吻对我说：“你怎么还在密西西比的那个学校?”我知道他问话的潜台词是：“你怎么还没有跳槽到好一点的大学去?”

是呀，我曾经那么向往在美国东北部的新英格兰地区或在西海岸的加州工作。那里有美国最发达的教育、最灿烂的阳光。我也曾想跻身于一流大学的教授队伍，毕竟我过去毕业于国内的名校南京大学——被我熟悉的一位南大生物系校友称为中国的斯坦福，并留校教过书。它在中国的地位丝毫不亚于斯坦福在美国的排名。但是，正如我女儿在我 2013 年出版的中文科普著作《智者的困惑——混沌分形漫谈》封面设计感言中所述：

> 确实，人生有无穷多的轨道可循，现实中却只有一条可经历，而这条道路与未能实现的那条之起点可能只有一无穷小

步之遥。

客观地讲，能被全美三百所左右研究型大学中的一所聘为正式的教授，尽管它在分成更细的三个等级中，只能放进第二等，对于我这个在第一等大学群中排名甘居中游的州立大学博士获得者，应该是相当幸运的，尤其考虑到我找饭碗的那年，美国的学术界就业市场是如何糟糕。

在美国，找工作只看“最终学位”(terminal degree)的授予学校，对你大学本科是否出身显赫不大在意，除非你的最终学位就是本科。这与中国的做法大相径庭，但是两国的不同观念，各自都有道理。在中国，能考进北大、清华的，至少可以证明他不像一个“笨蛋”；但在美国，只从本州某个名不见经传的小学院拿到学士学位的，也不能证明他就是“笨蛋”一个，具体情况应该具体分析。在国内，能在竞争激烈的高考中名列前茅的，一定天赋不错，或者至少会考试。如果能被南京大学数学系录取，他当然不会跑到江苏大学数学系读书。去这两个不同的学校，学费大概差不了多少，当然去南大了，除非不学数学而学车辆工程，据说那是江苏大学的龙头专业。从经济学的角度看，在同样成本的前提下，应该选取最优的对象。但当一个美国学生，同时被研究型的宾夕法尼亚大学和本州某个教学型的人文学院(liberal arts college)录取，他不一定选择前一个，因为宾州大学要他缴纳每年五万美元左右的四年学费，外加七七八八的生活费、学杂费，一年的读书开销六七万美元，而后一个本科学院不光不收一分钱学费，还要送给他一份厚实的“校长奖学金”，连吃饭住宿费都包了。试问，这个美国学生应该去哪个学校呢？

我曾有个美国同事柯立波(Joseph Kolibal)教授，本科、硕士、博士均是名校。但他告诉我，他从没有付过什么学费，本科是奖学金，研究生当助教、助研。他女儿高中毕业时，被私立名校杜克大学(Duke University)录取了，但没有奖学金。如果她进这个学校，父母保证每年资助她1万美元，不会多给了，更不会砸锅卖铁苦自己而"富"了女儿。父母让她自己决定何去何从。这是美国的文化，不包办代替子女作任何决定。女儿权衡利弊，接受了我校的录取及高额奖学金，进了本校的顶尖专业——高分子与高性能材料，并一口气读到硕士研究生毕业。四五年前，在因次级贷款危机而极不景气的美国经济中，许多人失业找不到工作，包括名校的毕业生。她反而轻而易举地在普林斯顿大学的所在地谋得一份好差事，而她父亲就曾在那个大学的一个研究所工作过数年。

美国太多的社会精英都是在太普通的当地大学或学院本科毕业。全球五百强企业的总裁当中，名校毕业生为数不多，乔布斯(Stephen P. Jobs，1955—2011)便是一例。就拿著名的电视新闻主持人来说，男性的有在美国前总统尼克松的水门事件中，开始成名的哥伦比亚广播公司(CBS)新闻主播丹·拉瑟(Dan Rather)；女性当中有美国广播公司(ABC)采访过赵紫阳的大牌记者芭芭拉·沃尔特斯(Barbara Walters)。他们的本科院校所学专业都不起眼，绝非密苏里大学(University of Missouri)新闻学院或哥伦比亚大学新闻学研究生院。这两座美国新闻传播学重镇，前者毕业了写过《红星照耀中国》(*Red Star over China*，又译为《西行漫记》)的一代名记者斯诺，后者诞生了美国人文、艺术最大奖项之一的普利策奖(由匈牙利移民 Joseph Pulitzer 所创立)。固然，这些应用型人才被雇主看重的主要因素，是个人素质与知识结构，而与学校课堂教育并没有太大关系，但对于一辈子从事学术探讨的大学教授，他们博士论文研究的水准及授予学校的等级，很大程度上决定了他们能去哪一类大学教书，而不是取决于读本科时的学校。数学界最有名的菲尔茨奖获得者费弗曼(Charles L. Fefferman)，本科毕业于区区的州立大学，和后来的谷歌公司创始人之一布林(Sergey M. Brin)同为马里兰大学数学系历史上最优秀的学生。还有一个菲尔茨奖获得者瑟斯顿(William P. Thurston，1946—2012)——他和丘成桐同时获此殊荣——读的本科学校则为佛罗里达州的一个小学院，但他们的博士学位都出自最好的大学，师从的都是最杰出的教授。

如果他们在中国找工作可能就有点麻烦，因为本科不是名校。的确，好几年前，我就听中国科学院院士、1986年就在剑桥大学拿到博士学位的最优化专家袁亚湘研究员说到，国内高校招教授最看重的，就是第一学位。也就是说，南师大本科、北大博士不及倒过来的北大本科、南师大博士。其实，袁亚湘博士本身就是这种奇怪做法的一个反例。他的本科湘潭大学不是名校，但他在那里受到的数学教育和自己的刻苦磨砺，又有几人能比呢？事实上，他的大学同班同学以及比他低一两级的同系学子中，出了不少杰出的人才，包括继他之后的一位新科数学家院士。我写的一本研究生教科书的合著者、袁亚湘所在研究所的副所长周爱辉博士，也是该校八三届毕业生。中科院另一位成就斐然的中年数学院士席南华，第一学历甚至是大专。话虽这么说，中国目前的教育现状，依然容易让聘用单位，不放心非名牌的本科文凭。我前年去某地访问，在一次朋友请客的晚宴上，见到复旦物理系毕业的一位公司主管。他跟我说：我招人就看第一学位。难怪他把我一位熟人的儿子招进他的部门去了，因为受雇者是上海交通大学的学士。

中国人名校纠结的一个有趣故事，发生在我的跟前。十几年前，我帮助母校南大的一位毕业生实现了来美国的梦想，录取到我系读博士学位。那时，我院化学与生物化学系，刚雇来了它历史上的首位大陆教授不久。他的博士学位是杜克大学的，本科文凭却属于国内的地方性师范学院。某一天，这位昔日的南大小才子、今日的南密大研究生，和华人生化助理教授不期而遇。大概是误解，学生认为教授对他爱理不理，摆了臭架子。过后，我的校友愤然地对我说，他有什么了不起，国内上的是破学校，我们却是南大毕业的！我并不认同他的观念，这位华人教授的研究成果、基金记录，都是出类拔萃的。而他的学问基础，是名师荟萃的杜克大学替他打下的，这才是最终学位的妙用。

把本科院校名气看得比天还高的一个极端例子，是我的弟子曾经告诉过我的真实故事。在他任教的地区，有位华人子弟被常春藤顶尖名校哈佛大学和耶鲁大学都录取了，但待遇不一样。前者不给奖学金，而后者有。孩子的父母觉得可去耶鲁，毕竟哈佛、耶鲁掂一掂半斤八两。但此举遭到国内的上一代的坚决反对。他们一定要让孙子进哈佛，宁肯交昂贵的学费，理由是哈佛比耶鲁更有名。父亲终究敌不过爷爷，只好将儿子送进哈佛。第一年为他交几万美元的学费生活费，在公司工作的父亲还能扛得住，但连续交四年的前景，让他深感重负，甚为后悔。

尽管我的第一学位在中国还是吃得开的，在美国却没人在意它。用人单位主要看你博士阶段的研究工作和教授的推荐信，因此很多人在个人履历表上，干脆不列本科学校，省得浪费笔墨。我熟悉的一位名校毕业生，博士学位读的是国内最强的数学系之一，导师是中国科学院院士。但他当年在美国顶级之一的数学系做博士后研究时，申请美国大学的教职却屡战屡败。我亲耳听到一位华人名教授跟他说，北大的博士在美国找工作，抵不上美国某个州立大学的博士，因为这是英语非母语的外国博士，不得不被“歧视”。我所工作的系，曾经面试过一位在北大拿到硕士的加拿大博士。可惜他的报告大概是我听过的最差报告之一，不光英语不行，演讲时百分之八十的时间是望着天花板，好像那里藏了一位仙女。

虽然在美国数学排名前五十花名册上垫底的密歇根州立大学的博士，在美国比中国排名第一的北大数学系的博士找工作相对要容易一些，但在正常情况下，一定比不上斯坦福大学的博士。美国最有名的一些人文学院，比如靠近哈佛、麻省理工所在地波士顿一带的那几所，虽然主要的工作是教书育人，不像研究型大学那样要求教授以研究为主，却因要吸引最好的高中毕业生入学，对教授的出身门第特别看重，几乎是非常春藤名校博士不要。以学术研究著称的名校，例如哈佛、耶鲁，对新聘教授不光看出身，更要看实力，实行的是一种“唯成分论”与“不唯成分论”相结合的双轨制；而以教学为主的那些名牌本科院校，如新英格兰地区的威廉姆斯学院（Williams College）或韦尔斯理学院，基本上就是“唯成分论”的忠实信徒了。

1990 年是寻求大学教职最难的那几年的第一年。虽然我最终找到了饭碗，落脚的城市也属最佳居住小城之一，学校从上到下对我也不错，但我还是想换个地方，主要是我对南方的初等教育缺乏信心，怕拖我大女儿成长的后腿。她在国内提前读了小学一年级，学会了汉语拼音，打下了中文的基础。1992 年来美国后，进入当地小学念书。那时我还没有买房子，住在校园近旁的公寓，她也就近入学。据说那个泰晤士小学在南方种族隔离的年代很有名气，但后来生源混杂，加上一般市内学校学生的家庭平均收入，远不及住在郊区的富裕人家，教学质量自然下降。我女儿的班上，除了黑人同学，只有三个白人和三个华人。那时我身上还残余一些华人歧视部分洋人的旧思想，以为这些孩子的素质不会很高。其实只凭直觉行事的女儿，却非常喜欢她的同学。他们知书达礼，很懂规矩。一年后，当我最终决定留在南方时，我们搬进了新买的房子，女儿再次就近入学，换到基本是白人的橡树园小学。她开始伤心地哭，不想离开她的"老伙伴"。

不管怎么说，1992 年年底，我还是有的放矢地申请了几个外州的学校，但是并没指望能换到更强的大学或更好的地区，因为那年的工作依然难找，甚至比前两年更难，许多成绩可以和林晓标、魏木生媲美的博士还"待字闺中"。然而，芝加哥以西 100 公里远的一所不错的州立大学看上了我，因为他们要招既会教最优化理论课程，又能从事应用泛函分析研究的人才。我的硕士专业为最优化，博士论文属于遍历理论，恰巧都和他们的两项要求沾上了边。于是我作为第二个候选人飞去校园面试。排名第一的是上海名校毕业生，即将从奠定最优化理论基础的学科"凸分析"大师手中领取博士文凭。但是，由于他是新科博士，而我是"骑马找马"，他面试紧张，我从容不迫；他失败了，我成功了。其实，我自己心里明白，这回做的讲演，从内容到形式都不及我三年前找工作时的那个报告漂亮，但我的面试报告刚讲完，和系主任共同进餐时，我就知道这个位置非我莫属了。

系里的同事见我在就职市场这么萧条的年头，还继续能找到工作，对我更加刮目相看。确实，对方寄来的新聘书，在某种意义上简直就是显示我货色的不花钱广告。真是无巧不成书，我系一位早我四年、在北方名校威斯康星大学麦迪逊校区拿到学位的年轻教授，博士老板是线性代数的领军人物，《线性代数及其应用》国际学术期刊的创始人之一。他曾在要雇我的新学校干过一年的非正式助理教授，却未能留在那里，只好来到他不喜欢生活的南方，因他父亲是加州医生，与一般的西部居民一样，不习惯南方的潮湿和保守观念。我刚进系时，听说他是一位学术新星。第一次见面时，高个头腰笔直的他刚从以色列的国际学术会议归来。虽然讲话客气，但一点傲气还是不听他驾驭地从音调中滑落出来。这一次我可能要去他灰溜溜离开的大学教书，可以观测到他和我交谈时身体和地面的夹角明显地减小了。

但是，我最终放弃了那份教职，尽管该校为吸引我加盟，曾修改了聘书，又添加了年薪的数目。那个学校和南密大同属第二档次的“研究型大学”，但数学系要比我系强，教授的人数几乎多一倍。其中有位外国教授，早在50年代就有偏微分方程的名著出版。每年他一半时间待在欧洲祖国，一半时间驻扎美国。校园面试在他办公室逗留时，当他看到我在搞“不变测度”的计算，便热情地邀请我和他合作研究所谓的“杨测度”；不过这个杨(Young)并非中国人的杨(Yang)姓，和杨振宁教授没有关系。相差三十来岁的我们，因为“测度”而滋生了一点点“缘分”，但是，这种缘分最终还仅仅是缘分而已。

我放弃了各类教育水准均优于南方的北方大学，对我未来的学术研究甚而人生道路，都有一定的影响。后来我的博士导师曾经对别人讲，我“有潜力，但缺乏机会”。言外之意留在南方一个数学系不是很强、招不到尖子学生的大学，限制了我的事业发展。我的几乎所有好友、同学，都曾极力动员我接受这份来之不易的新位置，对我最后的放弃都表达了惋惜与尊敬，因为在这件事的处理上，我主要是想帮助别人。结果却是，我实际上帮助了另一个人——面试不及我成功的第一候选者谋到那个正式的教职。

当然，还有其它一些小因素，左右了我的最后决定。道布林院长不光请派伊系主任、达立根等教授劝我留下来，他自己也亲自上阵做我的工作。工作后的两年多，我的确给他留下了相当不错的印象。他说我是系里的“好公民”。在教书及研究之外，我给大家总的感觉是容易相处、待人热忱、不计较得失。系里的教授基本上都是谦谦君子，除了两个在我加入前就已开始互不买账的人，他们各自以为自己的研究最棒。在同事间比较风平浪静的环境中，我也活得潇洒自在。反观那家北方的学校，系里纯粹数学和应用数学的部分教授互不相让，矛盾重重，两派都想拉我加入他们的研究队伍。一位在那里访问的助理教授，就是因为站错了队，想“转正”也无门，被无情赶走。经历过中国残酷政治斗争的风风雨雨，我不喜欢陷进派系斗争的无端漩涡，因而更爱能让自己内心平静的工作场所。

就这样，我留下了，之后再也没有离开南方的这个只有 5 万居民的小城。所有同事都高兴我和他们继续共事。可以说，在我 25 年的教书生涯中，绝大多数时间，我颇为享受工作的愉悦。系主任派伊是“一碗水端平”的模范，从来不以权谋私，更不会以势压人。他不给别人穿小鞋，不因个人因素而妨碍职业判断。美国的文化较能体现民主思想，大学强调“教授治校”，一切按章办事，教师手册厚厚一本。每学年开始的第一个月，系里的教员开会投票，决定本学年采用哪一种治理方案，处理全系老师的切身利益，如教师年终评价和加薪。有三种可选方案，一是系主任一人负责，一是系主任加上两个教授共同打分，一是选举一个三人教授委员会，撇开系主任，仅由他们说了算。这后两种的方案，都要花费有关教授的额外精力；他们最珍惜自己的研究时间了，尤其是像我博士导师那样，一生"已与数学结婚"的教授。但如果系主任的信誉出了点问题，大家就"宁左勿右"了，不让他独裁。但是在派伊教授当政的15年间，每年我们都请他"独断专行"。他也不负众望，系主任工作做得大家心服口服，交口称誉。

我见过派伊教授在当助理教授时期留下的抽烟斗的照片，典型的欧洲绅士派头，与他血液中的英国基因相符。他曾经写过很好的研究论文，发表在线性代数领域最好的杂志上，也在有名望的工业与应用数学会的期刊上发表文章。但当选为系主任后，他主要精力放在了行政管理上，不像个别我所知道的系主任，一心想着个人的利益，自己拿管理人员的行政工资，却让各个教授分担他应做的工作。但派伊教授对数学的喜爱一直未丢，我们合写过两篇论文。在准备第三篇文章的过程中，他太忙了而无暇思考我提出的问题，于是让我在文章的签名处，划掉他的名字。我本不想这样做，但他坚持要我删，我只好照办。这件事让我对他更为尊敬。在我的学术生涯中，我见过一些知识分子，把做学问视为商业行为，因为他们在学术界，开始要生存，然后要发达，目的非常明确：金钱与名誉。他们中的一些人著作等身，光彩四射，实际上"金玉其外败絮其中"。近年来，有些国内的博士研究生或教授，通过我的安排，访问我系半年不等。其中有的人请我帮他们修改论文时，可能出于客气，就顺便放上了我的名字，有的客气得过分，恳求我不要介意。我可以帮他们改进英文，谁让我的英文写作能力比他们强一点，又与人合写了怎样写英文数学的书呢？但是我划去了我的名字，因为我没有任何学术贡献，这是常识。

1993年7月，我买了房子，一家三口从狭小的两卧室公寓，搬到了四卧室的独家小楼。全家人的心情与气温一样热气腾腾，尤其是太太。只是女儿不肯搬来，她不想离开泰晤士小学的一年级同学。1990年代的美国，差不多像我家这样的使用面积2200平方英尺（约205平方米），另加可放两部私家车之车库的房子，在不同的地区，价钱相差很大。我在当时全国发行量最大的报纸《今日美国》上，看到它们在9万美元至100万美元之间变动，区间的左端点位于美国西南部的俄克拉荷马州，右端点插在西海岸加州洛杉矶好莱坞旁的比弗利山庄上，我的房价靠近左端点。帮我看房买房的女经纪人，羡慕我平生第一次买房就能买"这么贵"的，因为她碰到的许多首次买房者，能付的房价仅是我的一半。其实，后来进校工作的华人教授，买的房子几乎都比我的又大又好。申请房屋抵押贷款时，因为我还没有拿到美国的永久居留身分，谨慎小心的银行怕我逃到中国，差点不肯贷款给我。于是，已帮我申请绿卡的学校人力资源部主任大笔一挥，开了一纸证明，断言我未来拿到"终身雇佣"的概率几乎是百分之百。这样，我享受到15年房屋贷款，每月所付的连本带利，加上财产税和保险费固定支出，大约等于我每月可支配收入的1/3，因而我的生活质量没有因此而下降。相比于中国"北上广"的那些刚出炉博士只能蜗居斗室，我是够幸运的了。

美国的房屋买卖和汽车买卖一样，都是巨大的第三产业，经纪人多如牛毛。美国人平均每五六年因跳槽、提薪或解雇等因素要换房一次。道布林院长的太太有数学的本科文凭，不知何故却当上了一名房屋买卖经纪人，比我买房的那位经纪人数学强多了，我跟着她学到了买房和贷款的基本知识。新房安顿好后，为了感谢她对我的买房启蒙教育，我请他们夫妇来吃我太太烧的好菜。他们欣然赴宴，送了一大束鲜花，祝贺我们乔迁之喜。看到前院后院的两大块总面积差不多三亩地的草坪，院长对我说："从现在起你就要每周割草了。我每周五天在学校当院长，周末在家割草。"美国的院长严格执行每周40小时工作制，其余时间属于私有。如果像我母校的霍本斯台特院长那样，勤于晚上做研究，那可是不计报酬的自愿行为。我在中国见到的院长或校长，真是忙得不可开交，没有时间帮助太太做家务。如果他们的家也有一块草坪的话，那是他们太太的福气，因为有人在家陪她们了。常听到国内知识分子的负面情感故事，但是在美国的职业华人圈子中，鲜有所闻，大概就是因为每周有草要割的缘故吧。

在这样安逸稳定的生活环境中，我的教学和研究都有成绩。翻开我教过的课程表，从最低等的初等代数，到最高级的博士核心课程，有超过45门不同的数学课。系里需要我教什么，我就教什么，不像有的教授讨价还价。学生的评价普遍赞扬，当然抓着我发音欠佳小辫子的人偶尔有之。在被提名多次后，十年前我获得了校级教学奖，后来又拿过一次院里的教学奖，还两次获得校级研究奖。2005年还荣幸地被选为那一学年学校春、秋两学期毕业典礼的大典礼官。

我深受父母的影响，本质上喜欢教书，上了讲台就容易手舞足蹈。有一次我在中国科学院计算数学与科学/工程计算研究所做了一个"工作午餐报告"，刚结束，在场的杜强教授马上说我的表演和李天岩教授如出一辙。这好像是一脉相承，但我还没有进步到

“青出于蓝而胜于蓝”的高度。在密歇根州立大学拿过数学系教学奖的杜教授，对另一个获奖者李教授的教学风格当然如数家珍。两年前，当汤涛教授与我合写《数学之英文写作》时，我们想举一个学生给教授写推荐信的范例，我想到了我教过的一位美国本科学生霍夫曼(Emily Huffman)小姐，替我写过的一封教学奖推荐信。她今年在英国某个好大学获得了硕士学位。那封信的英文写得非常好，用词丰富贴切，对我的观察和描述很细致，但那次我并未获奖。这封信征得作者同意后用在了我们的书中，但自然地改了人名和学校名，我一转身成为“杨周人”(扬州人)，学校杜撰成南橡树大学，因为其三个英文词的第一个字母与南密西西比大学相同，和钱锺书在《围城》中为方鸿渐创办的克莱登大学，一样的子虚乌有，其余的则保持原貌。原信的译文如下：

尊敬的委员会委员：

我十分高兴地推荐丁玖教授成为南密西西比大学卓越教学奖得主。我是本校数学专业的四年级学生，曾特别荣幸地得到丁教授这样称职、有系统、有爱心、有知识及令人钦佩的教师的教导。

丁教授虽然谦逊文静，可是一旦踏进教室，他的存在立刻滋生了一种敬畏感，使得整个课堂毕恭毕敬，鸦雀无声。尽管丁教授在他的领域有着明显的辉煌成就，他总是风度翩翩，平易近人，从而导向了许多迷人的课堂谈论。我从未目睹过丁教授对学生或任何其他人表现出愤怒、高傲或其它不恰当的举止行为。

丁教授讲课令人神魂颠倒，充满活力。他显然热爱他的学科，其热忱深具感染力。正因为丁教授喜欢自己的工作，对每一道例题他都从不嫌无聊或劳累，把它贯彻始终，这大大促进了学生的理解。他在班上经常提醒：他会乐于利用办公时间在课外帮助学生授业解惑。这学期一开始他就如实地告诉大家，如果有人对这门课已经有困难（或在以往的课上还没有真正掌握微积分），可以通过重修较低档次的课而获益更多。然后他说，只要学生愿意刻苦钻研，即使他们忘记了过去课堂上所学的知识，他都会尽可能在必要时花自己课外的时间帮助他们理解教学内容。

丁教授每节课开始时会先回答学生的问题，在课堂中间只要学生有疑问他都停下来回答。对所有问题他都充分重视，解释到每一个学生弄懂为止。同时由于他才华横溢，仅仅几分钟就可给出详细解释。

在我的学生年代，在任何学校或年级，我从未碰到一位教师像他那样精通学科内容。甚至系里的其他教授只要在丁教授的班上待上五分钟，就会信服他在数学领域是个能手。

丁教授拥有以绝对清晰的方式将复杂概念和过程快速转达的罕见能力。确实，他简明地沟通细节的才能是无与伦比的，这让他成为令人难以置信的高效率教师。为了让我们早先学到的知识更加巩固而不浪费课堂时间，他在示范做题时也不时复习重要的概念。他的测试也同样有效，在证实我们是否充分理解的方面要求得恰如其分。

丁玖教授是我有幸曾跟随求学的最优秀的教师。随着他的效率、他对学科内容的完全掌握以及他可爱的个性，丁教授在教学的艺术上已近臻完美。

关于丁教授对于这个奖项的优秀资格，如需其它的信息、详述或说明，请不必犹豫地与我联系。

您真诚的，

埃米莉·霍夫曼

南密西西比大学数学本科生

作为一名华人大学教师，能得到美国学生的认可和喜爱，或许可说真正实现了美国梦。美国人的梦想并不完全是通常所言的好房子或新车子，他们看得更重的或许是职业道德和来自别人的尊敬。

我在东方的故土和西方的大地，各自生活了二十多年，饱受过东西两种文化的熏陶和影响。美国人不像中国人那么爱热闹、交朋友。工作之余，他们喜欢与家人待在一起，共做家务，男的割草，女的浇花，周末同进教堂，赞美上帝。因为我至今还是无神论者，学数学的我无法证明神的存在，平时几乎不去教堂做礼拜，所以与一般民众的交往也不太多，除了邻居。但是我知道，正由于虔诚的宗教信仰，绝大多数美国人怀有慈善之心，热心帮助人，南方尤其如此。我曾问过班上一位刚刚来自加州的美国男学生，听听他对密西西比人的印象。他用例子演示感想。在这里，有次他的汽车在路上抛锚了，如果在加州，等上两个小时也许没人理睬你，但在密西西比，不到20分钟就有人帮他了。他的话不令我惊讶，因为我从周围邻居的身上看到了这一切。我家的右手邻居已经换了好几茬的主人，我搬来后的第一对邻居夫妇在同一家医院上班。我第一次割草时，丈夫教会我怎样操作割草机，怎样走最短路线而割出最大面积。那时他们的大女儿读高一，和绝大多数人一样在代数面前惊慌失措。我太太曾给她一番指导，因为我们不肯收钱，十四五岁的她非要帮我们割草不可，手推割草机，在杂草丛林前所向披靡。一次我们请他们一家吃晚饭，吃完后，两个小男孩主动将自己的碗碟拿到厨房放好，回来后又把椅子摆齐，才离开饭桌，很不像我在国内经常看到的小皇帝那样。这就是美国教育的真髓所在。

我家的左手邻居几年前夫妻双双退休，在密西西比州的北部小镇建了新房搬走了，我感到像丢了一件东西。偶尔抽点烟斗的丈夫杰克(Jack Harpole)，有 MBA 的文凭，管理过一个公司的财务部门，太太贝蒂(Betty Harpole)在一个基督教长老会名下的私立小学教书。勤劳的他们，周末整天在前院、后院忙个不停，把居家住所的四周，打扮得像个花园。在他们的带动下，平时喜欢看书不喜欢看地的我，对草坪也多了一份爱戴。他们也不时地给予我一些技术性的指点。马路对面的邻居是一对现已年逾古稀的夫妻，丈夫弗洛伊德(Floyd Carter)淳朴善良，妻子乔治娅(Georgia Carter)优雅理性，拥有亚特兰大城所在佐治亚州的最老大学——佐治亚大学(University of Georgia)的化学硕士学位。他们差不多和我同时搬来，子女均在外地。多年来我一直得到他们的关爱，深感“远亲不如近邻”。尤其是十年前那一次百年不遇的卡特里娜特大飓风，尽管出事中心还在 200 公里外的新奥尔良，可是我们的整个社区也是一片狼藉，到处是倒地的大树。我当时刚从上海飞回美国，但因当地机场关闭而回不了家。没有弗洛伊德的大力相助，我的汽车都无法从被倒地大树砸坏了边缘的车库里开出来。

明媚的阳光、无雪的冬天、广袤的大地、善良的居民，加上充裕的自由时间、和谐的工作环境，降低了我躯体生命活动的衰老速度。见到旧日的朋友，他们说我外形的变化不大。周国平在《我的心灵自传》的前言中，将他“看似年轻”，归因于“娶了年轻的太太”。

我则归结于一个简单的生活法则：不与他人相比，做自己喜欢做的事。我泛读，来自长期爱好；我研究，只想满足好奇心；我教书，内心真正喜欢；我写作，出自厚积薄发。我 27 岁之前，几乎没有看过什么欧美的经典影片；54 岁前，却欣赏了美国电影一百年历史上最伟大一百部影片中的 80%，弥补了少年时代无电影可看的遗憾。我在学会拉二胡的年龄，却无钱拥有二胡；现在我可在马年的春节晚会上，用自己的二胡表演一段《赛马》。我几乎每天坚持走路，除了烈日炎炎的盛夏，常常在名字很形象的“百万书”(Books A Million)全美连锁大书店前停一下，走进去坐在舒适的凳子上，边凉爽自己、边欣赏欧洲物理学家撰写的《伟大的物理学家》(*Great Physicists*)，或细读“当代爱因斯坦”霍金(Stephen Hawking)的新著《我的简史》(*My Brief History*)，再心满意足地漫步回家。但走在路边脸上冒汗时，常有私家车停下问我是否需要送上一段。呵呵，他们或许以为我是个没有交通工具的外国学生，只好“以步代车”呢。这和国内媒体上常看到的“老人跌倒不敢扶”之社会现实相比，唉，不说了。

这些自由自在的生活得以进行，在于环境的影响；而好的环境，出于理想的教育；而一切的教育，都从儿童开始。所以我们应该追根溯源，在全面考察美国的初等教育与高等教育之前，看看美国人的学前教育是怎样进行的。

第十一章　起跑线上

2015 年上半年，一部由赵薇和佟大为主演的电视剧《虎妈猫爸》，艺术性地描绘了今日中国少儿教育的一道道风景，引发了广大观众的大感叹、大讨论。剧中某些细节，会让生活在国外的观众以为是天方夜谭式的杜撰。比如，为了孩子“幼升小”能进“第一小学”，“虎妈”以天价每平方米 9 万元买下学区房，而且还是破旧不堪的，代价是她花掉家中所有存款、卖掉自己宽敞的住房。这种用成语“割肉补疮”来形容最为贴切的“起跑线教育经”，在正常人逻辑思维的框架下，无疑是疯狂的举动，但虚构的情节却是国内孩子教育状况的现实主义大写照。

我小的时候，听到最多的一句口号是：“革命无罪，造反有理！”那是在“文化大革命”的混沌时代。在过去几十年的独生子女时代，取代“革命”并深得人心的另一句响彻云霄的口号是：“不让孩子输在起跑线上！”它反映出中国民众目前的教育理念和实践。

每回想到这句当今中国最流行的口号，我就想起 80 年代在南京大学读书时，在一次本系“庆祝五四青年节学生体育运动会”的女子 800 米比赛上，目睹到的一幕情景：起跑线上，裁判的铃声一响，一位女同学像离弦之箭，一马当先，向终点飞奔而去，志在夺标的心情不言而喻。但是很快地，也是不幸地，当然也是必然地，她越跑越慢。气喘吁吁地到达终点时，她反而成了倒数第一。我当时就替她惋惜。倘若她在那次中长跑中，合理地分配体力，凭其突出的身体素质，稳步开始、保持后劲，最终或许真的能拿第一呢。

十几年过去了，我有次回国后，正好看到中央电视台主持人崔永元赖以成名的谈话节目《实话实说》。这是该节目刚开播之时的一期，讨论的话题就是关于少年儿童的早期教育。所请的嘉宾之一，是中国科学院数学研究所的杨乐所长。他和同时出名的研究搭档张广厚，以及经历传奇、名声更响的陈景润这三位数学家，在中国广为人知。谈到广大父母极为关心的教育起跑线问题时，我至今仍记忆犹新的是，杨乐教授用了长跑的例子，形象地告诫在场的听众，起跑线上的冲刺是得不偿失的，是与教育规律背道而驰的。他的苦口婆心之语马上勾起了我对母校那场 800 米比赛现场的回忆。要是那天我也在崔永元节目的演播室，我会用这个真实的例子来佐证杨教授所言极是。可是，他的科学建议却不仅未能在大部分现场观众中引起共鸣，望子成龙的年轻家长们反而群起而攻之，埋怨他自己已经功成名就，就不想指导别人家的后代如何用功了。

的确，多少年来，“不让孩子输在起跑线上”的信念，已经牢固地扎根于父母的心坎上，集中在言谈中，落实到措施上。千千万万的家长，在这根起跑线上，比他们的独生子女还急，恨不得自己的孩子马上就能十八般武艺样样精通。什么奥数、音乐考级、强化班、辅导班……五花八门，如雨后春笋般遍地开花。可怜的家长疲于奔命，更可怜的小孩苦不堪言。再加上学校成堆的课外作业，真能把他们还未发育完好的柔弱身体，压弯成一根柳枝。2009 年，北京理工大学教育研究院教授杨东平在自己的博客上撰文《打倒万恶的奥数教育》，一石激起千层浪，引发网友的大讨论。他后来在报纸上发表檄文，在中央电视台演播厅大声呐喊，猛烈地批判这种非人性的超前教育手段。他曾引述过一位网友的愤怒之言："孩子们的苦难远远超过奥数的难题——他们没有自由、没有空间、没有自我、没有尊重、没有爱。"说这话的母亲仰天长叹："大学里那么多教育专家们，为什么没有人站起来为孩子们说一句话？"我2009年5月回国飞到上海，在我大姐家读到当天《文汇报》上，关于杨东平鞭挞奥数的评述性报道。这拨动了我的心弦，马上一气呵成地写下了那篇后来被一些网站转载的、以反问句为题的文章《不让孩子输在起跑线上？》，寄到《科学时报》，经张明伟编辑修改后，作为那一年的国际儿童节的礼物，在6月1日当天，献给了"祖国的花朵"。

如果说中国的孩子在起跑线上像兔子那样向前飞跑，那么美国的小孩则如乌龟一般地慢慢爬行了。但是古希腊的奴隶伊索(Aesop)在他的龟兔赛跑寓言里，早就告诉了我们，是乌龟，而不是兔子，赢在了终点线上。但是这里的胜败原因，不完全是我们从标准答案中所听到的兔子骄傲之说，虽然此种解释也有一定的道理，至少可以用来教导人们防止骄傲自满。我家乡的一位熟人，可能最赞成这个解释了，因为她的儿子从小学起，就渐渐地不肯念书了。母亲百思不得其解，想来想去，最终只好把原因归咎于儿子学龄前的超前教育：他在读小学之前，在远近闻名的一方名师、退休的外婆家，跟在一群一年级私塾的学生后面，自以为完全学懂了课本上的语文、算术，进了正式学堂后，反而就不肯再学了。这可能是"不让孩子输在起跑线上"的一个好的反例。

但是，科学的解释或许是这样的：除了少数例外的情形，一般而言，如果是在被迫的状态中高强度学习，而不是出于对此满腔的热爱，“持久战”是打不了多久的，厌学迟早会跳出来打败一切。我们看到许多大学新生，不肯潜心读书，热衷于电脑游戏而不能自拔，大概就是因为在起跑线上跑得太早太快了，他们需要停下来，睡上一觉，但是一躺下就不想再起床了。跑步中途休息，往往就不想再跑，每一个经常长跑的人可能都有这样的体会。少年儿童与他们的父母一样，只有一个童年时代。它应该是快乐的时代，而不能让他们充满忧愁，早早承担着为家增光的重任，因为他们的身体和心智，还没有完全发育好呢！

那些少数的例外情形可能包括：智商极高的天才，或对某类活动有天生爱好的奇才。但绝大多数少年，既没有天才的禀赋，也没有奇才的特质，有的只是普普通通的思维力、记忆力和理解力，因而家长应该面对现实，顺其自然，无需拔苗助长，更不应该无知地以为自己的孩子才华或智慧超人一等。古希腊箴言说得好，“认识你自己”。对于孩子的早期教育，双亲也要“认识你的孩子”。父母对彼此爱情结晶的相貌，肯定有充分的认识，但对其心灵深处的认识，很可能是肤浅得很，要不然鲁迅也不会写下《我们现在怎样做父亲》这篇文章。认识自己很难，以至于尼采也哀叹：“离每个人最远的，就是他自己。”这句名言也可以延伸为：离每个父母最远的，就是他孩子。因此，做一点调查研究，发现子女的爱好特长，有的放矢地发展下一代的潜能，是远比盲目跟从地涌向起跑线更科学、更理性的“子女教育家长指南”。

胡适在他的自传《四十自述》里，忠实地记录了他自己所记得的少年起跑线。他的父亲 47 岁时娶了他的母亲，两人相差 30 岁。

按照某些人基于统计规律的说法，这种婚姻产生天才的几率大大高于正常情形。但当胡适的母亲才23岁时，丈夫就病逝了，于是她一心一意地期望儿子未来成大器、立大业。小小的五岁年纪，胡适就开始了苦学。别人家只缴两个大洋的学费，他的母亲却慷慨给予教书先生八个大洋，于是儿子享受到了"资优班"的待遇。一般人小小的岁数不易开窍，但是胡适自幼聪慧，并且，按照他在《自述》中的说法，他从小就喜欢读书，并未感到苦不堪言。

1936年，胡适45岁时，第一次在美国见到正在加州大学伯克利校区读博士研究生的吴健雄，并与她深谈。过后他还是觉得言犹未尽，于是翌日在回国的船上，又给他在上海中国公学教过的这个品学兼优的好学生写了一信，专门论及他的天才观和期望值。信中有一段是这样的：

> 此次在海外见著你，知道你抱著很大的求学决心，我很高兴。昨夜我们乱谈的话，其中实有经验之谈，值得留意。凡治学问，功力之外，还需要天才。龟兔之喻，是勉励中人以下之语，也是警惕天才之语，有兔子的天才，加上乌龟的功力，定可无敌于一世，仅有功力，可无大过，而未必有大成功。

胡适对自己的得意弟子吐露的真实见解，与我们在报刊、书籍中读到的某些公开论点，不特别一致。他甚至对于"笨鸟先飞"的求知精神，抱以有点不屑一顾的神态。许多卓有建树的名家大师，在记录在案的对外言论里，总是以虚怀若谷的面貌出现，不太相信自己的天赋之才，不敢承认幸运而得的这个"上帝的恩惠"已降落到先天培育的温床，甚至贬低自己是"天生愚钝"。一代京剧名伶梅兰芳就这么讲过："我是个拙笨的学艺者，没有充分的天才，全凭苦学。"大数学家华罗庚则用诗句"勤能补拙是良训，一分辛苦一分才”表达自己的心路历程。张益唐博士也对采访他的华人记者坚称，他最相信的是“勤能补拙”这句成语。他们的谦逊姿态，很容易让人低估天资对于成才的关键作用，以为任何人只要足够努力，就能一飞冲天，只要坚持不懈，就会一鸣惊人。李天岩教授对做学问特别强调的一句名言“多坚持一分钟”，固然正确，对天才，对常人，同等适用。但是常识不时告诫我们，鸡永远飞不上天，马总是比骆驼小。人和人总有天赋的差异、爱好的不同，就像 13 亿个中国人，就有 13 亿种指纹一样。科学家早就抓住了“个人”与“指纹”之间的一一对应关系，而让警察局如获至宝，大大加快了破案的速度、大大提高了证据的可靠性。但太多的父母，却看不到“子女并非自己的克隆”这一简单的基本事实，而将自己的意志强加在孩子身上。发达的大脑虽然容易染上骄傲自负的病毒，但只要以“兔子的天才，加上乌龟的功力”，世界就会属于他们。普通脑袋瓜，只要被科学地挖掘和使用，扬长避短，世界也会属于他们。这正是“笨鸟先飞”的真正涵义。孔夫子的名言“生而知之者，上也；学而知之者，次也；困而学之，又其次也；困而不学，民斯为下矣。”以前常被批判，认为是美化剥削阶级的“上智下愚”论。他的断言虽有唯心的成分，却也有教育学的道理。他不仅看到了先天的因素，而且同时鞭笞了那些不肯学习的懒汉。

西方人倒是直言不讳地承认天赋之才。我任教的南密大有个全美比较有名的特殊教育专业。它的“学术带头人”是位女性大教授，在有关天才儿童的教育实践方面，写过许多论著，也获得过其博士母校伊利诺伊大学的杰出校友奖。那些天资优秀的少年被称为“gifted”。因为英文单词 gift 的意思是“礼物”，从这个名词的动词化之被动式，就一眼可见，资优儿童的脑袋确实是上帝赠送的丰盛厚礼。因而西方人认定，这个礼物的分量很重，只要因势利导，这些聪明孩子今后成大器的概率就会大幅度提升。

许多人读过《傅雷家书》，都知道傅雷培养了新中国第一个在国际乐坛上获奖的钢琴家儿子傅聪，但不一定知道为何精通美术而不搞音乐的父亲没有指引儿子走上绘画之路。的确，傅雷曾有心让儿子习画，他毕竟有像大画家黄宾虹、林风眠、刘海粟这样的画坛知己，让他们为儿子指点丹青易如反掌。可是儿子的灵性不在泼墨之手，而于音乐之耳，此等天赋之发现竟出于细心观察之中、偶然发现之时。傅聪孩提时代就特别喜欢聆听留声机中的古典音乐，令其父印象深刻。后来傅雷有次在高朋满座间，谈论到儿童中绝对音感之稀有，恰巧五岁大的傅聪也在场，就试验了他，在钢琴上随便弹一个键让他鉴别，没想到他居然不靠音与音的比较就能知道是哪个音，并且屡试不爽。这样，父亲终于知道了长子的超常音乐天赋，开始有的放矢地培养他。读过《傅雷家书》，就会知道父亲是怎样在艺术、人文、道德等方面全方位地影响了自己的孩子。傅雷的次子傅敏曾学过小提琴，但是父亲发现他音乐的资质不足以使他成为演奏大家，因而给予他更理想的建议。小儿子外语学院毕业后虽然历经艰辛，多年后也卓有成就，成了中学的特级英语教师，而父亲早就看出他“是块教书的料”。

我们知道，计算机之父冯·诺伊曼和氢弹之父乌拉姆都是闻名于世的数学大家，从小就天才显露。匈牙利出生的冯·诺伊曼，6岁时就能表情奇怪地用心算出八位数的乘除；而波兰长大的乌拉姆，4岁时就对家中东方地毯的复杂图形着了迷。也是出生于波兰的美籍数学家卡茨(Mark Kac，1914—1984)，把天才分成两类，一类天才只比别人聪明一点就可以做他们要做的事；而另一类天才是真正的魔术师。他认为费恩曼“正是能力最强的魔术师”。天赋加上热爱，就会如虎添翼，大有作为。美国著名的生物学家、1933年诺贝尔生理学或医学奖获得者摩尔根(Thomas H. Morgen，1866—1945)，从小就痴迷于自然界的奇花异草，与小生物结下了不解之缘，天生就是搞生物科学的料，最终成就了其辉煌的一生。

西方众多的成才例子反映了他们在起跑线上，以培养兴趣作为主要目的，而不是不分青红皂白，一窝蜂地什么都学。有了兴趣爱好的学习，容易获得前进的动力。被动的学习，只能让学习者感觉处处受折磨，难以持久。还是郭沫若概括得巧妙:“爱好出勤奋，勤奋出天才。”这应该是起跑线上开步走的基本原则。我于2012年3月的一次回美途中，在底特律机场偶遇上海音乐学院附中的一位13岁少女罗维。她刚刚参加完美国科蒂斯音乐学院(Curtis Institute of Music)钢琴专业的入学考试，与母亲一道回国。那年来自全世界的考生共有159人，光中国就来了几十个，而钢琴专业每年只招几名，甚至无人录取(如后来的2014年)。同行的母亲告诉我，女儿与绝大多数孩子不一样，从小就特别喜爱弹钢琴。5岁生日前，母亲问她要什么礼物，回答居然是“我要一台钢琴”。父母看到了她对音乐的执著及对钢琴的痴迷，深思熟虑一个月后，在女儿生日的当天，满足了她的愿望，让她按照自己的兴趣纵向发展。她每天练琴不辍，刻苦磨砺自己，从不嫌它枯燥烦人，只因为是真心爱好。加上名师点拨，小小年纪就在全国和国际少年钢琴赛中获奖，继而成为那一年以第一名成绩，被七位评委满票通过，当场录取，进入了美国钢琴专业最有名望的音乐学院。

不光西方人对少年儿童的初始教育以培养兴趣为主，我们的近邻日本对孩子的教育方针也是充分激发他们对自然的好奇心。

我读过一篇追踪日本著名学者成名之路的文章。作者观察到，那些有大成就的科学家，如诺贝尔奖获得者，在他们的少年时代基本上与自然打成一片，而不是一味去读令人乏味的枯燥书本。1973年诺贝尔物理学奖获得者江崎玲於奈(Leo Esaki)曾经有如此感慨："一个人在幼年时通过接触大自然，萌生出最初的、天真的探究兴趣和欲望，这是非常重要的科学启蒙教育，是通往产生一代科学巨匠的路，理应无比珍视、精心培育、不断激励和呵护。"其实，自然是儿童时代最好的老师，和它亲密接触、与它热情拥抱，那少年之心就会逐步滋生出想方设法探求千奇百怪自然现象之奥秘的无尽渴望。康德家乡纪念堂墙壁上刻有他的格言："世上最奇妙的是我头上的灿烂星空和我内心的道德准则。"这实在应是在孩子教育的起跑线上，家长们时刻不忘的一句至理名言。

我写到这里的时候，正在访问上海的一所大学。在下榻的宾馆客房里，正好看到中央电视台国际频道报道一位生活在新西兰的11岁华人女孩Lucy Li，获得新西兰以"英雄"为主题的第七届青少年写作竞赛(The Seventh Barfoot and Thompson Young Authors Challenge)冠军。有142个新西兰的中小学校提交了1000篇参赛作文。她的母亲说从未强迫她学这学那，但女儿自己养成了爱读书的习惯，阅读和写作成了她的最大爱好，立志未来要当作家。这就是爱好的必然，连国际频道的主播也期待看到她的文学作品问世。

在这里，可以将一句老话"失败是成功之母"上升到"爱好是成功之母"。这无疑是放之四海而皆准的真理，却也常为我们的家长忽视。而"爱好"是由兴趣长期累积求和叠加而成，完成了"从量变到质变"的飞跃，就像20年前的奥斯卡最佳电影 *Forrest Gump*

(《阿甘正传》)所描绘的那样:看似智商不高的主人公阿甘,却是兴趣爱好引向事业成功的典范,他打乒乓球的兴趣很快上升到酷爱,最终一鸣惊人地成了中美“乒乓外交”的使者。但是,习惯的养成,无论是好的还是坏的,都和家庭及周围的环境密切相关。我小的时候,每次看到母亲给得过肺结核的父亲做早餐打鸡蛋时,都细心地用手指将蛋壳内的蛋白刮得干干净净,也就记住了她这一套程序的各个环节。那时候母亲这么不浪费,也不管自己的手指是否已洗干净,只是因为她肩负着沉重的家庭经济重担。但是,几十年来,我也习惯性地每次打鸡蛋,把蛋白刮得一点不剩,尽管美国的鸡蛋换算成同一货币单位,也不比中国的贵多少。这就是习惯的魔力,它像一双“无形的手”在指挥着我们的行为。

延伸到孩子们的“起跑线”问题,我们就豁然开朗了:少年儿童早期教育的秘诀不外乎是养成好的习惯而已:拥抱自然、热爱阅读。但这种习惯的培养并非易如反掌,不是家长把他们驱赶到田野里,或捧上一大堆书本来,就万事大吉。很难想象,整日目睹到父母不求上进、不爱读书、贪图享乐、贪婪钱财的孩子,会自发养成和自己的双亲相反的好习惯,父母再挥舞鞭子抽打,马儿也懒有动力向前飞奔。反之,大部分在美国长大的华人子女,看到在大学、公司当教授、工程师的父母整天构思学术论文、研发最新产品,耳濡目染,也自觉地养成了爱读书、全面发展的好习惯,而无需家长的“三令五申”。这就是“近朱者赤近墨者黑”的客观效果。因此,我们的家长如果希望孩子未来有“大的出息”,就得先从自己做起,因为榜样的力量是无穷的。

可以说,在起跑线上,帮助孩子培养广泛阅读的浓厚兴趣、发展对某一学科出自内心的激情爱好,远较不管三七二十一蜂拥而至的“琴棋书画”才艺训练来得有效，事半却能功倍。我见过太多的少年，尽管小小年纪就在父母的督促下小提琴可以拉到“业余十级”的考试标准，一旦考级过关，绝大部分见到琴弦就逃之夭夭，因为他们骨子里根本不爱音乐，只不过慑于父母的“淫威”才被动练琴，而绝非兴趣使然。清华大学有位常写文章的经济学教授，早就注意到中国第一学府的那些奥数冠军，却最反感高等数学这一大学理工科学生最应精通的课程，因为正是魔鬼式的奥数训练，物极必反地把这些智商不差的潜在成功者，训练成了数学的极端仇视者。失去了兴趣，哪能成就于将来？因此，这位痛心之极的李教授奉劝家长们：“要像保护眼睛一样地呵护子女爱好学习的兴趣。”

美国人好像懂得这个诀窍，他们慢慢地培养孩子的兴趣，而不急于求成地让他们学这学那。当然为数极少的天才少年可能另当别论，他们或许十岁就能进大学，但他们“高人一等”的早慧一般也不是父母逼迫的结果，而是先天的必然、自觉的丰收。美国父母知道，他们的孩子一般能活到80岁甚至90岁，生命的第一个十分之一时间应该让他们顺其自然、按部就班地开发自己的爱好与兴趣。这样，第二个十年、第三个十年后，他们成为“八仙过海各显神通”的栋梁之材的几率很高。这就是为什么美国这个年轻的国家，到处人才辈出。

美国的社会环境，常有人用三句话来刻画：“儿童的乐园，年轻人的战场，老年人的坟墓。”这好像总结的是食肉动物的一生经历。你看一家狮群，小狮子滚在一起打闹不休，而它们的妈妈用慈爱的眼光，欣赏孩儿多么会享受快乐的童年。只是到了一定的阶段，才开始教它们怎样捕食，怎样生存。那些身强力壮的母狮，是动物世界内弱肉强食追捕战场上的生力军。没有它们的无比凶猛，幼狮就难以存活，长大成人。但是那些狮王一旦“廉颇老矣”，就会面临“尚能饭否”的困境，新一代的狮王马上取而代之。

这也是人生的历程！为了让长大的孩子在青壮年的战场上冲锋陷阵，所向披靡，他们在童年期间，一定要养得好好的。要准备好强壮的身体、健全的心理、好奇的大脑、慈善的心肠。这就需要他们在教育的起跑线上，先是不慌不忙地从容散步，脸上多一点笑容、上天多一份阳光、周围多一些玩耍，身旁多接受潜移默化的正面影响，多学些做人的道理，让一览无余的人生风景尽收眼底。这实在比让四五岁的幼童，那么早就被狠心的父母关在屋子里，哭着鼻子背唐诗、弹古琴、做算术，有意义多了。

我平时比较喜欢看的科教电视节目之一，就是动物世界。多年的观察与思考，让我得出一个奇怪的结论：美国人哺育孩子，跟猫科动物的原则基本上大同小异。狮子、豹子很早就开始训练幼狮、幼豹，在恶劣自然环境中的生存本领，从不娇生惯养。“适者生存”是自然界的一条基本规律，不因物种是否动物或人而变。人是高等动物，或许可被定义为“会思考的动物”，因此人们理当清楚，教育的目的是为了更好的“适者生存”。

人的教育当婴儿呱呱坠地时就开始了，望子成龙思想太甚、性急如火的母亲，可能从胎教就起步了。中国家长对孩子的学前教育，大都集中在认字、读书、背诗等知识层次上或弹琴、绘画等技巧层面，尽量不让孩子输在起跑线上。美国家长看不见起跑线，只知道满足孩子的自然天性。这个天性就是好玩和好奇。好玩是动物的天性，更是人的向往。成年人有的好玩到玩物丧志的地步。在上海的弄堂里，到处都见到打牌、下棋、搓麻将的一帮居民。他们中的许多人已经没有什么“理想的追求”了。反之，儿童的好玩，却能大大提升对周围世界的认知，加速满足他们的好奇心。儿童的好奇心可能是大人的几百倍。记得当我女儿刚来美国时，三岁的她非常奇怪，为什么我每次上洗手间都要关上门，于是她每次都想使劲推开门，看我到底在干什么。美国是儿童的乐园，他们成天就在阳光下玩耍嬉戏，成了欣欣向荣的“祖国花朵”。什么认字读书，那是一年级的事，与现在无关；什么“鸡兔同笼”，远不如自家后院的狗和沙发上的猫好玩，进初中后再列鸡兔方程也不迟；什么十四行诗，那属于莎士比亚的时代，到高中再说吧。就这样，他们快快乐乐地长到五六岁上学了。

不要以为他们太快乐了，就太放肆或不懂规矩。美国家长一方面让他们在自然的怀抱中长大，另一方面却不忘锻炼他们的基本生活能力，注重他们的常识教育。中国的许多父母把初生的婴儿照顾得无微不至，尤其是贴着“独生子女”标签长大的新一代父母，不少人把自己的父母请回家，帮自己做半个父母甚至整个父母。于是祖父母或外祖父母，幸福地充当自己子女的婴儿保姆，虽吃苦受累，却无怨无悔。自然，小王子或小公主宝贝得不得了，一天到晚离不开人，半夜三更都有人“站岗放哨”。有的人家，甚至两代父母都对付不了一个体重仅有七八斤的血肉身躯。这样，“月嫂”成了一项空前高薪的时髦职业，这种低学历高收入，真让那些有博士、硕士学位的白领女性羡慕不已。

对美国的妈妈来说，“月嫂”是个陌生的概念，除了在加州洛杉矶的某个位置。来美国生小孩的大陆富妈妈，在那里得到从生到养专业月嫂的一条龙服务。当然那块地盘，仅仅是个美国境内的“中国租界”，月嫂自然也是国产的。美国妈妈生孩子，甚至也没想到自己的妈妈，一切都是"自力更生"，婴儿反而被养得壮硕无比。更与中国元素不一样的是，妈妈和婴儿从小就开始"分床"，各有各的活动空间，甚至各有各的起居卧室。难怪乎，美国人从小独立性就强，都是妈妈在他们呱呱落地就开始实行的"独立自主"原则训练成的。

我见过许多美国的婴幼儿，他们很早就被看做是有自尊有地位的个体，像个小大人似的。走路跌倒了，没人奔去扶他们，自己站起来；若做错了事，家长不体罚他们，但却像中国军队的政委那样讲道理。在美国有三个使用频率最高的短语，第一个是"Thank you"（谢谢），第二个是"Excuse me"（劳驾），第三个就是"I'm sorry"（对不起）。美国父母在教育孩子方面，对社会所作的最大贡献，大概就是教会了他们怎样勤用这三句话。懂礼貌是学龄前儿童必修的第一课。我碰到的许多小孩，如果我问他们三加五等于几，很有可能回答不出，但如果顺便为他们开了商店的大门让进，就会听到小嘴里蹦出的两个英文单词"Thank you"。这两个词用得如此频繁，以至于家母第一次来美后，很快就学会了。这是她唯一能让美国人听懂的口语。

其实中国也有不少在上述意义下的好妈妈。正如国内一本畅销书的书名《好妈妈胜过好老师》所揭示的，好妈妈对孩子起跑线上的影响几乎是决定性的。作者尹建莉老师是北师大的教育硕士，头脑里既有教育学、心理学的理论素养，又有科学、先进的教子方法，真是一位理论联系实际的妈妈楷模。被书中多次记录其成长过程的作者女儿，从小就沐浴于好妈妈营造的家庭民主、博爱之气氛，两三岁就开始懂得许多做人的道理。

中国的许多俗语，极具教育乃至哲学意义，"三岁看老"就是一例。孩子三岁之前与母亲相处的时间总和，一般总是大大地多于父亲。我就是一个活生生的“反面形象”。我第一次见到大女儿时，她已三岁大了，来美团聚在底特律的机场见到我的第一句话，就是扬州腔的“我在照片上见过爸爸的”。小女儿也出生在国内，来美国前我和她每年也只有几次国内短暂的“父女欢聚”。她们的母亲，加上会教育子女的爷爷奶奶，都懂得教育的真谛，没有强迫孩子“赢在起跑线上”，更多的精力放在做人品行的塑造上。我的海内外大学、研究生同学，只要认识我的大女儿，无不夸奖她的礼貌懂事和知书达礼。小女儿的妈妈出国前虽然也在大学教书，却独自一人将孩子健康地抚养到三岁多，爱读书的她用的也是科学的育儿理念。

我们在北美不管生活长短的中国人，都会感触到许多美国人、加拿大人身上，对陌生人所发射出的温暖气流。这种热的源泉不在别处，就来自他们从小受到的“与人为善”的家庭教育。我的一个侄子刚来美国读初中一年级，就亲身体验了这种令人感叹的亲切。他将这个小故事写进了一篇随笔，2005 年 3 月 30 日被《人民日报》海外版刊登，并意外地获得“第六届世界华人小学生作文赛”的特等奖。因为文章短小精悍，颇能说明问题，摘抄如下：

> 半年前的一个早晨，由于错过了校车，我独自走在上学的公路上。因为路面呈弧形，并且没有人行道，所以我走得很不舒服。四周，浓密的树荫里深藏着幢幢幽静的别墅，好似在嘲笑我打不起精神。不时有汽车呼啸着从我身边飞驰而过。望着远去的车辆，我心中感慨：路漫漫，何处是尽头！
>
> 正在我望路兴叹之际，后面一辆红色的吉普车缓缓地停在我身旁。一位和善的陌生人向我挥手，并亲切地问道：“你

愿意搭我的车吗?”我求之不得,但还是踌躇不定,因为我毕竟与他素不相识。而他却笑着说:“我很乐意帮助你,其实我认识你。”“怎么会?”我惊讶地问道。“那天早晨,你正在等校车,见到我驾车而过时,你向我挥了挥手表示友善,我感到很亲切,觉得你是一个和善的小朋友。我很高兴今天能帮助你!”

我刚来美国时不懂得这里的习俗,更不懂得挥手的意义。在中国,我知道在路上遇到老师时,应该说“老师好”,但绝不会一遇到陌生人就喊“阿姨好”或“叔叔好”,更谈不上挥手致意。街上的行人大都很严肃。但我知道,在人们内心深处,无时不渴望着温馨和关爱。

评价一个社会文明进步的标准,不仅在于有多少雄伟的高楼大厦,还在于人与人在挥手之间表现出的和谐的相互关系。挥手不仅是友谊的标志,也是文明的象征。

你看,从陌生人之间的相互挥手开始,文明就在人的心灵中搭起了一座桥梁。而这种文明之举,就是从“千里之行始于足下”的起跑线上,慢慢形成的。

美国人一生的最初六年,包括学堂正式读书前的一年免费幼儿园,就在这样的调教下度过了。身心健康、快乐无比的他们准备好了,走进小学读书。

第十二章　初等教育

我的大女儿丁易之在我出国 55 天后生于南京，3 周岁时由她的奶奶带到美国，不到 5 周岁又回到国内，在扬州待了一学期幼儿园大班后，进了住家附近的江都路小学读一年级，1992 年夏由我专程回国带来美国，从此就在这里上学。我目睹了她在美国受免费公立学校初等教育的大部分过程。

美国和中国一样，初等教育总共 12 年，其中小学 5 年，初中 3 年，高中则 4 年，和大学的 4 年呈一一对应的关系。它们各自四个年级的名称都用同样的词：一年级叫 freshman，字面翻译就是恰如其分的“新鲜人”，其它三个英文单词依次为 sophomore、junior 和 senior。美国的大学校长和总统也是同一个词 president，中小学校长则为 principal，可见大学校长的权威性。他们的薪水一般比州长高得多，私立名牌大学校长的年薪远高于总统，甚至达到几百万美元，如芝加哥大学目前的校长、数学家齐默尔（Robert Zimmer）。学过英文的人都知道“junior”与“senior”分指“年少”和“年长”。可想而知，美国的家长，如果把高三的子女还视为“孩子”，再过一年他们则完全地认为，这些孩子长大成人了，应该能独立为他们自己的未来负起责任了。

我女儿在中国时，与教了几十年语文的爷爷奶奶朝夕相处，中文自然得到很好的启蒙教育，甚至还像奶奶童年那样练毛笔字，但英文一窍不通。来美后，我对她的英语从不担心，倒是担心她今后的汉语不进则退。因为我从小到大，都一直喜爱祖国的灿烂语言和文化，不希望她长大后，像许多华人子弟一样，只能和我用英语交流。好在美国的学校，从小学到初中 8 年，慷慨大方，每天都送给她大把的课外时间，高兴干啥就干啥。在校的课堂学习几乎没有什么负担，小学下午两三点钟就放学了，初中也回家很早。

丁易之 1999 年在中国写了一篇文章《我在美国读初中》，投给家乡的《扬州晚报》被刊登了，报纸并加了一个两段长的《编后》。后来，《中国教育报》觉得文章有意思，也给转载了一下。文有一段是关于她初中是怎么念的：

> 在美国，初中生早上 8 点 15 分上课，下午 3 点半放学。每天回家后，我做完作业还有充分时间学学中文语文、数学教科书，看小说和弹钢琴。像一般的美国学生那样，多数的时间还可以玩。

但是，那年 5 月她随我回国在扬州的日子，却找不到小伙伴一块儿玩，感到十分地苦恼。于是，她感叹道：

> 这次回国满 1 个月时，我才与比我大 1 岁的江都表姐见面。由于功课多，她无法抽身和我相见。也上初二的她，连周末都不休息。早上 5 点起床做作业，晚上 11 点才睡觉。太辛苦了！就拿我扬州的堂弟来说，才二年级就很少有娱乐的时间。前几天我去南京外婆家，另一个上初二的表姐也很难有空和我玩。

就是这个“江都表姐”，当时光荣地考进了本校有很高荣誉的“高级班”，却不幸陷入了“水深火热”之中。每天的功课重如泰山，老师猛灌知识，下课拖堂，吃到的午饭，已是冰冷的残汤剩羹。其实这些知识是非常狭窄的，除了数理化还是数理化，一切为未来的高考打基础。后来她虽然考进了大学，肚子里的胃，却至少比它的主人年龄大十岁。好在大学毕业后来到美国，经过几年的调养，胃又年轻回来了，功课并未荒废，本书出版前拿到了博士学位，并找到了一份好工作，让国内父母及亲戚们备感自豪。

丁易之当时的初二课程，学的是哪些呢？她在文章中告诉我们：

> 我这学年修了七门课——英文、数学、科学、世界历史、Technology Preparation（职业常识）、美术和 EXCEL（提高课）。前五门是必修课，后两门是自选课。而提高课在全年级 10 个班约 300 人中只录取了 50 人（要通过智商考试），主要学些新鲜的东西，比如解剖鲨鱼、制作模型、讨论研究课题或做智力游戏。其他一些同学自选了 Band（乐队）、Physical Education（体育）等等。我六年级时曾选了体育课。每门课大约上 45 分钟。下课铃一响，学生们便收好东西，在 3 分钟之内赶到下一个教室。各位老师总是在他们的教室里等待着学生们的"大驾"。中午吃饭的时候，每个班围着一张长桌子。这时是朋友们谈话的好机会，所以食堂中免不了有些噪音。

你看，这样的初中简直就像大杂烩的"博物院"。而中国初中的课程范围不宽，内容却深。此外，从初中一毕业就快文理分家了，高一或高二时，一部分进的是"数理化学部"，其余的则在"文史哲学部"深造了。幸亏在 2014 年，国家教育部决定，让"离婚"多年的高中文理"复婚"，文理并重在几十年后又将理直气壮地返回到校园。理论上讲，文科班、理科班将成为过去时。

在学习的特点上，丁易之继续讲她的学校故事：

> 美国的教育很注重动手能力和演说能力。我的老师经常给我们一个课题项目，然后让我们到图书馆或万维网上自己查找资料，写成报告，并在班上演讲。那里不要求死记硬背，尤其是数学学得比国内浅得多，不出偏题怪题，更没有吓人的奥林匹克数学题，作业也不是成堆地发下来。和我在中国的表姐们相比，我学习很轻松。但是大多数美国中学生数学学得不扎实，比如说绝大多数人不会背代数中的平方差公式。我爸爸是大学数学教授，他告诉我，许多大学生都在修被称为“College Algebra”（学院代数）的初等代数，这是美国学生不如中国学生的地方。但是，我们上课经常讨论课题，同学们跟老师像朋友似的，在轻松的环境中我们学到了很多知识。

文章的最后一段，是她总结出的如下观察和结论：

> 总之，美国的初中教育和中国大不一样。在中国，每个学生都被逼着好好念书。在美国，个人的前途是由他们自己决定的。我觉得两国应该互相学习对方的优点，这样就能培养出更好的下一代。

我当时正在北京的研究所访问，读到女儿写的文章，最欣赏的就是这最后一段的几句话。中美两国对“人”的家庭、社会属性之理解大有区别，在中国偏于家庭，在美国偏于社会。中国人讲究年轻时“光宗耀祖”，年老时“荣归故里”；美国人偏爱年轻时“走南闯北”，年老时“服务社区”。在中国，读书好坏直接影响父母声誉；在美国，饭碗大小与父母脸面几无关联。在中国读书，是为了考试，正如当年和我一同出国读书、后为美国某跨国制药公司优秀女科学家的李巧英博士，几年前曾经感叹过的“中国人不读书，只读教科书”；但是在美国，书是为自己的兴趣而读，念书是为了武装自己用于指导实践的大脑。在中国，人人想到的是“学而优则仕”；而在美国，到处涌现的则是“学而优则思”。有了“仕”，就可以管人，做“人上人”，如古语所云“吃得苦中苦，方为人上人”，像李开复博士励志之书《做最好的自己》中的第一个批判性例子所言。但有了“思”，就有创新，能将旧知识蜕变为新知识，进而改变世界。

丁易之写这篇文章的几乎同时，江泽民主席呼吁全国的中小学“要减负”。她文章中提到的堂弟，也因之尝到一点甜头，每天可以多玩一会儿了。他在他的父亲写给我的信中，也夹了一封“感谢信”给“为他申冤”的堂姐，把功劳一股脑全部记在她的簿上：“由于你写了那篇文章，我们学校的老师只好给我们减负了。”

但是，即便国家领袖呼吁教育减负，效果也如同杯水车薪，难以扑灭中小学干草堆上熊熊燃烧的灌输之火。家长最讨厌减负了，他们怕减去的是孩子录取名牌大学的概率！于是，从学校到家庭，初等教育的火势更猛，像纽约牛市股票市场遭遇一次突发事件震荡片刻，又继续蒸蒸日上了。结果是，这些年来，中国的初等教育从数据看上去，“形势大好，不是小好”。

如果光看表面数据，我们会惊讶甚或羡慕一些高中的辉煌业绩：某某高中每年一个班一半以上考进清华、北大、复旦、南大。几年前，我一回到家乡就听到，苏北一个曾经相对贫穷的不起眼县城，昂然有一所全国闻名的明星高中，每年像输血般地把它的学生，源源不断地送进那些“985”名校。搞得我认识的家乡人，恨不能将自己的孩子或亲戚送进去锻造。我从欣喜、羡慕之情溢于言表的报道中得知，这所学校成功的诀窍就是“关门办学”。措施其实很简单，就是学生全部住校，周末不让回家，全封闭的读书，全封闭的训练。

这样的学生高考的分数极高，令人瞩目。一小部分进了大学也能继续进步，继而读了博士，当了教授，我在北京就见过两位。连杨振宁教授回国定居后，也曾经评述道，他所教的“普通物理”课的清华新生，素质不亚于哈佛新生。这个说法我想也是相对于像知识这样的指标而言。中国的名校相对美国更难考取，清华录取的新生在读书、考试成绩乃至智商等方面，在几百万高中毕业生中都是首屈一指的。尤其是国内中学最当回事的数理化这三门课程学得绝对优异，否则，在一分压万卷的高考中，怎能敲开清华沉重的大门？我相信，在这些方面，清华大学的新生是完全能压住哈佛大学的，至少在平均的意义上。

2009 年和 2012 年，上海市在三年一评国际学生评估项目(Program for International Student Assessment，PISA)中，均拔头筹。PISA 是经济合作与发展组织进行的 15 周岁学生阅读、数学、科学能力评价研究项目，主要考察初中毕业前是否掌握今后所需要的问题解决能力和终身学习能力。上海 2009 年首次参加该测试的结果是：数学平均分 600，阅读平均分 556，科学平均分 575，在约 70 个参与国家和地区中都名列榜首。三部分的各国平均分别是 496、493、501，而美国的平均分则分别为 487、500、502，可见这个人均国内生产总值为上海四倍的国家，在阅读和科学方面只处在中间，数学则位于平均之下。上海第二次参加测试的结果更上了一层楼：作为该市 9 万名 15 岁学生代表的 6374 个被测者，数学平均分 613，阅读分 570，科学分 580，在 5 个国家和地区中再次领先。

这些闪光的数据似乎表明，我国以上海为代表的初等教育看上去大大优于以美国为代表的西方。然而，如果我们进一步检视中国与美国的教育实践，就会发现两国初等教育理念的一个不同之处。美国把各阶段教育看成是整体的一部分，相互关照、相辅相成、配合适当、有条不紊；中国的学校把教育的每一个阶段都想做得完美、做到极致，而忽视了承前启后的教育规律。各级学校往往把教师的工作成绩定位于某些量化的指标。为了那个指标拼老命下死功夫，任何代价都在所不惜。在不假思索喜做表面文章只看数字的领导眼里，它们是模范学校。校长被大加夸奖，老师被物质奖励。但是学生的内心呢？我曾经问过我那位在家乡中学苦不堪言的外甥女对那段读书生活的感受，她则用“恨死了”三个字回答了我！

只为学校自己的教学指标而走极端的教育理念，后果之一是初级阶段教育出来的精英学生，到了下一个阶段或两三个阶段后，就容易蜕化变质，缺乏优质的长期性，许多人当了“更上一层楼”的逃兵。各级教育只求数据优异，缺乏对整个 16 年初等教育和高等教育过程统筹考虑。打个比方，就像用吹风机将自家门口的树叶，吹到别人家的门口。我家草坪一片清爽，人家草坪一片狼藉，利了自己，却害了别人。我国目前的教育现状难道不是这样？高中一切为了高考，机械化读书，魔鬼式训练。这不仅苦了高中生，灾难也前移到初中，因为考不好中考就甭想进重点高中。好了，一切的关键都在小学了，于是小学生就只能读书、读书、再读书。这下子，小学的时间太不够用了，从幼儿园抓起！邓小平曾经希望中国的足球“从娃娃抓起”，但是我们的幼儿园已经开始学怎样解方程了。我的一些大学同学就是这样培养孩子的。这种苦啊，家长也不能幸免于难。去年，与我有学术交往的中山大学一位数学教授罗俊，就是因为儿子的中考，而不得不放弃参加一次极想参加的学术会议的机会。几年前，大连理工大学的一位计算机专家王教授，也因女儿的高考而只好放弃出国访问半年的打算。他们都是我认识的家长，而我这个住在美国的家长，却从来没有事无巨细地过问女儿的高考，全是她“自作主张”，不知省了我多少时间。

PISA 成绩公布后，国内媒体一片欢腾，教育界人士也兴高采烈。我在海外甚至读到新闻报道说，法国的教育部长专门来上海取经了。在美国教育部长的建议下，美国的教育与经济研究中心对 2009 年 PISA 测试的前五名上海、芬兰、新加坡、日本及加拿大进行了分析，其研究报告于 2011 年由哈佛教育出版社以书名《超越上海》（*Surpassing Shanghai*）出版，副标题为《美国应该如何建设世界顶尖的教育系统》。在读到分析上海成功模式的第一章《上海：一个发展中国家的大城市是如何跃居世界第一的》时，关于中国人文化背景的第一节内容吸引了我。这一章的撰写者是个华人学者，难怪他对中国教育的历史渊源了解得相当透彻。

一开始，他就开宗明义地赞扬道，中国有悠久的重教传统。但是，他马上话锋一转，接着指出：“在中国，重视‘教育’的文化传统，带有某些特别的意思。教育（尤其是备考）长期以来都被看做是学生向上层社会流动的主要渠道，也是改变学生未来的唯一希望。”然后，他列出了上述社会文化主导的思维方式所带来的后果和推论。我摘录其中的主要部分如下，因为它们确实具有中国教育的特色：

1. 只有在考试上取得成功，才能够得到世人的尊重。

2. 教育成就通过考试结果或者文凭来衡量，而不是看知识掌握得怎么样。

3. 读书、学习和教育被看做是同义词。死记硬背有很长的传统。

4.教师、学生和家长都同意，相比考试成绩，课程本身是否有用并不怎么重要。

5.教育动机基本上由家庭或者社会期望推动，缺乏内在动机或内在学习兴趣。

6.这也是考试压力增大的基本原因。各种私立辅导学校除了帮助学生应试之外，基本不会做其它事情。

7.科举考试的传统也解释了刻苦以及对困难容忍的文化：吃得苦中苦，方为人上人。

8.这个传统也巩固了信念：努力比天生能力更重要。“勤能补拙”是常见的观点，但在其它文化圈中得不到认同。

9.全国人民投身考试和教育当中，“功夫不负有心人”。

这九条中国教育的特点，尽管作者把它们放在了千年封建社会的历史传统大框架下加以归纳，实质上也是当今中国教育现状的大写照。“出人头地”一直是中国父母敦促子女好好念书的重要理由。在这种成了社会风气的利己利家教育的方针指引下，教育的功能主要起了“敲门砖”的作用。于是“书中自有黄金屋”就成了人人牢记在心的座右铭，人生的前四分之一、五分之一的确是在“惟有读书高”的状态中苦度的。但是，苦书生一旦取得功名，敲门砖随即被抛，享受主义立刻抬头，社会责任尽抛脑后。这种“先苦后甜”的人生取向，不仅在教育领域里大行其道，而且在许多人几十年的生命历程中，也几乎成了指导一切的“至理名言”。我认识的一些大学毕业生，他们经过多年的教育过程和个人奋斗，终于有了一份让人羡慕的职业：体面的工作及优厚的待遇。但是，一旦饭碗稳定，或者职称到顶，学生时代或为评职称埋头苦干的劲头，很快就消失得干干净净，再也不思上进。对于他们而言，一切努力皆为功利的侍从，而没有养成终生教育自我完善的习惯。

最近我有幸读到一本中科大数学系毕业的高等教育出版社陆珊年推荐的好书《生活与学习》(翻译成中文时书名改成了更引人注目的《创造之门》)。该书是 1970 年菲尔兹奖获得者、日本京都大学数理解析研究所所长和哈佛大学教授的日本数学家广中平佑(Hironaka Heisuke)80 年代为年轻读者而写的一本畅销书。这位以一部超过 200 页的著作彻底解决“高维奇点解消”这个代数几何领域重大问题的杰出代数几何学家，在书的前言中一开头就问道：“一个人在学校里学习了各种各样的知识，究竟有百分之几对他的职业或人生有用呢?”

这的确是个大问题，几乎和《哈姆雷特》的主人公自言自语所问的“生还是死，这是个问题”(To be, or not to be, that is the question.)一样迫切需要回答。是呀，如果在十几年的学校生涯中所学的知识，到头来几乎无用，那岂不是浪费了青春，虚度了年华? 广中平佑坦言相告，我们人类与机器人相比，有一大优点：“人类的大脑结构可以使过去发生的事情、掌握的知识干净彻底地忘掉。”既然如此，人为什么还要学习呢? 广中教授一言以蔽之：学习的目的是“为了掌握智慧”。说得太好了！学习的最终效果不在于掌握了多少知识，而是获得了多少智慧。知识很快就会忘记，而智慧却永驻大脑。

我那篇标题为疑问式的文章《不让孩子输在起跑线上?》，其完整版本被收进了两位数学教授刘建亚和汤涛主编的《数学文化》杂志的创刊号上，据说得到过华罗庚的接班人、80 年代的中国科学院数学研究所所长王元院士的称许。我在文中写道：

美国的教育思想和方针是符合自然规律和教育规律的，是极其人性化的。人人都说美国是“儿童的乐园、青年人的战场、老年人的坟墓”。“老年人的坟墓”失之偏颇，“青年人的战场”大概如此，“儿童的乐园”绝对正确！在教育的起跑线上，这个国家注重爱的教育、快乐的教育。它教孩子们基本的知识、做人的道理。它尊重个人的兴趣，激发他们的好奇心。它从不鼓励超前教育，更不提倡“起点论英雄”。小学到初中，在轻松愉快中读书，反而学到了许许多多实用的知识。学生们个个生龙活虎、精神抖擞，健康的心理与健康的躯体相得益彰。四年高中，不同的学生有不同的追求，他们基本上为满足自己的爱好、实现自己的理想而选择他们的未来。他们开始紧张忙碌起来，但忙得正是时候，因大学这个通才教育的大本营在向他们招手呢。……事实是，在“兴趣大于一切”的教育理念下，美国的教育制度培养的学生对自己定位清楚，对人生目标明确，基本上成为不同层次的社会有用之才。如果他/她热爱某门学科，在那个领域成为杰出人才的概率很大，机会只垂青于那些既有好奇心，又不肯放弃的年轻人。美国本土培养的各行各业的尖端人才实在是太多了，这完全得益于其科学的教育手段。它金字塔形的人才结构就像是它所制定的健康食品金字塔结构，任其自然，自由发展，每个人都能在和谐社会中找到用武之地……

毋庸置疑，天下没有哪一对父母不希望子女成材，不希望子女拥有幸福的未来。问题是怎样才能成材，什么样的生活才是幸福的生活？中国父母常告诫子女“先苦后甜”、“吃得苦中苦，方为人上人”。一旦孩子在不堪重负之下丧失学习的动力，他们依然苦口婆心地再送上一句古诗："少壮不努力，老大徒伤悲。"他们的初衷也许是好的，但一旦缺乏科学的态度就会物极必反，结果往往事与愿违，正如一句老话所说："好的动机不一定有好的效果。"在高压下痛苦地学习反而容易没学会怎样读书，长大后倘若感到"一事无成"时就会怨恨父母、埋怨教师，就像旧中国包办婚姻缺乏感情的夫妇那样怨恨"父母之命、媒妁之言"一辈子。岂不知，拔苗不能助长，循序才能渐进。"一口饭吃不成胖子"的道理妇孺皆知。对绝大多数学生，"欲速则不达"这一古训是颠扑不破的真理。孩子是"祖国的花朵"，应让它多享受一点阳光下的"光合作用"，而不该客观效应上摧残之。他们和我们一样，只有一生，只有一个童年，岂有废掉之理？没有"起点争英雄"，他们有了健康快乐的少年时代，才会有动力、有激情、有抱负地投入到大学的怀抱，既有了幸福的童年，又有了灿烂的未来，多么美妙。

我女儿上高中前有大量时间培养兴趣与爱好，包括美术和音乐。我从小就发现她极爱画画，几乎是一刻不闲地走到哪里画到哪里。其实在美国，整个的小学教育，除了英文，就是美术加常识，以及简单的算术。数学在中国的中小学是重中之重的一门主课，在这里却似乎成了陪衬品。这些孩子长大以后，艺术细胞大大多于数学细胞，演说能力大大强于计算能力。歌德曾经指出，科学是后天的，而艺术却是先天的。天赋的才华如果有了培育的土壤，就会茁壮成长。到了 1996 年爷爷奶奶双双来美国探亲的时候，十岁的丁易之画的《奶奶千岁看书》能把奶奶读书写字时常皱眉头的神态一笔点出，传神之至。这张画我一直挂在家中客厅的墙上。那一年她更加快乐了，因为家里人丁兴旺。她办起了一份家庭版中文报纸，向爷爷学书法，和奶奶下象棋，课外活动丰富多彩，像她后来在《人民日报》海外版发表的短文《向你介绍我》中所云，“琴棋书画，样样俱全”。她有时甚至很得意，她问的问题“能把自以为‘博大精深’的爸爸考住”。

高中前丁易之的中文未被英文挤掉，还应归功于李天岩教授对我的一次访问。那是1995年春。当我们坐在我家的客厅里闲聊文学作品时，我对钱锺书先生的讽刺杰作《围城》推崇备至，他对金庸大侠的武侠经典《射雕英雄传》赞不绝口。偏偏他没有读过钱氏这部被哥伦比亚大学文学评论家夏志清教授在其代表作《中国现代小说史》中叹为观止的伟大小说，我也从未翻过在大陆畅销多年的金氏任何一本武侠作品。他为我从不知郭靖和黄蓉何许人也甚表遗憾，我也让他带回我已读过两遍的《围城》，好好补一下课。在那之前，我对武侠小说抱有一点偏见，以为它们描写的不外乎是打打闹闹翻翻跟头的江湖人物，总不像古代四大名著能登上正宗文学的大雅之堂。但导师嘴中的金庸人物激起了我的好奇心，于是当年一回国，我就买了《射雕英雄传》读了起来。果然是武侠世界里的上乘之作，人物描写栩栩如生，历史画面气势磅礴。

没想到，金庸一到了我女儿的手里，就一下子抓住了她的心，尽管那时她才9岁。家中为她准备的国内小学语文课本，让她颇感枯燥无味，翻来覆去读课文、抄单词倒了胃口。她开始沉迷于金庸人物之中的乐趣，仿佛久旱逢甘霖。尽管她当时的中文词汇量不够，碰到生词，耐心时查阅字典，急躁时则连蒙带猜，囫囵吞枣般地啃完了这部恢弘之作。这部书一读完，她马上成了作者的粉丝，从此一发不可收拾。我每次回国都成了金庸作品的搬运工，一部一部地给她进货。还没享受完金庸的全部作品，古龙和梁羽生的武侠也成了她甘之如饴的精神食粮。就是这些文学性强、情节引人的武侠小说,成了她不收学费的中文老师,也打下了她日后熟练使用母语的基础。2013 年秋她和我同游南加州,在那里开会的老朋友吕克宁请我们吃饭。席间他们大谈金庸,仿佛成了忘年之交。顺便说一句,吕克宁的博士导师周修义教授,也是个不折不扣的武侠小说迷。现在,已经工作的丁易之,充分享受着两种语言、两种文化的优势和乐趣,对国内层出不穷的网络新词,比我知道得还早、还多、还快。我在美国的中国同学和朋友的大部分子女,都未能达到她那种运用自如的汉语说写水平。或许是因为之前,没有碰到像金庸小说那样有巨大吸盘的超级章鱼,将他们的兴趣统统吸进中文的大磁场内。

这一切成为可能,皆因美国从小学到初中的教育中,可支配的时间十分充裕。但是,切切不可认为,小学五年学不到多少知识。恰恰相反,小学生从学校里学到了许多实用的知识。天赋好、智商高的一小部分人,通过测试可以考进高级班,让老师开小灶,小小年纪就可以接触一些自然与社会的课外知识。我们中国的家长,常常误以为知识就是数理化的代名词。其实不然,知识是一个非常宽泛的概念,任何对生活有用的信息都可纳入知识的范畴,而数理化的内容在人生应有的知识结构中,只占据了小小的一块地盘。

丁易之四年级左右,进了学校名为 Excel 的高级班上课,每周一节课。这个词的词义是“胜过”。那时,虽然我知道她的学校常请外人来演讲,比如把当地电视台的气象预报员请去讲天气预报,我并不把这个“高级班”放在眼里,因为我总觉得再高级,他们的数学还是学得太浅。一天下午,她刚放学回家,就迫不及待地告诉我,高级班的老师今天讲了“分形”。这是与现代科学技术密切相关的一个几何概念，是混沌思想的形象图形。

接着，她颇为得意地向我展示了绝大多数中国高中生可能都从未见过的“雪花分形”。只见她拿出笔和纸，先画了一个等边三角形。然后她把三角形的每条边一分为三，以中间的那一段为底，向外画了一个小的等边三角形，结果是有十二条小边的六角形。接着，她在六角形的每一条边上做同样的事，即以每边中间的三分之一部分为底边，各朝外画出更小的等边三角形。她继续朝下画，一直画到越来越小的三角形看不清楚为止。

我看到这些，颇感到意外。没想到这些小学生年纪轻轻，就能接触到当代数学概念的一些热门话题。而在中国，他们却被整天关在教室里，做复杂的鸡兔同笼之类的算术题，甚至形同高级智力游戏的奥数题。从这里就可管中窥豹地看出，两个国家初等教育的不同目标。今日中国，初等教育的目的是考进大学，为此学生要花巨量的时间做数学题，好像这个世界，除了数学之外所剩无几。为了高考的数理化高分，老师绞尽脑汁，周而复始地采用题海战术，力图提高模拟题目撞上高考试题的百分比。十几年前我就听说，家乡省份的某个著名高中，采用全封闭的战略战术，和训练国家队运动员方式如出一辙，拼命制造高考的状元。前年，我在一本有名的中文杂志上，看到湖北某名牌中学高考誓师大会的镜头，一个个举起的小拳头，让我联想起文化大革命中批判大会的情景。只不过那时是批判知识、鄙视学问，现今是死学知识、考试第一。可是不幸得很，国内最近一篇报道的专项调查结果表明，三十年高考各省市的状元几千人，最终成为各领域带头人物的，寥寥无几，甚至为零，如果那个调查是百分之百准确的话。早知今日，何必当初？千百个小时，美丽的青春，全花费在无穷无尽的高考准备上。

可是，最后的结果却令人失望，就像旧时代辛苦一年的农民，由于旱灾水灾，最终颗粒无收一样。

在美国，初等教育的主要目的，是为今后几十年的漫长人生打下基础。为此，孩子们首先学会生活的常识或技能，学会说“谢谢”、“对不起”，学会独立思考与合作精神，学会尊重他人和服务社区，总而言之，学会怎样做人。在这个大前提之下，学有用的知识，包括语言表达、数学演算、自然探索。对于那些有鸿鹄之志并能脱颖而出的高智商者，创造机会满足他们的天生爱好，鼓励他们的积极探索，发展他们的智力潜能。这种多元化的教育理念，其实祖师爷却是一个中国人，他的名字是孔丘，即我们所尊称的孔子。这位中国文明史上最伟大的教育家、曾被认定的世界十大思想家之一，两千五百年前就提出了教育的两大“四字方针”：有教无类、因材施教。可是，他的两大教育方针，没有被他的后代子孙发扬光大，却被西方的和尚取走了经。

一位伟大的英国学者、教育大师曾经指出：“从受教育的一开始，儿童就应体验到发现的乐趣。”（From the very beginning of his education, the child should experience the joy of discovery.）

我一位中国同事田海燕博士的儿子倪襄龙，就是美国初等教育体制寻找发现之乐的受益者。他幸运地遗传了妈妈的数学细胞。父母发现他小小年纪，理解中学数学没有难度，完全可以自学。于是他参加了斯坦福大学的“资优青少年教育计划”（Education Program for Gifted Youth），8 岁完成代数、几何，9 岁干掉三角、微积分预科（Pre-calculus；中国高中不设该课，内容五花八门，包括概率与线性规划初步），10 岁那一年修了微积分四门课。如果他在国内，肯定无法这么早接触到高等数学，充其量被选进奥数队大量训练竞赛数学。但在美国,20 岁拿博士学位的人才比比皆是。他在美国好几个州里生活过,不仅在学校和家庭的基本教育下懂得了做人的道理,而且每天有大量的业余时间培养自己的爱好。比如,他虽然从八岁起只学了两年钢琴,到后来能弹肖邦、李斯特和舒伯特,这完全是音乐之美和他的兴趣驱使。倪襄龙小学四年级就参加了全美的高中数学竞赛,并进入下一轮的美国数学邀请赛。他曾参加过若干次的美国奥林匹克数学、物理的竞赛。高三时,又成了全国只有 20 人选上的美国物理队成员,得到两个礼拜的培训。他从初二就没在他所属的学校修数学课了。他最后就读的高中知道远远喂不饱他,就把他送到她母亲任教的大学选课。他所修过的抽象代数等研究生课程,考试不用说全班第一。2013 年的秋季学期,他在我鼓励下,做了一项数学研究,专门探讨对数函数的迭代周期点问题,还把我最初向他提出的研究课题修改成天衣无缝的形式。他很快发现了这些迭代的奥妙,写了一篇学术论文投稿。当年底他被麻省理工学院提前录取,等待他的将是一条充满激情与挑战的科学道路。

美国 12 年基础教育的重头戏,是最末三分之一的阶段。当初中生变成高中的新鲜人,他们开始因人而异地向爱好进军,朝梦想奔去。在这丰富多彩的世界,人的天赋之才也是千姿百态的,各种才能和兴趣的均衡叠加,像天女散花,给社会各界提供了无穷无尽的需求,就像红橙黄绿青蓝紫的七彩,组合成普照人类、恩泽大地的白色阳光一样。有的人自幼就爱追根求源,天问苍穹地探微粒;有的人生来喜欢昆虫飞鸟,试管瓶前劲头十足;有的人天赋之才爱动脑筋,抽象思维如鱼得水;有的人不迷理论却爱实践,心灵手巧点石成金;有的人历史掌故如数家珍,上穷碧落下潜黄泉;有的人齐家治国如烹小鲜，能说会道号召有力。在小学、初中宽松环境的滋润、培育下，不同理想的人开始追求理想的实现，志向不一的人有着各自的追寻，于是忙碌的高中四年开始了。

中国的高中三年也是够忙的，但几乎所有学生的紧张学习只是一维的，即一切为了在高考中拿到高分。他们只能读那几本与高考有关的书，没完没了的复习题越做越厌，一旦那几天黑色的高考日子一结束，陪读陪考的家长刚松了一口大气，听到的却是孩子们的嚎啕大哭，看到的是满地撕碎的课本作业和教辅材料。这是快要成年的十七八岁少男少女，对应试教育的愤怒控诉和情绪宣泄。花了那么多年的青春岁月，其实他们学到的东西实在有限。他们理应呐喊：还我青春！还我健康！还我自由！我在那篇《不让孩子输在起跑线上?》的文章里写道：

> 按我在中美两国的体验，小学、初中真没必要花那么多时间“精益求精”、“更上一层楼”，高中阶段可以用功一点，进了大学再刻苦一些，如果选择读博士，那就必须全力以赴，献身科学研究。这种“递增函数式”的学习方式比目前“大学前递增、大学后递减”的开口向下抛物线函数现状不知要好多少。

美国采用的部分大学课程高中提前设置方案（Advanced Placement，AP），目的之一就是为了适应兴趣不一、具有远大理想的那些高中生的需要。这些课程包括大学几乎所有的基础学科，例如初等微积分、英文写作、美国史、欧洲史、世界史、外语、生物、物理、化学、计算机语言等，在高中遍地开花。只要学生想修，只要师资足够雄厚，学校就会提供，老师就会开讲。选修过任一门 AP 课后，学生可以注册参加美国统一的考试，满分为五分，四分就被一般大学承认，进了大学就不必再修此课。名牌大学对于 AP 四分不甚满意，可能要求交学费重修，但五分则可直接跳过此课，修更高档次的同类课程。我有一个亲戚的孩子，在美国读高中时修过 AP 微积分 Ⅰ 和 Ⅱ，均得五分，进了哥伦比亚大学的本科学院（哥伦比亚学院）后，不必修微积分的普通班，而直接上了 Honors Calculus（微积分荣誉班），用的是较高水准的经典教科书。

到了四年高中最后一年的秋季学期结束前，美国的高中生就开始申请读大学了。但是，美国的高考过程、录取标准以及具体做法，与中国的一元化全国性高考大相径庭，值得我们专列一章细细加以比较。

第十三章　怎样高考

中国自科举制度实施以来的考试择优录取方式，本质上千年不变，高考也不例外。从我考进大学的那一年起，每年一次的全国统考，连日期都是固定不变的，如同作息时间也是全国统一的“北京时间”一样标准。只不过从2003年起，高考的黑色“七、八、九”三日，从7月向前搬了一个月罢了，减少了几百万考生中暑晕倒的比例，体现了政府对考生的体贴，更加人性化、科学化。然而，录取的原则和标准，至今没有根本性的变化，尚未达到从量变到质变的飞跃。在中国家长为子女教育投资的长期过程中，高考无疑是最为关键的一步，直接关系到子女未来的抽象前途和具体“钱途”，不得不引起各级教育官员的最高度重视。

1980年才建立的美国教育部权力很小。它不像中国的教育部对各地大、中、小学的教育，管得那么“事无巨细，面面俱到”，只不过是一个联邦政府的协调管理部门而已，工作职能主要是统计全国教育数据，基本上不干涉各州的教育事务，对高等院校更几乎是“不闻不问”。同样，美国教育部对高考的作用，似乎是可有可无的“人体阑尾”。高考是各个大学自己的事，理应由它们决定申请的程序及录取的标准。教育部对此放任自由，其实也无权干涉。美国的大学有私立和公立之分。前者的办学方针和经费来源与政府无关，高考更是自行其是；后者因为由各州所办，其财政拨款来自本州政府，因此录取的基本政策以及设施方案，也要考虑到本州居民的方方面面。

我大女儿来美国后从小学一年级读起，高中毕业后，按部就班地进了美国历史最悠久的公立大学，拿到全额奖学金。四年后毕业时，取得数学与生物统计两个本科学位，去了一所生物统计专业全美最好的大学之一念了研究生，现在斯坦福大学医学院工作。她当年高考全是自己忙活，一点也不要父母操心。我当时知道的是，她为了节省父母的开支，获得最高奖学金，进最有名的州立大学之一，放弃了申请最好私立大学的机会。反正她计划毕业后，再到本专业最好的大学读研究生。这正是美国人一贯的做法。她后来告诉我，她的研究生同学中，虽然名校的学士大有人在，包括来自北京大学的数学系，但也有好几个学生本科毕业的大学，她连名字都没听说过。其中一位有一半西方血统、一半东方血统，毕业于波特兰州立大学(Portland State University)，学校当然无法与同样以城市命名的芝加哥大学或纽约大学相提并论，但由于他毕业于那个学校的物理系，可能打下了比较扎实的数学与物理基本功，肯定是赢得了任课教授的一致青睐，所以才会有强有力的推荐信，将他送进生物统计全国排名前二的大学。南密大有一位原籍埃及的计算机科学系老教授，她的女儿在我校的荣誉学院(Honors College)读了四年本科，充分享受了校长奖学金的最高奖励，频上校报，无限风光，毕业后顺风顺水地去了哈佛念研究生。

我曾应汤涛教授之邀，翻译了威斯康星大学麦迪逊校区费米物理讲座教授吴秀兰(Sau-Lan Wu)博士 2014 年 5 月 25 日在她的本科母校瓦萨学院(Vassar College)毕业典礼上的演讲稿。这是她丈夫、哈佛大学物理讲座教授吴大峻(Tai T. Wu)博士的合作者杨振宁先生特别推荐的，刊登在《数学文化》杂志当年的第三期上。瓦萨学院是个很不错的女子人文学院，是美国高教历史上的“七姐妹女校”之一，也是美国三次奥斯卡最佳女演员斯特里普(Meryl Streep)的母校，但并非如雷贯耳的学术名校。但对有鸿鹄之志的青年学子，这种小巧玲珑的私立学院的负责教授，为他们提供了极为理想的求知环境，完全不亚于在常春藤名校接受集体放羊式的本科教育。立志成为当代居里夫人、并想在一生中对至少三大物理发现有所作为的吴秀兰，在那里成了最好的学生，三年就本科毕业，理所当然地去了哈佛读物理学博士学位。她参与了三大基本粒子的伟大发现，包括 2012 年轰动全球的“上帝的粒子”——希格斯(Higgs)玻色子！

有这么一个中国男孩大卫(David)，在上海读完小学后，跟着父母来到美国。高中毕业后，他的父母希望他考上名牌大学，于是他报考了一些好学校，包括受到众多华人家庭垂青的宾夕法尼亚大学。这所学校对想让子女进军华尔街的华人家长最有吸引力，因为它的沃顿商学院(Wharton School)享誉全球。

大卫的父母为了孩子应当报考哪个校，费力不少。他们虽像大多数国内家长一样想儿子进名校，但由于他不是美国公民或永久居民，作为外国人，即便被录取，也很可能要缴纳巨额学费。所以他们也听从了别人的建议，让他也申请了几家不错的人文学院。这种申请计划是可取的，因为考虑了学费这个重要因素。这些小型私立学院的学生质量，一般大大高于州立大学，甚至包括最好的州立大学，而且外国学生也有可能拿到基于综合表现的奖学金。像哈佛、斯坦福这种最好的研究型大学，走在世界科学探索的前沿，自然对研究生的教育更为看重，也做得更好，应是有志青年报考研究生院的首选。但它们本科教育的优势，却不是想象中的那么明显。大学本科学的是基础知识，接受的是通识教育。比如说，理工科本科生的数学基础之一就是微积分。在研究型的巨无霸大学，这门基础课很可能是一两百个学生的超级大班，教授常常不把学生当回事，研究任务很重的他们，也许下课就溜，或者系里干脆就让研究生助教教一教这门课。很有可能这名助教是个外国学生，或许水平不低，但英语说得结结巴巴或口音太重。这就是当年我在密歇根州立大学看到的情形，自然在任何大学校都基本一样。花了巨额学费，听这样难懂的微积分，不如自学好了。即便录取在麻省理工学院，花了大钱的学生父母，觉得划得来吗？作为颇感失望的外国新生，觉得选错地方了吗？

麻省理工学院当然是个超强的理工科研究重镇，是研究生的“梦之队”，但并非每个本科生的最理想选择，除非是费恩曼那样的天才人物。费恩曼的确在那里的物理系本科毕业。读书期间，他轻而易举地拿到全国大学生数学竞赛——普特南数学赛的冠军，后来去了普林斯顿大学念博士。对于半天才或非天才学生，麻省理工的竞争压力及其并非密切的师生关系（注意这里指的是教授与本科生之间的平均交流时间），让他们易被精神抑郁症光顾。李天岩教授经常用他的一位美国同事的故事，来鞭挞中国大陆考生的“名校情结”。这位颇有成就的白人教授高中毕业后被麻省理工录取，但他本科四年很不喜欢那里的教授，因为他们只是把这些聪明的新生视为天才来教，上起课来全然不管学生是否跟上思维的步伐。后来他被录取到加州大学洛杉矶校区（UCLA）读博士。这所公立大学颇合他的口味，虽然名气不及麻省理工那么如雷贯耳，却并未影响到自己未来的成名成家之路。后来，他的本科母校打电话来请他“校友捐款”，连续三年他都置之不理。到了第四年一接到电话，他就火冒三丈，对着话筒吐出一句口诛笔伐之语：“如果哪个基金会要求捐款用于诋毁麻省理工学院，我一定要捐上一笔。”2009 年我系一位东方籍副教授的女儿，作为本州最好公立高中的最优毕业生，考进了麻省理工。父母得意洋洋，满脸是笑，但是笑容还未退去，一学期后女儿就暂时停学打道回府，有人看到她在我校注册了几门生物课。前几年，康奈尔大学校园内的一座桥，不时成为学生因不堪重负而纵身一跃的起跳板。有一年竟然创下近十人依次排队跳河的纪录，上了 CNN 的焦点新闻，骇得校方在这座“自杀桥”的栏杆上，拉起了一张挡住下跳者的安全网。

反观教学型的本科院校，学生人数只有几千，甚至区区一千，教授的相对数却不少，因而他们的微积分课堂只有小班，没有大教室。这些教授的主要职责是教书育人。研究对于他们，不是“雪中送炭”，而是“锦上添花”。只要书教得好，不做研究照样能拿到终身饭碗，免遭解雇。进这类学校的学生大都感到幸运，因为整天可以和教授见上面。在小小的教室听课，感觉上犹如这门课，就是为你一个人开的，似乎雇了一位教授级的家庭教师，不懂的地方随时可问。你如果志向高远，教授可以给你开小灶。他们办公室的门，永远对那些爱读书的学生开放。那位上海来的大卫申请了一所本州最好的人文学院，地处州府城市既安静又安全的一处草木秀丽地带，在这花园般校园潜心读书的，只有一千多名学生。当他作为校长奖学金候选人被邀请访问该校时，那个面试他的常春藤名校宾夕法尼亚大学毕业的拓扑学数学博士对他说，如果你想多学，我们可以把你送到国外深造。他真的获得了慷慨的校长奖学金，给了父母一个惊喜，因为有了一个选择的自由，即如果去顶尖大学要花大钱的话，进这个不花钱的好学院也是明智之选。当然，有的华人家长可能还是被名校的光环晃花了眼，只要子女能考上，花再多的钱也不后悔；不少人甚至想当然地认为，进了全美排名前十的大学读商科或经济，毕业后就可以顺理成章地被宾大的沃顿商学院录取。懂得美国教育的人都知道，名校的本科毕业生不一定能进名校的研究生院。在一般学校，只要拔尖，就可能进入名校读博士或者硕士。国内许多父母关于子女择校的不明智做法，按照我那位自己从未花过学费读学位、女儿进本校免费读书的美国同事柯立波教授的评述，“这是一个悲剧。”

在对待高考的择校上，中美不同的文化传统形成了不同认识。中国人普遍把“全力以赴进名校”看成是高考成功的唯一标志，只要能达到这个目的，花再多的钱也在所不惜。在这个意义下，我们的父母或许是全世界最“伟大”的父母了。他们可以在金钱上对自己十分苛刻，几十年如一日为子女攒留学的钱。只要子女考上名校，他们的脸上就绽开了花，眼睛连眨都不眨一下，把省下的几万甚至几十万美元的血汗钱取出。他们的子女，也心安理得地接过钱袋，赴美留学了。拒绝稍次学校的全额奖学金，而宁愿每年付上五六万美元，直奔名校而去，这种大把烧钱的做法，把美国人惊得发呆，觉得完全不可思议。他们不仅认为这是愚蠢的做法，甚至可能把抉择者视为每年 4 月 1 日愚人节才出洞活动的“愚人”了。

那么，美国人是如何挑选本科院校的？按照我那位经验丰富的牛津博士同事的说法，如果计划本科毕业后就开始工作，而且成本不是主要问题，读名校多少还有点值得，因为较之普通院校，名校毕业生在就业市场上的价码确实高一些。但是能否找到好工作，归根结底还是取决于个人的素质和用人单位的特别需求。的确，我看到过一些最顶尖大学的本科毕业生，和我当年高中毕业的时候一样“毕业就是失业”，找工作到处碰壁，不得不想办法去申请他们已经厌恶的研究生院。另一方面，如果将来立志要读硕士或博士，本科学校的名声对未来职业的影响，几乎是可以忽略不计的。这时的择校原则，主要由奖学金的数额、选定的专业及学校的位置确定，而学校的排名就“退居二线”了。当然，如果你的父母和比尔·盖茨的父母当年一样非常有钱的话，考进哈佛大学念本科，也是一个合情合理的选择。年收入百万美元的富爸爸，每年为儿子或女儿付上几万美元的学费，不会降低他们自己的生活水准。但是大多数的美国人，和几乎所有的中国人一样，都不属于那个相对富裕的阶层，和穷爸爸群体之间的距离不算太远。

这种择校做法实在是太聪明了，成本低、收益大。其实，这就是资本主义经济学的最基本公理，是一切商业行为、公司运作的经营准则。美国不愧为最先进的资本主义国家，它的人民将这个法宝也掌握到家了。而我们中国人在子女的教育实践上，还停留在两千年封建主义的认识水平上，从来不把经济效益放在首位。只要是名校，只要能为自己挣足面子，管它多贵，就像战场上冲锋陷阵的将士一样：上！其实，美国绝大多数的超级人才，读的本科院校稀松平常得很，甚至都拿不上台面。几乎每一所高等院校，都有世人所知的杰出校友。我的女儿曾经这样评说：是金子总是会发光的。她的意思就是，如果你真的是强，即便进了“差”的学校，只要努力，也会光彩照人作出大事业的。

现在我们可以浏览一下，美国高考的具体做法了。人们常把中国的高考形容为“千军万马过独木桥”，因为这个高考到目前为止，除了笔试，还是笔试，而且是一次性的，就是说即便你平时的学习优秀、成绩上等，但是如果高考砸了锅，那一切的努力都付诸东流，至少今年你上大学的美梦破灭了。对比之下，美国就没有中国意义下的高考概念。美国的高考是个系统工程，它有很多环节，有各项指标，完全不是中国式的全国统一出题，一分压万卷，一考定终生。固然，它也有类似于中国高考的水平测试，但那个测试是非常基本的，主要考核学生的英文和数学的基本知识。目前从国内考到美国念大学本科的中国留学生，进入名校或拿到奖学金的，都能考上接近满分，或甚至满分。美国有个非营利性的全国教育机构 College Board，可以翻译成“大学理事会”，全面负责一种主要的水平考试。另外，有超过 500 所的高校，使用规范统一的通用申请表（The Common Application），供考生网上填写。但更多的学校除此以外，还提供了自己的申请表，如普林斯顿、哥伦比亚这样的名牌大学；也有很多学校只用自己设计的申请表。

目前美国采用两种高考入学水平考试。一种是学术能力评估测试（Scholastic Aptitude Test，SAT），由大学理事会主持。SAT 包括两种考试，一种是通用测试（General），包括三个部分——阅读、数学和写作；另一是单科考试（Subject），如数学、英文或历史，每门的满分都是 800 分。还有一种入学水平考试（American College Test，ACT），由四个部分组成——文章改错、数学、阅读以及科学推理，作文属于选考。

这两种考试的计分方法都不是百分制的，SAT 通用测试的满分为 2400 分，即每部分 800 分，ACT 的总分是 36 分。它们不光在结构和内容上相异，注重点也略有不同。SAT 考查的主要是逻辑推理和语言能力，ACT 则更侧重于知识性的考核。注意，美国考试的计分原则和中国有点不同。满分并不表示每道题都做对了，一道题目没做也不是零分。这大概考虑了人们的心理因素，因为零分成绩听起来太过刺耳，满分有注入快乐的美妙效果。有的大学要考 SAT，另外一些大学则需要 ACT，更多的学校可以接受它们中的任一个。这两项考试，每年都可以考几次，SAT 每年提供高达七次的考试机会，而 ACT 一年也允许考六次。高中生所在的学校安排他们网上考。只要注册交费，随你考几次都行。自然考得最高的那次成绩，最后放在大学申请表上。

值得一提的是，从 2016 年春季起，SAT 将以新的面孔出现。它的考试时间、内容、要求、评分等各方面，均将有变动。

在中国考大学，只有一项成绩有效，那就是高考成绩，是高校录取的唯一标准。各类大学制定的“最低分数线”决定了你是否幸运跨入“一本”，或不幸掉到“二本”，或更不幸只能进双倍收费的“二级学院”。但在美国考大学，高中整个四年的平均成绩，和 SAT 或 ACT 的分数同等重要，甚至更为看重，因为一贯的表现，最能说明考生的智育素质。除此之外，考生的社团组织领导能力、服务社区自觉行为、音乐体育特殊优势、课外阅读广泛程度、AP 课程选修门数、推荐信中评价语气等等，都是校方录取过程中，着重考虑的综合因素。另外，一篇全面展示自己、直抒胸臆的散文，伴随着考生填完的申请表格一起提交，好让招生委员会的委员们全面地考查考生的里里外外。

像哈佛、普林斯顿这样的名校，还有更多的要求。它们请分布在各地的校友帮助评价鉴别考生的潜能，因为“百闻不如一见”。对于录取委员会而言，光看书面的申请材料，还是难以对考生作出全方位的衡量。这些离考生居住地不远的校友,受校方委托和考生安排一次面对面的交流。谈话气氛是轻松愉快的,内容也是无所可以不包。在表面的寒暄和客气的交谈中,校友敏锐的眼光深入到考生的内涵,在不知不觉中完成了对一个人的全面考核。面试结果,将会极大地帮助录取委员会甄别出最有特色或潜力的大学新生。总之,美国高考的多元化考查,极大地增加了录取生中真正优秀学子的比例。那些只知道死读书的书呆子(book worm),尽管可能考出 SAT 或 ACT 的满分,却不一定得到名校的青睐。美国高等教育的观念是,大学培养的应是对全人类、全社会负起责任的新一代,而不是只会“两耳不闻窗外事,一心只读圣贤书”的精神跛足者。

大学录取申请书一般在年底递交,翌年 4 月底之前知道结果,通常给你一个月时间决定接受录取与否。也有一些学校提供“提前录取”(early decision)的方案。若考生选择了,必须提前申请,结果也比正常申请早到一个月。但是一旦录取,就必须接受,因为已有契约在身。再好的其它大学录取,也不能撕毁合同了。

我第八章提到的艾伦,来美后从初中的第二学期开始念起。他刚来美国时,英语几乎一窍不通,学校专门将他和其他刚来美国的外国籍学生开小灶补习英语,和善耐心的年轻教师非常负责,让刚到异国他乡的 12 岁少年感到温暖。很快他的英文就突飞猛进了。到了八年级,他就打破了所在初中的一个纪录:进入他所在州的初中部数学竞赛(Math Counts)前四名。这四人代表本州参加了全国的初中数学竞赛,获得团体第 29 名,个人第一名被南方穷州的一位华人小男孩斩获。到了高中,他学得最好的学科是数学,还发表了一篇数学论文,将一位美籍韩国数学教授发表在《美国数学月刊》(*The American Mathematical Monthly*)上证明的高维勾股定理,推广到高维余弦定理。高中的最后两年,他考上了本州最好的公立高中数学与科学学校,和一批本州最聪明的孩子住在一所女子大学的校园里读书。绝大多数的老师都有博士学位,给他们提供了不少大学生才学的科目修读。

2009 年,艾伦考入一所好大学。经他本人同意,我将他在 2008 年秋季填写过的那所大学特制入学申请表,在这里作为范例加以解释,该表主要由十个部分组成。

第一部分为申请者的基本信息。

第二部分为父母信息。

第三部分为高考入学考试成绩,要列出参加过的 SAT 通用测试以及单科考试的日期和各部分成绩。艾伦考过两门 SAT 单科考试,一门为数学,另一门是物理,其中数学满分。如果申请者又考过 ACT,也要将考试日期和总成绩填上去。

第四部分为目前就读高中的信息,需列出学校地址、辅导员(counselor)的姓名、电话号码和电邮地址。辅导员的职责非常重大,因为他(她)对高中生的学业和表现了如指掌,因而有责任向本校学生所申请大学的校方,写一封关于该生的评价信。

第五部分则列出高四学年正在修读或已修过的所有课程。这里包括高四已修课程,是因为申请者也许已是高中毕业生,而不是明年的毕业者。艾伦列出的科目为:高四第一学期有大学英语Ⅱ、遗传学、大学统计Ⅰ、有机化学、美国政府、高等力学、经济学;第二学期则是大学英语Ⅱ、C++、统计Ⅱ、微分方程、波与电、微积分Ⅲ、现代物理。从这里可以看出,他们高中最后一年所学的,与中国的高三截然不同。据说中国大陆高中阶段的最后一年,主要任务是全力复习，迎接高考。美国的高四学生，正在如饥似渴地吸收大量新知识，迎接大学春秋的到来。

这就引出一个十分有意义的比较。在中国，幼儿园还来不及玩够就开始学小学的内容，小学急忙要教初中的东西，初中生要学许多高中的玩意儿，但是这种超前学习到了高中却突然戛然而止。整个高中只学高中的，大学的东西一点不碰，而且进了高三后，全体同学就像广播体操前做准备工作那样地“原地踏步走”。求知欲最强的年纪、精力最充沛的光阴，都消耗在无穷无尽的高考复习上，难怪他们中的天才进大学前就已被埋没，非天才考入大学就不再读书。而在太平洋彼岸的美国，幼儿园玩个不停，小学教中国幼儿园的，初中学小学的，高中大多数人只修初中的，但那些有鸿鹄之志的健儿，早把求知的能量洒向大学课本的页面上。高等教育才是人生轨迹的真正的起跑线！

回到艾伦填写的申请表吧。它的第六部分让你如实交代，在所有中学阶段是否曾有受到校方处理的不良行为甚或犯罪记录，请你回答“Yes”或“No”的两个简单问题。

第七部分要求列出除英文以外能说得流利的语种以及在家所说的语言。艾伦的回答自然是中文。在这部分还需要给出过去三年中所获得的三到五个最重要的奖项，并告诉是否附上符合校方规定的补充材料。

第八部分写出高中阶段与学校及社区有关的主要课外活动，按其重要性程度上下排列，还要指出哪一项活动或兴趣，你对此最具热忱以及理由何在，再告诉过去两个夏天干了哪些有意义的事，包括有报酬的临时工作。

第九部分是关于个人兴趣的，是个重头戏。它包含有：过去一年内的闲暇时间读过的书、学校要求阅读的书、平时通常所读的出版物，以及你最喜欢的电影、表演、展览、音乐会、脱口秀等等。艾伦所填写的课外读过的书目中，有贝尔的《数学精英》、格里宾夫妇(John and Mary Gribbins)的《迷人的费恩曼》(*Richard Feynman: A Life in Science*)、赛珍珠(Pearl Buck，1892—1973)的《大地》(*The Good Earth*)、托尔金(John R. R. Tolkien，1892—1973)的《指环王》(*The Lord of the Rings*)、蒙田(Michel Montaigne，1533—1592)的《随笔》(*Essays*)、勃朗特(Emily Bronte，1818—1848)的《呼啸山庄》(*Wuthering Heights*)及狄更斯(Charles Dickens，1812—1870)的《远大前程》(*Great Expectation*)。其中的前两本是我推荐他阅读的。在他列举的最爱看的表演中，有 2008 年奥巴马竞选总统时去他校园所做的演讲和北京奥运会开幕式。这一部分的最后要求申请人告诉录取委员会，所申请的大学有什么最让你动心，为什么？如果你想就读的是该校的工程及应用学科学院，则也要指出什么东西吸引你学工程。

第十部分应该是最吸引眼球了。怎样完成它，已经成为令申请者绞尽脑汁的一件大事。它其实就是申请者所写的一篇作文(essay)，更好的翻译是“随笔”，艾伦读过的《蒙田随笔》，就是著名的例子。它的题目自选，可以海阔天空地纵论天下大势，也可以小桥流水地抒发心中情感。但万变不离其宗，要让自己成为文章的主角，使得录取办公室的专家一读就能在眼前浮现出你的鲜活形象，便于他们看准你的优势或不足。那些名校久经沙场的新鲜人挑选者，许多堪比现代的伯乐，能在一群野马中辨认出潜在的千里马。我同门师兄王筱沈的女儿王嘉兰，很小的时候她的数学名家爷爷王柔怀教授就预测到孙女不凡的未来。她的父亲曾让我看过她高考时写的随笔。16 岁少女的笔下，气势恢弘、志向高远，果然非同寻常。文中一开始，她就把自己比作一团火。她刚念高二时 SAT 就考了个满分，整个高中修了她父亲任教的中央阿肯色大学(University of Central Arkansas)数学系的许多课，其中有一门拓扑课。教她的教授在推荐信中说，她对数学的快速理解程度，可与这名教授获得过菲尔兹奖的博士导师一争雌雄。最后，录取率极低的加州理工学院，以全额免学费奖学金(Axline Scholarship)录取了她。开学前的夏季，她就前往那个人才密集的小型大学，在教授的指导下做实验了。令人难以置信的是，实验的结果催生了一篇她大一时在世界顶级杂志《自然》(*Nature*)发表的论文。结果又获得第二个奖学金(Merit Award)，用于日常开销。她只读三年就获得了数学的学士学位，且在那里当了三年的学生刊物《每周专栏》(*Weekly Columnist*)主编。后来她在麻省理工学院获得金融学的博士学位，成了一所名校金融系的正式助理教授，再后来她又投身联邦政府机构任职。她从 15 岁起，就没有花过父母一分钱。现在，虽然她有令人羡慕的高工资，但她生活俭朴，每年将大量的个人所得捐给中国贫困山区的希望工程。她的所作所为，实践了盖茨 2006 年在哈佛大学毕业典礼上对毕业生的呼唤：你们应该想想一生中怎样为全世界的贫苦大众谋幸福。这才是最好的教育理念所定义的人生目的。

竞争奖学金，是高中生申请大学获得录取后最关心的事。对美国学生而言，它的重要性与录取并驾齐驱。在这里，对待本国学生与外国学生，奖学金的资助政策的确有区别，州立大学与私立大学的做法也不一样。一般而言，州立大学由于经费来自政府，要最大限度地照顾到纳税的本州居民，所以奖学金主要用于来自本州的学生。但为了吸引其它州的好学生，譬如有某方面体育特长的人才，也相当一部分的奖学金，用于这些有竞争性的外州学生。全家住在阿肯色州的王筱沈教授，他的女儿当年也申请了父亲的母校密歇根州立大学，就以极优的学业成绩和突出表现，当之无愧地拿到最高的全额奖学金。但是州立大学极少考虑或根本不考虑资助来自国外的大学新生，原因就是政府对纳税人的钱，不能随随便便大大方方地施舍外国人。这就类似于美国国家科学基金会的一些特别政策。我 1994 年申请到美国数学会的旅费资助，参加当年的国际数学家大会。按照规定，我必须购买美国的航空公司机票去瑞士的苏黎世，而不能买别国的。花政府的钱要遵循一整套严格的规定。

但是，部分州立大学有些特别设立的奖学金，外国人也可申请。2008 年我校一位刚来教书的华人助理教授，申请绿卡还在进行中，偏偏她的女儿高中毕业了。她丈夫又赋闲在家，不可能每年拿出几万美元为女儿交学费。怎么办呢？她的女儿申请的几所大学，都可提供外国人也有资格获得的奖学金，包括她自己教书的南密大。最终，好几个录取的学校都发放了奖学金，包括颇有吸引力的我校校长奖学金，但她最后接受了东海岸含有华盛顿名字的一所学校，每年 4 万多美元的资助。我的一位博士研究生的女儿，来美国后从初中念起，进步很快，全面发展。她的父母接受我的建议，让她申请了我校的荣誉学院，不光被录取，而且拿到了最高级的校长奖学金，免学费及食宿费。四年下来父母会省一大笔教育开支，而且只要保持优异的成绩，孩子毕业后容易被顶尖大学录取为研究生。

私立学校的奖学金制度更为自由，因为没有什么政府规定的条条框框束缚它，资助强度主要取决于学校的政策及财政状况。像前面说过的韦尔斯理学院（Wellesley College）、格林奈尔学院（Grinnell College）这样的人文学院，虽然是只有两千左右学生的小学校，但资产十分雄厚，学校的基金会有几亿到几十亿美元之多，每年都能全额资助一些包括华人在内的外国优秀学生。1990年代我曾在美国史上第一家女子学院、"七姐妹女校"的大姐——蒙特霍利约克学院（Mount Holyoke College）开过会，见到在数学系读本科、有全额奖学金资助的上海外国语学校毕业生，在那里无忧无虑地发愤读书。当然，大多数的私立学院，没有财大气粗的魄力慷慨给奖，但总能提供国内或国外考来的学生或多或少的经济资助，数额最大的可能就是所谓的"校长奖学金"。

有两种类型的奖学金，一种是基于考生自身优点的，就是我们国内奖学金的翻版；一种是基于家庭财政状况的，即我们熟知的助学金。大部分学校偏向于前者，尤其是公立大学。那些每年超过300万高二、高三甚至更年轻学生参加的"学术能力评估预备测试/全国优秀奖学金资格考"（Preliminary SAT/National Merit Scholarship Qualifying Test，简写为PSAT/NMSQT）得分最高的少年，拿到像"全国优秀两千五百美元奖学金获得者"（National Merit ＄2500 Schorlarship winner）之类的全国性奖励，或技艺超群的体育人才，是这类奖学金的最有力竞争者。全美每年共有2500名高中生，荣获大学阶段的这个奖学金。他们在约15000名所谓的"全国优秀决赛入围者"（National Merit Finalists）中脱颖而出，按每州高三学生的人数比例，合理分配到各州。我女儿当年考大学前也获此殊荣。顺便讲一下，上述的全美优等生奖学金在国内常被说成过于含糊且过分拔高的"总统奖"；中国的新闻报道中常见到五花八门都译成总统奖的各种奖励。有时，记者一见到“Presidential”这个词就翻译成“总统的”。这也是典型的中国式面子思想，因为总统的地位最高。哪有那么多与美国总统能扯上关系的奖项？

助学金资助的是那些家庭经济难以承受学费之累者，在最好的那些私立学校实施得最好，配额公平。当然前提是面向来自国内的美国学生或有绿卡的外国人。全美总共有1.25%的高校实行全额助学金（full-need financial aid）制度。比如像哥伦比亚这样的名校，对身分合格新生的资助，全部实施助学金。根据考生如实填写的家庭财政状况，辅以寄上的父母最近一年的联邦个人所得税申报表复印件，校方与录取办公室紧密配合的财政资助（Financial Aid）办公室，就会计算出学生家长和学生本人，应该在首年学费生活费中负担多少的比例，亲戚会贡献多少（如果他们慷慨的话），剩下的往往是大头的部分，则由最慷慨的校方“埋单”。以后三年的每一年前，学校会让学生填写新一年的资助申请表，因为学生的家庭财政收支预算，也许有所变化，例如家中多了一个小孩、某个弟妹也进大学了、母亲大幅提薪或父亲不幸失业等，据此学生的资助配额则相应地调整。这种具体情况具体分析的助学金方案，既科学又人性。富家子弟当然不愁交学费，穷人孩子也不会因无钱而辍学，完全与美国“劫富济贫”、散发着社会主义气味的税收体制同一原则。

对来自海外的大部分优秀学子，这种奖学金就“鞭长莫及”了。几乎所有的大学，很少考虑对这些太远的外来户发放助学金。虽然也有极少的奖学金施予他们，但竞争火一般激烈。即便申请者人在美国读书，只要持的是非移民签证，也被放入外国人那一堆里尝尝竞争的滋味。这就是为何目前来自中国大陆在美读书的本科生,绝大多数要请自己的父母为他们付学费生活费。好在他们的父母几十年省吃俭用,早已备好孩子的留学基金。我的一个中学校友,有次被不负责任的医院误诊为晚期骨癌。她的先生居然不肯动用计划给儿子留学花的几十万元基金,非让太太向单位借钱治病不可,从中折射出中国家长为了后代"飞黄腾达",已经到了不惜配偶生命的地步。李天岩教授五年前告诉我,密歇根州立大学的大陆本科生已有三千之众。有次周末他请自己的学生饭店吃饭,看到好几部属于这些富有学生的豪华轿车停在门口,而他这位顶着"大学杰出教授"(University Distinguished Professor)桂冠的知名学者,开的还是十几年的老车。可以想象多少国内父母为此所作的大奉献。可在那一年秋,当地警察局就拘留了中国学生中动刀斗殴的行凶者。

实力最强大、财力最雄厚的那几所超级牛校,比如普林斯顿、哈佛、麻省理工,也许还可添上另外一两所,对国内外新生一视同仁。即只要被录取,无论你是何许人也,完全按照家庭经济状况,决定给予多少助学金资助。能被它们录取的大一新生,都是综合素质极高的青年才俊,不能让他们因缴不起学费而进不了校门,这充分体现了孔子有教无类的思想,更比他老人家做得好,因为孔夫子是"语言上的巨人,行动上的矮子"。他两千多年前收一个学生,就要索取等价于现金学费若干的几斤腊肉,而不管学生有多穷。也许有才智不亚于颜回的穷书生,却因交不起腊肉而无缘投身于孔夫子的门下。可是哈佛大学却对这些杰出的穷学生一挥巨手:来吧,你们是潜在的未来之星,我们有责任帮助你们让潜在变成事实!

于是，男男女女十七八岁的青年，带着无数的梦想，跨进了没有围墙的大学校园。正如哈佛大学校园中的一座大楼顶端所镌刻的：他们将“Enter to Grow in Wisdom”（在智慧中成长）。但是我们想知道，他们是如何完成大学学业的？

第十四章　大学本科

要想搞懂美国高等教育的真谛，就要先了解一下它的基本数据和行情。首先，美国到底有多少所高等院校？我猜想，没有哪个人能够得出误差为零的精确数目，因而我无法回答这个问题。我不知道统计的时候，是否也要加上爱尔兰人在钱锺书小说《围城》中"注册"的克莱登大学，因为方鸿渐业已获得了它的博士文凭。也许，就在我写这句话的今天，一所新的大学（无论是获得官方承认的正规学校，还是像中国某些名人的配偶或打工皇帝率领的知名企业家，买过文凭的野鸡大学），已经在美国这个自由的国家立案在册了。我是学数学的，培根在经典随笔《论读书》中说过，"数学使人周密"，所以我应该细心一点，周密一点，尽可能精确地给出相关的数据。

虽然我无法精确考证美国高等院校的数量，估计应该在4500—5000所。维基网站给出的数字是4495所，但这已经是五年前统计的结果。这个数目大得相当吓人，在人口是美国四倍半的中国，根据教育部统计，截至2015年5月，全国普通高校为2553所。可是，去年我在费孝通1980年访美归来后所著的《访美掠影》中第一章读到："据说美国的高等院校有八千到九千所，有名气的'大'大学有三百所。"不知何故，35年来美国高等学府的数目居然减少了将近一半！是当年美国也搞过高等教育的大跃进呢，还是费先生未像胡适那样“小心求证”呢？看到这么多的高等学校，这可能让我们以为美国的高等教育每年能培养巨大数量的尖端人才。其实不然，大部分的高校是面向社会服务的，培养的是一般应用型人才，而不是拔尖的科学家或工程师。绝大部分的美国人，并不梦想走进名校的大门。他们不想与别人攀比，只想自由自在地为自己而活，毕竟人生只有一次。

《美国新闻与世界报道》(*US News and World Report*)每年都搞大学排名。在全世界包括中国在内轰轰烈烈的高校排名中，这个排名似乎最具权威性，广受专家和民众的信赖。美国也有五花八门的高校排名，各校如果看到一个排名对自己有利，马上如获至宝，拿来装点自己。我在我们南密大一个对外宣传大电视屏幕上见到过，本校被某知名杂志评为全美最受欢迎的前二十名大学之一。某一学年之初，我们学院教师大会上，院长宣称本院两个系，在全美排名进入前十。一个是高分子与高性能材料系，另一个是科学与数学教育中心。前一个应该是当之无愧的，后一个简直是开国际玩笑。后来我听说，只有两个全职教授的该中心，把与它有关的所有系的教授全部算成中心的成员(当然也包括我自己)都计入在内，一下子中心的投入产出高了几个量级，当然压倒了别的大学，院长也被排名机构上列出的数据迷惑了。其实，尽管我校每年生产许多的教育学博士硕士，我州的中小学生以及他们老师的平均水平，在全国可从倒数第几的名单上找到。原因之一是在许多教育领域里，教授的学科专业知识相当贫乏，只好在所谓的“教学方法论”上大做文章。一位幽默的美国同事曾有一句戏言：在美国搞数学教育的，就是那些不懂数学的人，告诉我们懂数学的怎样教数学。这话虽然有点偏颇，但常有人要为它证明。记得有一次，我校教育与心理学院修数学教育博士学位的两位研究生，来到我的办公室，请我解释一个关于统计方面的数学问题。我一看，原来她们相当于在问一条方程已知的直线的斜率是多少这么一个初等代数问题。我想，钱锺书先生在《围城》中，关于教育系学生对本系老师的那句轻蔑之语——“只好瞧不起自己的老师”，到现在可能还有点意思吧。当然不可否认，这个学科中也有不少出类拔萃的人物，如密歇根州立大学数学系的拉彭(Glenda Lappen)教授。早年当过高中数学教师的她，拥有和我导师一样高的“大学杰出教授”头衔，在美国数学教育界的名声很响，去年刚刚退休。但是，毋庸置疑，美国数学教育专业老师的平均数学水平，远远低于中国师范大学数学系的老师。

为了科学地比较各类高校，任何排名都必须满足一定的合理性。比如说，将研究生大户哈佛大学与本科名校威廉姆斯学院放在一起，掂量掂量谁更强，就好像将波音飞机和奔驰汽车放在一起比较，看哪个更好一样。于是，美国的卡内基教学进步基金会1973年制定了一个所谓的卡内基高校分类法，将所有大学和学院分门别类，每几年更新一次，最近的版本出炉于2010年。卡内基分类法构成了《美国新闻与世界报道》每年将每一类的高等学校排名的基本框架。

从2005年起，卡内基基金会将高校划分为六大平行种类，分别是博士授予大学、硕士学院或大学、本科学院、大专学院、特殊院校及部落学院，其最后一类学校属于美国原住民的少数民族。在2010年的版本中，共有4634所高等院校分成上述的六个子集。只有不到7%的高校可以称得上是“博士授予大学”，也叫做“研究型大学”，总数为297所，它们每年至少要培养20个博士。根据博士授予学位的多寡，又分为三个档次，第一档的108所“研究型大学”有“非常高的研究活动”；中档的99所“研究型大学”有“高活性的研究”；剩下的90所称为“博士/研究型大学”。这近三百所研究型高校，是美国保持科技领域世界领先的火车头。即便如此，也不能说他们制造出来的博士、硕士，都是货真价实的优秀人才。其实，我见过一些博士甚至教授，他们的学位或职称，被他们的真实水平玷污了。我校一位卓有成就的前任生物系副教授，来自北京的高级知识分子家庭，本人毕业于北大。她曾对我说：“我从前以为教授非常了不起，但当我成了教授以后，才发现许多教授的知识水准实在不敢恭维，真的不配当教授。”这就是说，看一个人不能只看他的学位，更要看其是否货真价实。例如，在我读博士年代所在的数学系中，研究做得最好因而工资最高的教授，好像都不是超一流大学毕业的博士。例如周修义教授和李天岩教授的博士学校马里兰大学，名气与哈佛或普林斯顿不能比。和我导师一样戴有“大学杰出教授”桂冠的芬托谢尔（Ronald Fintushel）教授，博士学位仅是在纽约州立大学的一个不起眼校区获得的。但系里的几个哈佛、普林斯顿博士，都是学术成就一般的普通教授。

如前所述，所谓的研究型大学必须满足一些硬性的具体指标，即它应有学科齐全的本科生、硕士研究生和博士研究生教育，并且立足于突破性的研究，拥有超过一定数目的联邦政府研究基金。这一类大学被《美国新闻与世界报道》称之为全国性大学（national university）。全美最好的私立大学，如东部的常春藤八大名校和西海岸的斯坦福大学和加州理工学院，都走在这个队伍的最前头，而哈佛或普林斯顿常常扛着大旗。它们是这支队伍第一梯队的排头兵，插入它们当中或紧随其后的是那些最强的州立大学。领头的大概非加州大学伯克利校区莫属。我的母校密歇根州立大学，也跟着它的大哥密歇根大学，排在第一梯队，而我执教的南密大，只能挤在第二梯队向前进了。

跻身于研究型大学的学校，校名并不总有“大学”(university)一词。比如东西两岸最好的大学之一麻省理工学院和加州理工学院都叫“学院”(institute，也有研究所或研究院的意思)，不像另一个单词 college 常指本科或者本科以下的学院。但是有的虽然叫 college，却是著名的研究型大学，如常春藤校之一的 Dartmouth College(达特茅斯学院)，或我当年特别想去教书的威廉与玛丽学院。总之，看到一家高校的名字，绝不能“望文生义”，要弄清楚它的内涵。一个好例子是首都华盛顿特区近旁的两所名字相近的大学：弗吉尼亚大学(University of Virginia)和弗吉尼亚州立大学(Virginia State University)。前者为美国的第三任总统、《独立宣言》执笔人杰斐逊(Thomas Jefferson，1743—1826)所创，位于研究型大学的前列。而后者的学生几乎百分之百为非洲裔美国人，在美国所有的黑人大学里也不算是最好的，学术上大概和密西西比州的杰克逊州立大学属于一个档次。

在剩下的高校中，从授予学位高低的角度看排在第一的，就是所谓的“硕士型学院和大学”(master's college and university)。美国有 724 所这样的学院或大学，规模有大有小。它们有学科比较齐全的本科专业，每年能培养至少 50 个硕士，但只能锤炼出少于 20 个或干脆几乎为零的博士。我 1990 年春第一个校园面试的西华盛顿大学，就是一所硕士型大学，位于依山傍水风光旖旎的一座秀丽小城白林翰(Bellingham)。上面提到的弗吉尼亚州立大学也应该属于这个范畴。

上述学术性较强的博士型硕士型的大学加起来有千余所。剩下的高校中，每年毕业一定比例的学士学位，才算是“本科院校”，一般不能少于所授学位总数的 10%。它们每年授予的硕士学位不超过 50 个；如有博士专业，每年毕业的博士也低于 20 人。这样的学校有 810 个。在这些四年制本科高校中，有那么一部分，每年授予的学士学位，至少有一半属于人文学科，因而称之为“人文学院”(liberal arts college)，在中文文献中又常常被翻译成“文理学院”或更雅致的“博雅学院”，大概有二百所。它们的校名的确是名副其实的 college(学院)，而不是我们更爱看的 university(大学)，这就解释为何人们不把它们说成“人文大学”。这与中国纷纷将校名中的学院改成大学的做法，形成有趣的对照。

不要小看这些人文学院，它们中最好的几所，比如威廉姆斯学院和阿默斯特学院，录取新生的标准并不亚于哈佛、耶鲁，因为它们的本科教育十分出色，丝毫不比最好的全国性大学逊色，甚至可能更好。它们的新生录取率与常春藤名校不分伯仲，进校的都是高中生中的佼佼者，综合素质十分高。在人文学院群中排名总在前七之内的韦尔斯理学院，它的杰出校友、前任国务卿希拉里·克林顿，有可能步其夫君克林顿的后尘，成为美国的下一任总统。如果这样，有了第一个黑人总统的美国，马上又有了第一位女总统。我十年前曾应邀在这所著名女校做过一次数学讲座。邀请我的步起跃教授特地带我去参观了宋美龄求学时代的宿舍楼。由于在这些人文学院受到高质量的本科教育，立志终身从事科学技术或人文事业的毕业生，纷纷进入顶尖大学继续深造。例如，瓦萨学院的杰出校友中，包括有当代吴健雄之称的世界级实验物理学家吴秀兰。

近十年前，我家乡的一名女学生，被坐落于美国爱荷华州的格林奈尔学院录取，并获得了四年的全额奖学金。我那年5月回老家时，在《扬州晚报》上读到的专题报道，冠以吸引眼球的大标题《美国名校百万元挖走扬州女孩》。该校与一般的人文学院一样小巧玲珑，只有两千左右的学生。但它财大气粗，有着高达十亿美元左右的基金数额，故它每年都在全世界范围内，招收一些家庭经济困难但极具潜力的好学生。而全额奖学金则实现了这些高资质者的留学梦。

但是，如果我们仅用数理化入学成绩的标准，来衡量这些人文学院学生的知识水准，很可能得出让中国人颇为失望的结论。我那次在韦尔斯理学院数学系，给步教授初等微积分班上的学生讲函数的迭代时，记在心里的，是他之前给我的提醒"讲浅点，再讲浅点"。他告诉我，那里的大部分学生，连解一元二次方程的求根公式都背不出来，而几乎所有的中国高中生，都已和这个公式熟悉得倒背如流。这难道说这些女孩子的基本功太差，因而在我们眼中的形象顿时"一落千丈"？或者说数理化的水准，像"实践检验真理"一样，是衡量学校质量的"唯一标准"？

到现在为止，我们才列出八百多所的本科院校。而在四千多所美国大专院校中占据相当生源的，却是两年学制的初级学院(junior college)和社区学院(community college)。它们的数量是惊人的，差不多有将近两千所，在2010年的卡内基分类中列出的精确数字是1920所。这些学校是真正的面向大众，学费相对便宜，一般只向当地招生，接受的是最典型的高中毕业生，就读两年后便可毕业，得到大专学位(associate degree)。一部分毕业生可以转到本科院校继续学习。在原校获得的学分还可以转到新校，就好像他们已在新校读过两年大学了，但却节省了一大笔资金，因为两年制本地学院的学费，比四年制公立大学便宜得多，更不要说有名气的州立大学了。大专学院的另一部分毕业生由于各种原因，不再想继续深造，便进入了就业市场，以他们学以致用的知识和技能直接服务社会。许多这样的所谓"低学历"者，一般并不愁找不到工作，因为美国的第三产业非常发达，服务性行业特别多，餐厅侍者、银行出纳员、商场收银员、汽车或房屋买卖经纪人等，应有尽有。他们的收入一般不高，但维持基本生活却绰绰有余，不会因贫困而潦倒，更不会被人从上到下评头品足，活得自由自在。

我和周围的居民多年前就开始享受附近社区学院的一个好处。离我的学校开车十分钟，就有一所名叫"珍珠河社区学院"(Pearl River Community College)的分支校区，那里设有一个名叫"牙齿卫生"的专业。毕业的学生是经过训练的"牙齿卫生员"，即在牙科诊所或专施洗牙服务的机构工作。美国人定期洗牙，一般半年一次，已成他们生活中的例行公事。这个专业的毕业生也就不愁找不到饭碗了。我平时见到的美国人，无论是家有宫殿一般住宅的富裕绅士，还是领取政府食品补助券的贫下中农，开的无论是高档新车还是破旧老车，有一点共性的是，笑起来都有一口整齐的白牙。仿佛中国的漂亮成语"明眸皓齿"，是专为他们创造的，真让我们中国人羡慕不已。反观我们在国内长大的许多中年人，包括我自己，牙齿普遍有问题。不是犬牙交错，就是蛀虫入侵。许多人碰到高兴之事，只能像旧社会羞答答的姑娘笑不露齿，生怕一嘴黄牙形象不佳。有相当比例的中国人已经非常富有了，在海外高档商店横扫顶级奢侈品的架势，让西方店员瞠目结舌。但是他们中许多人的牙齿文明和相关的教育文明一样，还没有和他们的物质文明跟上步伐配上套。

那么美国的老百姓得到了"牙齿卫生"专业的什么好处呢？这个专业学生学习的最后一个阶段就是实习，采取的方式很简单：欢迎洗牙，价廉物美。因是实习生干活，费用比一般牙科诊所的洗牙便宜许多，但正因为是学生就业前的预备演习，他们干得非常认真，加上老师的最后把关，整个过程可用四个字来刻画：一丝不苟。在外边的牙科诊所洗牙，花了100美元换来的，也许只有30分钟的服务，当然质量不算差。但这里只要25美元，你可以舒服地躺着那里，接受两个小时的干净清洗。我第一次去那里洗牙，尽管距离之前回国顺便在家乡口腔医院洗牙，时隔不远，那个实习女生足足为我忙了好几个小时。先拍片子再洗牙，临下班前才完成了上排的牙齿清洗，让我下一周继续打理下一排。所有这一切总共的费用，仅是第一次付的20美元，最后还送了一套牙膏、牙刷和牙线，让我感叹于如此的负责认真。他们在正式工作前，就开始实践了职业的道德准则。这种实习真是个学校与社会双赢的好办法。

上面的各类学校叙述后，拣剩下来的还有将近九百所。它们包括一些职业学校或专门性的院校，全校超过75%的精力集中在一个行当上，如纽约名闻遐迩的朱丽亚音乐学院（Julliard School），总数达到851所。最后一类的部落学院也达到32所，它们培养的是北美洲的原住居民，而不是欧洲白人冒险家或非洲裔的美国人。我一直到2012年3月之前，都不知道美国独立宣言签署地的宾州费城，居然暗藏着声誉与朱丽亚不分伯仲的柯蒂斯音乐学院。它那里毕业的学生包括中国新一代著名钢琴家郎朗。如在前面的第十一章中所述，那个月我在回美途中，碰巧遇到让七个评委激动的上海钢琴少女罗维和她的作家母亲余筠华。我后来才从网上知道这位很懂礼貌的女孩在中国的钢琴少年中已是佼佼者："在2010年第十一届肖邦国际青少年钢琴比赛中，来自中国上海音乐学院附小的罗维获得儿童组的第一名。"现在她正在郎朗的母校读书练琴。我期待于不久的将来，在飞往中国的航班上像听到郎朗那样，欣赏到她的钢琴。

如果说美国没有国立大学，严格地讲是不正确的，因为美国的军事院校属于国家所办。那个曾经对我申请教职个人履历表感兴趣的海军研究生院，就不会听任何州的指挥，它大概只听美国海军部的命令了。美国最有名的军事院校——西点军事学院（United States Military Academy at West Point），培养出的杰出军事将领，包括五星上将麦克阿瑟，后来哥伦比亚大学校长、美国总统的艾森豪威尔。最后，与中国完全不一样的是，美国没有体育学院。运动员的成长主要靠个人的天赋、发自内心的爱好、刻苦的训练，以及家庭和赞助商的经济资助。

美国公立大学的教育拨款来自州政府，而私立大学因得不到政府的钱财，看上去似乎不及州立大学财大气粗。其实不完全是这样。最好的私立大学，由于毕业生中精英分子的高比例，学校获得大量的私人捐赠。加上大财团的支持及每年高达四五万美元的昂贵学费，它们的腰包比最好的州立大学要鼓得多，其中最富的哈佛大学有300亿美元的资产。普林斯顿大学1995年曾收到过香港一位校友1亿美元的单笔捐款，这个数字超过我校一年从州政府得到的拨款总额。2014年香港另一对富豪陈氏兄弟，一口气捐了3.5亿美元给哈佛大学，让校方感动得破例以捐款者的父亲名字，命名它的公共卫生学院。正因为有雄厚的资金后盾，这些名校对家庭不富的国内新生慷慨资助，都根据财政需要给予助学金，包括拥有永久居留权（绿卡）的外国学生。个别牛校对所有新生一视同仁。原在我校任教的一位华人教育学博士，她的儿子由于数学特别优秀，曾代表美国队参加过国际奥数比赛并拿到金牌，被麻省理工学院录取了，尽管母亲还没有拿到绿卡，儿子却拿到一大笔奖学金。

相比之下，那些普通的私立大学或学院，虽然它们的学费也很高，但其学术水准却很一般，授予的学位一般只到学士为止。它们中的许多与不同教义的宗教团体息息相关，如我自己2000年带出的第一个博士目前教书的学校弗吉尼亚卫斯廉学院（Wesleyan College），位于弗吉尼亚州的一座海滨城市。它和位于伊利诺伊州的卫斯廉大学（Wesleyan University）属于同一个教会，名字叫“卫斯廉公会”。与少数声名远播的人文学院相比，对于名声不响的私立学校，你不能指望它们每年获得可观的校友捐款，因而高额学费成了它们赖以生存的主要经济来源。然而，能上得起高学费的这类学校，学生的个人素质及其家庭经济境况，普遍优于只能进普通水准州立大学的同等人士。一部分富人子弟选择它们而不去州立大学，看重的就是一个“小”字：规模小、班级小，以及学生人数对于教师人数的比例小。它们的校园普遍精致秀丽、安宁静谧、安全整洁，完全是个潜心读书者的世外桃源。

州立大学的教育经费，除了学费收入，源于本州纳税人缴纳的个人所得税、房产税以及消费者每次商店购物时所付的销售税，取之于民用之于民，经过州议会批准，由州政府统一拨款。公立大学的主要职责是为本州培养人才，所以应该优待本州的青年学子——来自州内居民家庭的学生，减免至少一半的学费。他们所交的学费因此称为“州内学费”(in-state tuition)。州外来的学生，自然也包括国外来的，如未获得奖学金资助，则要缴纳所谓的“州外学费”(out-state tuition)。如我教书的南密大，一个学年的州内学费，现在约 6700 美元，州外学费则超过 15000 美元。州立大学的财政状况，与本州的经济状况息息相关。例如，上个十来年，美国由于不良次级贷款引发的经济衰退，几乎所有州税收大降，导致财政预算总额中，公立大学分得的款项陡减，这是大学校长最为头疼的事了。无奈，这种拨款危机，只好转嫁到纳税人头上——增加学费。只要瞧一瞧过去十几年美国高校学费的逐年比较，就可看到这条学费曲线的切线斜率，远远大于国民经济的发展曲线。就拿南密大来说，15 年来大概仅有一两次维持了学费不变，其余每年好像都和本州同等的大学比赛，看谁涨得高。到了 2009 年，在经历连续几年的递减拨款后，为了应付州政府可能对我校再次削减 10%的教育拨款，我校痛苦地决定砍去几个投入产出性能比最差的系，包括哲学与宗教系和教育技术系，甚至要让这些系有终身教职的二十几个教授另觅饭碗。那一年整个学校的面容最为沮丧。幸亏下个学年的拨款大大好于预估，名列裁员榜上教授中的绝大多数最终保住了饭碗。

州立大学因为招收本州的绝大多数高中毕业生，它们的共同特点就是“大”和“多”：校园大、建筑大，专业多、人数多。规模最大的大学单个校园就有超过 5 万的学生，如美国中西部的俄亥俄州立大学(Ohio State University)和南部的得州农工大学(Texas A&M University),而亚利桑那州立大学(Arizona State University)甚至拥有7.5万名学生。得州农工大学提供了另一所死活也不肯为"升格"而改校名的例子。该校创立于1876年,是得州第一所高校,起初称为得州农业(Agriculture)与机械(Mechanics)学院,这就是A&M这个名字的来源。它现在已经是全面发展的综合性研究型大学,排名一直在世界前一百名。我前面提到的好友陈关荣教授,就在该校1987年数学博士毕业。

美国中西部地区有十所规模巨大的大学,组成了一个所谓的"十大高校"(Big Ten)的体育联盟,包括密歇根州立大学和明尼苏达大学,每年举行美式足球(即橄榄球)赛,乐此不疲。这是美国最受欢迎的体育运动,每次比赛时,几万观众汇聚一堂,为各自心目中的球队呐喊助威,其热气腾腾的现场气氛蔚为壮观。

当今,由于中国等东方国家经济腾飞,许多人的收入空前提高。美国若干高校聪明得很,开始从这些地方大量招收愿意付也付得起高额学费的留学生。这是一笔很大的教育收入,缓和了校方的财政压力。我的母校密歇根州立大学,在我读书的80年代,好像从未看到一位来自中国大陆本科生的影子。但是现在呢?从中国大陆来的本科男生,想和韦尔斯理学院的女孩子们一对一地练习英语,说不定要两对一才行。2006年春节,我被休斯敦中国总领事馆邀请,参加在我州首府杰克逊市举办的据说耗资十万美元的春节晚餐会。参与帮助招待中美客人的中国学生,大都来自位于该城的密西西比学院(Mississippi College)。他们告诉我,那一年这所只有两千左右学生的私立学院,从中国招收了100名大陆学生。

尽管美国经济环境时好时坏,大学经费也如影随形地时多时少,美国高等教育的精神实质和哲学基础从未变化,百余年来为社会的繁荣稳定,一如既往地培养人才。美国 1776 年独立后,在相当长的时期内,高等教育的发展远远落后于欧洲。就连比国家年龄大一百多岁的最老大学哈佛,它的前两百多年历史,也主要与神学挂钩而与科技无缘。19 世纪下半叶开始,由于农业现代化的起步,工业现代化的进程加快,随着第一个公立大学——北卡大学教堂山校区的诞生,以及第一个农学院——密歇根州立大学前身密歇根州农学院的问世,各州的州立大学相继成立,遍地开花,真正体现了大学引领社会进步潮流、促进科学技术发展的火车头功能。由于 19 世纪末 20 世纪初,杜威(John Dewey,1859—1952)等人实用主义哲学思想的普遍影响,一百多年前开始迅猛发展的美国高等教育立足于"实用"二字,其主旨是为社会培养技术性人才,其应用性科学研究着重于惠及全民。当实用科学为社会进步创造了巨大财富,而使得国力大为增强之后,美国的基础理论研究迅速起步,与应用研究并驾齐驱,导致国家的科技发展后劲十足,后浪高过前浪。

在一百多年前世纪之交的美国,一批杰出的数理人才,在科学圣地英国的剑桥、德国的哥廷根、法国的巴黎等世界学术中心,跟随名师,学到真经,欣然返国,为北美大陆培养了第一代的本土杰出科学家。他们成为美国在 20 世纪科学崛起大军中的引路人。这批人当中,仅数学界的领袖就有芝加哥大学的穆尔和哈佛大学的第一代大数学家伯克霍夫。奥本海默将刚出世的量子力学从欧洲带到美国,并往返于加州大学伯克利校区和加州理工学院,很快让这两所年轻的学校成为美国的物理学研究重镇。他的学生中涌现了许多在国际上声望卓著的物理学家，包括好几位诺贝尔物理学奖获得者，也包括后来被誉称为“实验物理学女王”的吴健雄。奥本海默后来成了曼哈顿计划的领导者，主导制造出世界上第一颗原子弹，成了公论的“原子弹之父”。20 世纪三四十年代，一大群欧洲最有名的学者，如物理学家爱因斯坦、航空动力学家冯·卡门、数学家冯·诺伊曼，纷纷跨过大西洋，为北美大陆贡献才华，美国因此在二战后成为世界科技的中心。1990 年代开始，由于东欧的剧变和苏联的解体，以俄罗斯科学家为代表的新一批人才移民美国，让这个国家又一次轻而易举地获得了无法估量的智力资源。

美国高等教育的宗旨，在古罗马时期思想家西塞罗的著作里就有源头：“教育的目标不仅是培养具有某些专门技能的人，教育的崇高目标，应当是培养使其它德行相形见绌的真正的至善人格的人。”中国多年来的教育实践，包括在高中就开始的文理分班，仅仅满足于把学生培养成为有一定专业知识的技术人才，而非以通识教育的方式“发展整个的人格”。教育的使命，应该是哈佛大学 1945 年在其“红皮书”《自由社会中的通识教育》(*General Education in a Free Society*)中所强调的：“把学生培养成为知识全面、视野广阔、教养博雅和人格完整的人。”

作为世界公认的科技强国和教育强国，美国的大学本科教育的起始点，却把重点放在人文，而不急于在数理化上猛下功夫。理工科的新生和文科生一样，第一年的主要精力放在阅读作为西方文明基础的人文经典上。哥伦比亚大学是美国人文教育课程设置科目范围最广、要求最高的大学。我听说过的一名哥大本科生，进校后选的学科是数学与经济(这是吸引许多华人家长的双专业,以便将来赚大钱,却不管孩子自己喜欢不喜欢),但他前两年时间花得最多的却是一套通识科目,也就是哥大引以为豪的核心课程(Core Curriculum),分为当代文明、文学人文、大学写作、艺术人文、人文音乐、科学前沿等六门。至少前两门先后要修学一年。课余时间须阅读大量从荷马史诗到马克思、托尔斯泰、弗洛伊德等人的西方经典人文著作。

要想了解美国大学生应该读什么人文书目,让我们浏览一下1945—1952年由芝加哥大学校长哈钦斯(Robert M. Hutchins, 1899—1977)主编的54卷本《西方世界的伟大经典》(*The Great Books of the Western World*)。这套由权威学者指导编辑、大不列颠百科丛书出版社出版的丛书,收入的是在两千多年西方人类文明的进程中,经过历史的考验而影响深远的经典原著。它们的作者包括:荷马、埃斯库罗斯(Aeschylus)、索福克勒斯(Sophocles)、欧里庇得斯(Euripides)、阿里斯托芬(Aristophanes)、希罗多德(Herodotus)、修昔底德(Thucydides)、柏拉图(Plato)、亚里士多德(Aristotle)、希波克拉底(Hippocrates)、盖伦(Galen)、欧几里得、阿基米德(Archimedes)、阿波罗纽斯(Apollonius of Perga)、尼科马库斯(Nicomachus of Geresa)、卢克莱修(Lucretius)、埃皮克提图(Epictetus)、马库斯·奥勒留(Marcus Aurelius)、维吉尔(Virgil)、普卢塔克(Plutarch)、塔西佗(P. Cornelius Tacitus)、托勒密(Ptolemy)、哥白尼(Nicolaus Copernicus)、开普勒(Johannes Kepler)、普罗提诺(Plotinus)、奥古斯汀(Saint Augustine)、圣托马斯·阿奎那(Saint Thomas Aquinas)、但丁(Dante Alighieri)、乔叟(Geoffrey Chaucer)、马基雅维利(Niccolo Machiavelli)、霍布斯(Thomas Hobbes)、拉伯雷(Francois Rabelais)、蒙田、莎士比亚、吉尔伯特(William Gilbert)、伽利略(Galileo Galilei)、哈维(William Harvey)、塞万提斯(Miguel de Cervantes)、弗兰西斯·培根、笛卡儿(Rene Descartes)、斯宾诺莎(Bebedict de Spinoza)、弥尔顿(John Milton)、帕斯卡尔(Blaise Pascal)、牛顿、惠更斯(Christiaan Huygens)、洛克(John Locke)、贝克莱(George Berkeley)、休谟(David Hume)、斯威夫特(Jonathan Swift)、斯特恩(Laurence Sterne)、菲尔丁(Henry Fielding)、孟德斯鸠(Charles-Louis de Secondat, Baron de Montesquieu)、卢梭(Jean Jacques Rousseau)、亚当·斯密(Adam Smith)、吉本(Edward Gibbon)、康德(Immanuel Kant)、汉密尔顿(Alaxander Hamilton)、麦迪逊(James Madison)、杰伊(John Jay)、密尔(John Stuart Mill)、博斯维尔(James Boswell)、拉瓦锡(Antoine Laurent Lavoisier)、傅里叶(Jean Baptiste Joseph Fourier)、法拉第(Michael Faraday)、黑格尔(Georg Wilhelm Friedrich Hegel)、歌德(Johann Wolfgang von Goethe)、梅尔维尔(Herman Melville)、达尔文(Charles Darwin)、马克思(Karl Marx)、恩格斯(Friedrich Engels)、托尔斯泰(Count Leo Tolstoy)、陀思妥耶夫斯基(Fyodor Mikhailovich Dostoevsky)、威廉·詹姆斯(William James)、弗洛伊德(Sigmund Freud)。

人文教育不是狭义的社会科学,而是包括科学在内,所有关于人和自然的哲学思辨。从荷马到托勒密的不朽著作,在上述的书目中占据了相当的比例,这说明现代西方文明,溯源于两千多年前灿烂的古希腊文明,以及随之而来的古罗马文明。经过千年之久漫长的科学人文黑暗的中世纪,从哥白尼的时代开始,古希腊罗马的科学精神和民主思想，随着文艺复兴时代的到来发扬光大。很快以牛顿、笛卡儿为代表的科学大师，及莎士比亚、康德为标志的人文智者，应运而生。现代文明终于改变了世界。今日西方的每一个大学生，都从他们的著述中得到灵感和启迪。除了如上所列的“芝加哥经典”外，哈佛大学也曾出版过一套与之大同小异的“哈佛经典”。这并非说美国的大学新生，在他们低年级的通识教育课程中，只读这些列出的经典。但是各大学自己设置的人文阅读范围都很广阔，一根历史的经线贯穿于上下几千年。虽然不同的学校有着从形式到内容都不完全一样的人文核心课程，宗旨却只有一个：在任何具体的科学知识学习或专业技能训练前，挖掘人类发展的来龙去脉，吸收前辈贤者的思维方式，指导未来事业的人生道路。这就能解释为何美国所有大专院校的人文教育理念，在它几百年来的征途上遍地开花。阅读经典并非让学生沉浸其中，像中国历代科举那样成为腐儒，而是让他们学会思考、善于质疑、勇于挑战。芝加哥大学的现任校长齐默，是一位卓有成就的纯粹数学家。他曾说过，通识教育就是教育人们怎样思考与解决问题：人们从前怎样思考这个问题，哪些思考是有用的，它们对我们今天解决问题有什么帮助？他同时指出，通识教育并不是说要去读哪几本具体的书，它的重点在于培养人们怎么思考。这就是美国高等教育大力强调人文基础的核心思想。哈佛大学的一位名教授说得更为别致：“通识教育就是：当你接受了教育，又把当初学的内容忘记后，最后还剩下的东西。”

其实杨振宁先生的父亲杨武之教授，当年对长子的教育方式，与美国的通识教育有着异曲同工之妙。杨先生在他的回忆中提到，当他父亲很早发现儿子早慧的数学才能时，并没有继续快马加鞭地让他在数学的大道上急速行进。这样作对父亲来说，是太容易不过的了，因为他本人就是芝加哥大学的数学博士和清华大学的数学教授。但是，父亲却请来了历史系的学生丁则良，教儿子先读《孟子》。须知孟子可是战国时期的第一思辨高手。《孟子》中记载的那些千古传诵的故事，是多么地富有智慧和逻辑。杨振宁就是在这样科学的家庭教育中成长起来的。

和杨振宁共享诺贝尔奖的李政道，从小也深受中国经典的熏陶。比他年长一岁的陈之藩在《侧看成峰》一文中说：

> 李政道在美进了芝加哥大学，芝大当时还是哈钦斯作校长（1929—1951）。那是最年轻的校长，他除了大骂他的母校耶鲁大学而外，还极力主张大学毕业的定义是：需修多少本古典，如苏格拉底、莎士比亚，以及马克思等古往今来的经典。换句话说，大学毕业，可以缺什么，却不可不读古典。李政道连这一关也能轻易地通过。他跟管“古典教育”的教授说：“我念过《老子》《庄子》，就相当于你们的古典。”而校方也就不好不承认。他如补修这些西方经典才算大学毕业，那么至少要费一年的时间罢，于是历史全改变了，与杨振宁也就不易甚至无从合作了。

李政道后来有没有自己恶补西方人文经典，就不得而知了。他的物理研究生学习阶段，人文经典不再是必修科目，但是我相信他和杨振宁以及他们那一代的留洋华人，对西方经典一直心怀敬仰之情。至少，我们经常在杨振宁的文章中读到他引用的莎士比亚等。而我这一生的缺陷之一，就是没有系统地研读过一套西方经典，深为憾事。

经过四年从四面八方吸取科学人文营养的自由教育大浸润，

绝大多数的本科毕业生，带着健康的人格和壮硕的体魄，走进了社会，开始了人生价值的实践。另一部分人，则为了追求更高等的专业知识，为了寻觅物质世界隐藏至深的规律，为了在人类改造自然的努力中贡献才智，他们向研究生院进军了。他们深知，在前人知识的基础上，研究生阶段的高层次教育，会把他们武装到牙齿，在科学技术或社会科学的大道上，继续向前。

第十五章　研究生院

25 年前，当我成了美国大学教授队伍中的一员后，自然而然地也参与了系里每年一次的研究生录取过程。我向系主任或系里的研究生录取委员会推荐了不少来自中国的申请者。他们中的许多在我系攻读研究生学位，并拿到助教的资助，就像我当年在密歇根州立大学读博士那样。获得硕士或博士学位后，他们基本上都找到了工程师或在高校教书的工作，按照眼下时髦的说法，都“圆了美国梦”。在介绍申请研究生院的程序前，我们先了解一下美国研究生教育的特点和优势。

如果说美国的大学本科教育算不上是全世界最好的话，它的研究生教育在总体质量上，可能是全球第一了，尤其是那些最好的研究型大学。美国普遍的公立大学，本科生主要来自本州，他们尽管受到很好的人文教育，但理工科的专业教育却是放羊式的，即一切全看自己是否努力。绝大多数大学生并不想继续读研究生院，不想成为研究型人才或大学老师，加上他们中的许多人，在中学读书时学业平平，尤其数理化，缺乏基本功的训练，所以本科毕业就去工作了。我校生物或化学系的中国教授或研究生，一谈论起他们系美国高年级大学生的数学能力时，常常摇头，因为他们当中有的做起实验来，一处理数据，看上去连初等代数的基本运算都不大灵光。从这个角度看，美国的大学生在数理学科基础知识的结构上，总体不及欧亚大多数国家，自然也敌不过中国。

但是，这种情形在研究生院里就不太一样。念研究生院的美国学生，绝大部分是想在学术或专业上有一番作为的有志青年。他们有备而来，目标明确，充满理想。在大学阶段，他们是学习上的尖子生，得到任课教授的青睐，因此爱才的教授会给他们寄出申请读研的强有力推荐信。此外，美国大学的研究生院是面向海内外招生的，并尽量考虑施予经济援助的手段，提供教学助理或研究助理(Research Assistant, RA)的工作机会，免除了他们生活上的后顾之忧。这样"打起背包去美国读研究生院"，成了全球莘莘学子的首选目标之一。通过严格的择优录取，在激烈的竞争中获胜，每年世界各地五湖四海最优秀的青年才俊飞抵美国，在各地研究型大学的研究生院，度过了他们一生中最重要的学习时光。

美国的研究生院，不光吸引了天南海北的优秀学子，也以最严格的训练方式让他们成才。在好的大学拿到硕士、博士学位后，无论是本国的弟子还是外国的来客，都会感到"不虚此行"，就像我1990年怀揣学位证书，离开密歇根州立大学的一瞬间，心中的感叹一样。几年的捶打、几度的春秋，为他们未来几十年的专业生涯，打下了坚实的根底。

很多人都说，中国学生的数学基础比美国强多了。这句话要看比较的群体是什么。如果比的是一般的中小学生，中美两国的数学教育确有差别。普通的美国孩子，数学能力比不上中国孩子。这本不奇怪。中国孩子猛学数学，原因在于数学成绩在高考中的分量之重。考不好数学就甭想进大学了，更不用说进家长最向往的名牌大学。由于围着高考这根指挥棒转，中国孩子白天在教室、晚上在家里，做了大量的习题，而美国孩子把大把的时间，用到其它方面了。这样，中国学生用于高考的数学水平，的确比美国学生高多了。但是我们一比两国的研究生，尤其是博士研究生，现代数学的基础谁强谁弱，读完本书后，就该让读者自己作出结论了。

1986年来美国读书前，我对美国研究生培养的机制了解甚少。在南京大学读书时，听说过本系一位学术上活跃的教授50年代在东欧公费留学数载，返国时并未戴回一顶博士帽子，但不知是否组织上未安排读学位，还是其它什么原因。记得有人因此而断言，欧洲的博士要比美国的博士难拿得多，却没有提供任何证据。我也是盲从地人云亦云，以为欧洲的博士应该是货真价实的博士，而美国的博士，可能像报纸上常用来挖苦的“美国大兵”那样，“盛名之下，其实难副”。我的一位大学同学，几乎和我同时出国留学，去的是一所鼎鼎大名的欧洲大学，让一些本科、硕士成绩单非常漂亮的昔日同窗，羡慕之外又有点吃惊。在他们的眼里，在这样的世界名校拿到博士，敢说是比登天还难吧！

让我惊讶的是，这位同学亲口告诉我，在那里读博士相当容易，甚至不要修课，也不要考第二外语，只是一门心思跟着导师做研究。1987年初，当我还在密歇根的课堂里，吭哧吭哧地大修数学课时，他却优哉游哉地从西欧的科学圣地，飞到北美的知名大学，和那里的教授、博士生合作研究了。就是在这次，爱旅行的他也顺访了我，告诉了我一个真实的欧洲学术重镇，让我对那个大学的教育体制有了新的了解。

看来，欧洲一些国家的博士，似乎可以称为“论文博士”，因为博士论文是这个阶段的主要目的。博士生的基本学术活动是做研究，修课的任务已在读博士之前大功告成。这和中国的博士培养颇为类似。在国内，本科生的必修课程最重，硕士次之，博士最轻，甚至可以不要修多少课了。我在国内碰到的博士生，手里捧的大都是与自己的博士研究论题，承继一个祖师爷的专著和论文。参加的差不多是博士论文指导教授领衔主演的讨论班报告，对其它领域的东西，好像隔行如隔山似的“拒之于千里之外”。尤其是现今的做法，由于校方要求研究生毕业前，要发表数目要求不等的SCI(Science Citation Index)论文，而且还必须是“第一作者”才能算数，研究生攻读学位的动力，就落在完成这些论文的硬性指标上。哪有时间去修不同方向的课？哪有时间去听相关专业的学术演讲？哪有时间去了解其它领域的研究现状？

当然，像巴黎大学、牛津大学这样的研究重镇，教授中多的是武林高手，学生中多的是年轻有为的聪明人，无课可修并不表示他们不学无术。反之，他们和导师之间的学术互动，远胜于被动式的教授开课。徐志摩翻译过加拿大幽默大师里柯克(Stephen Leacock，1869—1944)的一篇有趣文章“Oxford as I See It”(《我眼中的牛津》)。文中有这样的说法，在那里，学问是导师嘴里的香烟喷出来的。林语堂也曾在自己的随笔里，幽默地描绘过如此绝妙的“喷烟教育法”。在欧洲名校，教授对研究生的直接接触与点拨，很快将弟子引向最新研究的前沿阵地，因而学生可以在名师的指导下快速进步，成长为新一代的研究者。

但是一般而论，美国研究生教育机制遵循的宽广深入、全面发展原则，是专业人士训练的最佳途径，尽管其高标准严要求的做法，让部分博士研究生害怕得心惊肉跳，甚至被无情地剥夺读博士的资格。回忆起我去密歇根州立大学读书前，一位老资格的博士生在信中就告诉我，基础性的“博士资格考试”和专业基础性的“博士预备考试”，每种只有两次机会。如两次都未考过，只能卷起铺盖走人。我虽然顺利地通过了这些考试，但听说过甚至亲见一些学得很好的亚洲学生，都不可思议地败下阵来。和我同时考预备考试的一位门门优秀的大陆留学生，在我赴美前已经失败过一次，第二次运气还是不佳。尽管他特别喜爱抽象代数，极想拿到纯数学的博士学位，但残酷的现实，让他无可奈何地更换到本校工程学院的材料科学系。可是，谁能否认“祸兮福所倚、福兮祸所伏”的哲理性呢？三年后，当我拿到数学系的博士时，他轻而易举地获得工科博士。我到大学教书，他去公司研发，起薪比我高了许多，笑眯眯地飞到休斯敦走马上任。

当年我在密歇根州立大学读博士时，系里有哪些具体明确的学位要求呢？与中国的做法不一样的是，拿到博士学位的必要条件中，没有“已经在像模像样的期刊上发表了至少一篇论文”，更遑论自己是“第一作者”。即便是哈佛和普林斯顿这两所全美数学系的龙头老大，也没有这样的硬性规定。对于数学论文而言，“第一作者”的说法，几乎没有意义，因为数学家合写文章的署名方式，早已约定俗成地按作者的姓氏拼写排序，而不管谁的贡献大。数学家的脑子一般很好使，为了对因优先权争论而导致“反目为仇”的可能性，防患于未然，他们眉头一皱计上心来，定下了这个极为省事的排名顺序规矩。我的师爷约克教授的姓氏以 Y 打头，在他发表的 300 多篇几乎都是合作成果的论文中，他的大名差不多都放在最后。汤涛教授和我在合著的书《数学之英文写作》中，谈到文章署名时说了一句俏皮话：如果约克和中国的搜狐总裁张朝阳合写一篇数学文章，他的名字终于可以放到第一作者的位置了。假如他在中国开始当助理教授，可能连提升都有麻烦，因为他几乎没有“第一作者”的论文。我在与李天岩教授合写的第一篇文章的初稿中，按照我固有的尊师传统文化观念，将他的名字写在我的前面。他修改稿件时，马上把它们颠倒了过来，并告诉我这是写数学文章的习惯做法。

不要求发表论文就可毕业，乍看一下比中国的博士、硕士培养要求低多了。事实并非如此。美国的硕士学位，至少在我所熟悉的数学系，绝大多数没有学位论文的要求，只要修足一定数量的研究生课程学分并通过最后的学位考试，统统都是硕士毕业。至于博士生，前两年基本上是猛修课，通过博士资格考后，才被称为“博士候选人”。然后双向选择博士论文导师，这才开始正儿八经地从事博士论文的研究，但同时还得修课，满足系里的所有课程要求。套用《西游记》的故事，如果唐僧一天到晚要念写论文的“紧箍咒”，孙悟空只能在头昏脑胀中满地打滚，哪有上西天取得真经的干劲？要求研究生在掌握广博而精深学问之前，急于发表文章，跟“不让孩子输在起跑线上”的急躁心理，如出一辙，忘记了“欲速则不达”的千年古训，大概是误解了成名很早的小说家张爱玲说过的一句名言“出名要趁早”。君不见，如果钱锺书在清华大学就读时，不是“横扫清华图书馆”，而是“忙于多发小文章”，那么后人也就不可能欣赏到妙语连珠的《围城》和《写在人生边上》，更不可能恩泽于博大精深的《谈艺录》和《管锥编》。

那时的密歇根州立大学数学系，要求在进入博士阶段学习的一年后，通过资格考试，考的是开设一学年的两门课——分析与代数。许多入学者，第一年主修的课程含这两门，目的是下一年获得继续攻读的“入场券”。可是一小部分人败下阵来，并且连续两次败北。对于那些能够继续前进的，系里列出五大领域的学年课程，分别是分析、拓扑代数、微分方程、应用分析及数值分析，让他们自选其中的四项，至少要修两门，并且考过另外两门的“预备考试”。许多人当然是先修计划要考的那两门。例如未来想跟一位分析学家写博士论文的人，可能考虑的是考分析[教材是卢丁（Walter Rudin，1921—2010）的经典名著《实分析与复分析》（*Real and Complex Analysis*）]和拓扑代数的预备考试。预备考的门槛比资格考高得多，不少人被绊了一大跤，跌倒两次后就失去了“预备”的意义，就像那位后来在工程学院轻而易举拿到博士的上海同仁一样。他曾得意地告诉我，他们系开的最难的数学课，放在数学系就是最容易的了。但是当我主修周修义教授不甚容易的“微分方程”时，教室里一部分聆听的研究生，是从工程学院奔来的。我认识的一名韩国学生，两次没考过预备考，转到数学系更强的密歇根大学，却“易如反掌”地通过了类似的考试。我也听说有些研究最棒的大学，博士资格考却相对容易，不比我们系难。有人也说过，美国博士考试最难、要求最高的数学系排行榜上，威斯康星大学位于前列，甚至可能排第一。

通过预备考，哪个人不舒一口长气才怪呢。当年我伏在预备考的课桌上正在忙于解题时，李天岩教授走进教室，在我的答卷上扫了几眼，扬长而去。几天之后，他打电话告我：“你可能过了。”我记得系里的另一位博士生——他如今在其任教的大学干得很好，深受器重——考完拓扑的预备考后，一直紧张兮兮，怕考不过。几天后，李天岩教授打给我电话说：“你告诉他，他可能过了。”——李教授讲话常用“可能”一词，即便所述事件的概率是百分之百。我回家途中看到这位同学和太太开车外出，马上向他挥手“你考过了”。我的话被风刮走了，他没有听清楚，心急地一直追到我家，听到我重述一遍的好消息，激动得几乎不能自已。如果李教授说过几次的戏言“一通过考试，系里就欠你一个博士学位”为真（当然为假！），那么这个最终课程考试的重要性，就可想而知了。

但也不能说通过考试就万事大吉了。过了预备考，你还得面临寻找博士论文导师的难题。这个选择是双向的，不但你有选哪个教授的自由，教授也有答不答应你的权利。就像自由恋爱一样，这里也常有“癞蛤蟆想吃天鹅肉”的苦衷。导师一旦选定并跟他完成了博士论文，你一生的学术活动，可能在以论文课题为中心、某个半径有限的圆内施展。因此，跟随哪个教授、做哪方面的研究，事关重大。经常，你想跟系里的某个大教授——这是人之常情，谁都愿意选大牌，但对方也许并不把你放在眼里，甚至认为你不够格。记得比我早去那里读书的一位博士生，去找系里最好的微分几何教授，想选其为导师时，对方客气地对他说，想做他的学生，需要先读完多少多少本砖头块的大书，婉拒了他。系里一对夫妇博士研究生，同时考了预备考试。太太过了，顺顺当当地找到了论文指导教授，但丈夫的一门考分处于边界线上，可过可不过，就像站在国境线上的偷越边境者，向前跑一步或向后退一步，就是质的区别。虽然最后系里开恩让他过了，但他在本系徘徊了一年，却没有找到导师。他太太的师傅也没有迎接他，最终不情愿地去了计算机系，跟随一位年轻有为的台湾教授。不过现在，在美国中西部某个大学计算机系当教授的他神气十足，挣的薪水比我们这些数学教授多多了。

除了数学的繁复考试外，当时的密歇根州立大学数学系还要求，每一位博士生拿到学位前，必须通过两门第二外语的考试。请注意，是两门，不是一门，而且中文不算。中国学生不服气，曾和系方严正交涉：为何汉语不算？那可是全世界说的人最多的语言了！但是普拉金教授却回答道，因为这里没有中文的数学书。其它的西方主要语言，包括法文、德文、俄文、西班牙文等，都算数。如果不想考，可以花钱注册修第二外语课，成绩C就算通过。花时间学外语总是令人头痛的事，尤其得不到数学人的喜爱。但陈景润当年数论研究再忙，也坚持听英语广播，高瞻远瞩。我发现周围几乎所有人，都等到万不得已要拿学位前，才匆匆忙忙地修那不得不修的第二外语去了。

我的运气真好。在南京大学我已修过两门第二外语。大三、大四时，我花了三学期学了德文。第二学期居然是个老资格的德文教授教我们，据说他在德国留学期间，曾听过爱因斯坦的演讲。他曾戴了几十年的右派帽子，长期在外文系的图书室里大材小用。到了第三学期又换回到我们更爱和她读课本的那位年轻女教师，却听说张老教授永久性地离开了祖国去了西德。虽然第二外语修课的要求只是阅读理解，我却借了几本德文专业的基础教材课外学习。读研究生第一学期，我通过了研究生院的德文免修考试。本可以轻松一下少上一门课，但我那时精力充沛，请示了导师何先生后，又去修了一年的俄文，因为他翻译的苏联数学家那汤松名著《函数逼近论》我读过，决心学一点俄文。就是在那时，我非常后悔少年时代的工厂生活中，没有向我的师傅近水楼台地学俄文。

系里对两门二外的考试标准有异。一门要求低点，允许查字典翻译几大段数学文章，另一门则要参加全美的二外统考，就像托福那样，但不考听力。我的俄文不及德文，但语法知识尚存，所以1987年1月通过博士预备考后，我马不停蹄地请系里考我的俄文翻译水平，将出题者不知从什么俄文数学书中抄来的几段话圆满地翻成了英文。这是我这辈子做过的唯一一次“俄译英”工作。至于德文，系里免费让我参加了全美研究生德文考试。我以为第二外语应该要求不高，马马虎虎地复习了一下语法，就仓促上阵了。结果只得了 400 分，而 500 分是过关线，因为按统计规律，一半人的考试能达到这个分数。我诧异地发现试卷上什么玩意都有，语法、词汇、改错、阅读理解等等，不一而足。毕竟这是对说英国话的美国人，考用德国语言书面交流的能力。这两门欧洲语言都是拉丁语的后代，彼此是有血缘关系的表兄弟，考试的难度当然要拔高。看来，我的确要比美国学生多花点心血才能考过。于是，我匀出了将近两个月的每晚部分时间，使上当年准备托福时的干劲，猛记常用的德文单词，将语法规则掌握在心。第二次考时我出乎意料地拿到了 690 的高分，分数单上说超过 90%的考分低于它。

那时，李天岩教授刚到日本履行他的一年讲座教授之职。当我得意洋洋地写信告他，我以创造本系纪录的成绩考过了德文，并且助教薪水从二等升到一等——每月大约涨了 50 美元，理由是我考完了所有的考试，只剩一篇博士论文交差了。他的回信朝我发热的头顶浇了一盆冷水：“博士阶段最重要的是研究成果，德文考高考低并不重要，pass（通过）就行了。”他说得一点没错。博士研究生最重要的是博士论文，没人会问你第二外语考了多少分。找工作面试时，甚至也没有人问你博士资格考试考了几分。但是任何考试总有它的道理，考个高分总是比拿低分令人愉悦。况且掌握了不错的第二外语，譬如德文，说不定哪一天需要阅读高斯的数学原稿呢！没想到，最近我们数学系刚刚雇来一位二十多年前在美国拿到博士学位的德国人，担当我们的新任系主任。看来我的德语有条件练习练习了。

博士阶段至少前两年一头扎进课程的大海，加上过五关斩六将地通过这考试那考试，当然极少有余力写论文，除了那些天生的能人。因此美国的研究生院，干脆不要求“不发表论文就不让毕业”，只看重一篇博士论文。看看国内，不少博士生过了一年半载，就已将一两篇甚至半打论文网罗名下，着实让人羡慕。可是一与他们交谈片刻，除了在自己的研究地盘三亩自留地上能够说得头头是道，一旦换个话题，几乎就不知所云了。20 年来，我遇到或交流过的一些年轻博士研究生，因为“发表论文”的巨大压力，他们做起自己的研究很投入，但对专业之外的讨论班无暇顾及，敬而远之。他们中的一部分给我留下的印象是，局部知识颇深，但知识面太窄，看上去不太容易成长为一名令人尊敬、知识全面的学问中人。

现在我们谈谈申请研究生院的具体操作步骤。首先需要弄清楚的是，报考读研究生，与读大学本科申请的仲裁者完全不一样。申请大学时，无论要学什么专业，申请材料都送到校方的录取委员会，这个委员会集体决定录取谁不录取谁，院系两级无权干涉，一切都由委员会一锤定音。即便申请人拿到过国际奥林匹克数学竞赛的奖牌，数学系的教授也无权对校方发号施令：请把这位数学才子招进来。当然，大学录取委员会录取这名学生的可能性较大，如果其它方面的综合素质不是太低的话。录取研究生的情形则完全不同了，学校的研究生院或国际学生录取办公室，仅是一个收发、记录、发通知书的行政部门。录取的生杀大权，百分之百地掌握在系里。这很自然，因为研究生阶段是最高层次的专业教育，申请者的学术背景和未来潜力，只有经过所报专业的教授过目才能得到恰如其分的评估。

假如你是中国公民，正在读大四或已经获得学士学位，决定要报考一所美国大学的研究生院,则申请过程的具体程序是这样的:首先在那个大学的外国学生录取办公室的网站上,填写研究生入学申请书。这个申请表格比大学本科的申请表简单得多,原因是本科生接受的是通识教育,需要对申请者高中阶段的背景有全方位的了解;而研究生获得的是专业教育,起点高,不需要再对他们的基本素质详细地考察一番,所以申请表上只列出考生的基本信息,如通讯地址、本科学位授予学校的名称、所学专业、毕业日期、GRE 或其它所需水平测试的成绩和考试日期、托福成绩与日期,以及推荐人的姓名、职称、所在学校等信息。对绝大多数专业来说,GRE 是必须的,美国人申请读研也要考,国内国外一视同仁。托福是专门对英语为非母语的申请者加的语言考核。

所有申请材料,除了填好的申请表外,还包括个人履历表、大学成绩单的官方复印件、三到四封推荐信(一般由考生的大学任课教师完成)、一篇叙述文(为何要读该专业的研究生学位)、GRE 的官方成绩单、托福的官方成绩单。最后不要忘了寄上一张支付申请费的汇款单或支票。申请材料的每个部分同等重要。个人履历表上列出的成就和特长,相当于展示自己风采的一张名片;成绩单和推荐信,便于系方对申请人进行学术评估;叙述文能看出写作能力和潜在素质;GRE 和托福则是对英语驾驭本领的直接考查。GRE 的数学部分非常基本,没有微积分,只考简单的几何代数三角。只要能看懂题目的英文,甚至国内的文科毕业生,这个部分也能考个满分。当然,要考好关于英文词汇的那个部分,平时有的放矢的单词积累和突击背诵大概是必要的了。有些热门专业的研究生,入学考试不是 GRE,却以另一种特殊的考试取而代之,如报考工商管理学院的要考 GMAT,法学院要求的为 LSAT,医学院的则是 MCAT。

当学校的国际学生录取办公室收到考生的全部申请材料后，就会将它们送到所申请的系。即便只差一项材料未到，比如列案在册的一位教授的推荐信迟迟不来，或还未交申请费，其它申请材料只好继续待在那个官僚的办公室里继续睡大觉。一般而言，考生申请的入学时间为新学年的秋季学期，通常在 8 月下旬或 9 月上旬开学。各个研究生院给出的申请录取及资助的截止日期，一般放在同年春季学期的二三月份。这就是说，校方必须在这个日期前收到全部申请材料，缺一不可。

系里收到来自各地的申请材料后，它的研究生录取委员会就开始运作起来。这个委员会的成员当然都是教授，那些没有资格教高年级本科生课或指导研究生的讲师是没有资格进入委员会的。有的系，主要是那些研究生群体规模不大的，往往让全系教授集体讨论，表决录取谁、给谁助教或助研资助。有的小系甚至将这个活一股脑推给系主任"独断专行"。不过，无论采用什么方法，系里对申请人的挑选是严格公平的，根据对他们的综合素质打分，确定被录取者的名单。录取标准主要看的是大学成绩和推荐信，但是在考虑助教资助时，英语考分的关键作用就显而易见了。谁都不想招进一位不会说英语却必须教大一习题课的研究生。对于要做实验的系别，比如生物或化学，主要的资助来自助研，即充当教授的研究助理，帮助他们将实验的想法和方案付诸实践，这时，对英语的要求可以比助教稍低些，毕竟他们不必兼课了。

不要以为名校的本科毕业生，就一定容易被名校录取为研究生，尤其是一些应用性的学科。对于数学、物理等纯粹的理科专业，本科毕业于名校的光环可能亮些。但归根结底，成绩单与推荐信的优劣是硬碰硬的较量。许多人虽然考进了名牌大学，但四年本科下来，关键课程没有拿过几个 A，和教授几乎老死不相往来，拿出的成绩单像丑媳妇不敢见人，推荐信上的话像一瓶温开水，能指望被好学校青睐吗？反之，即便在普通的本科院校，只要你是真金，在那里就会闪闪发光，容易成为学校的红人，不时获得这个或那个的奖项，名字经常在校刊上露脸。这样的好学生申请名校的研究生院，系里的录取委员会成员，读到的常常是带有最高级形容词的美言，例如"她是我教书 20 年来，见到过的最出类拔萃的物理奇才"，或"他的头脑里常常冒出最令人啧啧称奇的创造性想法"。名校当然要录取她和他了，就像 1963 年哈佛大学物理系录取了瓦萨学院的优秀毕业生吴秀兰那样。名校不可能只录取名校的毕业生，否则的话，"数学家的儿子也是数学家"这句话，大概也可以被数学家证明了。

美国研究生教育与中国的千差万别中，还有一个值得指出的小差别。这就是在美国，硕士学位和博士学位是并行的两种学位，各有各的具体学位要求，而在中国它们是一前一后的顺序关系，即进入博士阶段的，必须已经完成硕士学位。即便录取的标签是"硕博连读"，也是先读硕再读博，就像当官要先当处长再升局长一样。美中之间学位阶梯连接的小小变种，可以用电气线路中的并联与串联打比方，只是形式变异，不影响使用功能。虽然我在中国拿到硕士学位后才来美国读博士，但硕士文凭不是申请读博士学位的必要条件，尽管在通常情况下，有同专业硕士学位比本科毕业生更容易录取。许多美国的大学毕业生，直接去攻读博士学位，他们中的许多聪明绝顶者，二十刚出头就戴上了博士的帽子。当然也有不少博士生出于不同原因，最终没有拿博士学位，但是如果他们修足了课程学分，达到硕士学位的要求，就可以携带硕士学位而去。少部分人完成了博士学位的所有课程要求，包括博士的资格考试，但博士论文没有完成，就急忙工作去了。这样的人被称为ABD，意指“All but Dissertation”，即“未完成博士论文的‘博士’”。

许多博士毕业生喜欢去公司或政府机构，做科技产品研发或管理咨询工作。但是大学总是要办的，每年都要招进另一部分博士。他们喜欢教书，或热爱研究。但是，大学要保持尊严，要提高水准，就不得不慎重评估服务于此的教授军团，留下精英、剔除次品。这就有了一套严格把关的教授晋升机制，值得我们借鉴。

第十六章　教授晋升

大学的运行主要靠教授和学生，前者的责任是“授业解惑”，后者的任务是“洗耳恭听”。1931年，清华大学校长梅贻琦在其就任典礼上，说过一句常被人引用的名言：“所谓大学者，非有大楼之谓也，有大师之谓也。”一言道出教授尤其是真才实学的教授，在大学中的决定性作用。

各个国家对大学教员的职称有不同的政策。20世纪90年代我读过的写得最好的数学家传记是《希尔伯特》(*Hilbert*)，作者瑞德(Constance Reid，1918—2010)是一位非数学系出身的女士，但她的妹妹罗宾逊(Julia H. B. Robinson，1919—1985)却是美国国家科学院的第一位数学女院士。在本书中我读到这样的职称细节：19世纪一所德国大学的正教授名额极其有限，只有占位者退休或离校才能补缺。即便像希尔伯特和他早逝的亲密战友闵科夫斯基(Hermann Minkowski，1864—1909)这么杰出的数学家，也是等到前辈退休或跳槽后才能接班。这样做的好处是确保了教授的权威性。1980年代我看过万人空巷的日本电视连续剧《血疑》。女主角幸子的养父当了多年的医学院副教授，因为唯一允许存在的正教授还在位置上，后者恰好是幸子的生父。我当年学习最优化理论时，崇拜过并见过几次面的那位日本最优化权威小岛先生，尽管早已是所在领域国际最有名杂志的编委，很长时间在他的祖国还只能屈居副教授的职位。

我在南京大学读书时的20世纪80年代，国内情形颇为类似，但这是由于“文化大革命”的十年，是中国职称冻结的十年。“文革”前中国大学的正教授数目就不多，自然是校园内最受尊敬的一批学术权威。我的硕士导师何旭初先生尽管20世纪40年代中期大学毕业后，就留在中央大学任教，后来成为南京大学计算数学专业的学术带头人之一，但直到“文革”结束前还只是一名副教授。我大学同班同学田刚的母亲王明淑，在常微分方程的研究领域里，推翻了苏联著名数学家、莫斯科大学校长彼得罗夫斯基(Ivan G. Petrovsky，1901—1973)的一个猜想，但直到1984年她五十出头因病去世，还未晋升为正教授。

从80年代后期开始，中国的职称升迁速度加快了，而且连加速度都不断地增加，尤其刚开始时对海归博士的高职称待遇令人羡慕。我在美国参加的第一个学术会议上，与英国伦敦皇家学会的一位会员聊到他刚回到中国的博士一下子就是正教授，他觉得“不可思议”，尽管这位弟子的成就深受他的称赞。我的大学同班同学王雪平在法国留学四年就拿到了国家博士。在法国那是比一般博士难得多的最高学位，相当于苏联时代的科学博士(苏联的副博士相当于美国的博士)。之后他一回到国内，很快就被聘为北京大学数学系的副教授。而我的另一个同学，当时还在同一个系读博士呢。当然，这些破格提升者都是公费留学生中的出类拔萃者。国家欢迎他们回国工作的特殊举措也是合情合理的。殊不知，在美国也有一些成就非凡的学者，博士毕业一两年或两三年，就被名校聘为正教授。别的不说，在数学领域，光是华人就有丘成桐、林芳华等。但在正常情况下，美国的新科博士，从助理教授到副教授再到正教授，一路走过来，平均要花差不多12年光景。

现在的中国，正教授头衔早已是遍地开花了，连更高等级的“博士生导师”都比比皆是。1999年8月正式晋升为正教授时，我很庆幸自己的40岁生日还没到。但现在回国学术访问时，碰到30多岁的正教授不算稀奇。除了一些顶尖大学和科学院的研究机构，可能对晋升的质量把关较严外，一般院校也许更加注重的是论文发表的数量。对产量高的教授来说，这占了很大的便宜。近年来国内对正教授也评级了，院士自然成了一级教授，没有院士的院系里面，二级教授具有最高的学术地位。部属名校和省、市级大学的同级教授的晋升标准固然有点差异，这是很自然的事。

在美国亦然。研究型大学与教学型大学，助理教授晋升副教授、副教授晋升正教授的标准，相差颇大，侧重点也不一样。前者主要的评估依据在于研究，但教学好坏也是重要的考察指标，而后者则重点检视教书成绩。有10个校区的加州大学系统和有23个校区的加州州立大学系统，教授晋升标准完全两样。明尼苏达大学也有好几个校区，其中只有位于双城（Twin City）的最大校区，才是榜上有名的研究型大学，其余皆为本科院校，但个别校区的教学成绩或本科生研究水准反而更高。如位于德鲁斯（Duluth）的那个校区数学系的一位老教授，指导了许多优秀的本科生研究论文，将许多可塑之才送进了名牌大学的研究生院。他担任过一届美国数学协会MAA（Mathematical Association of America）的主席。实力不可同日而语的研究型大学，晋升教授所依据的研究标准也大不一样。名列前茅的研究型大学，眼睛主要盯在学术论文的质量上，而非数量。在美国计算数学领域名气很大的华人教授许进超多次参与本系晋升委员会的工作，他谈到他所在的宾夕法尼亚州立大学数学系怎样晋升教授时曾经说过，他们根本不看论文的数量，只看质量。

美国的一般研究型大学里，不乏全国领先的学科和优秀的人才。如俄亥俄州的肯特州立大学(Kent State University)，它的计算数学团体是相当强的，因为这个领域备受尊崇的瓦格(Richard S. Varga)教授长期在那里挂帅，担任计算数学研究所的所长。这很像中国的湘潭大学，其王牌的计算数学专业毕业了许多优秀学子，其中的黄云清博士现在已成为母校的一校之长。现已超过86周岁的瓦格，1960年代出版的书《矩阵迭代分析》(*Matrix Iterative Analysis*)誉满全球。李天岩教授曾对我说过，瓦格是美国计算数学界纯数学功底最深的人之一。1989年，我曾在印第安纳州的一所大学聆听了瓦格教授的一周演讲，用数值方法来探索、证明数学猜想。在哈佛大学数学教授沃尔什(Joseph L. Walsh，1895—1973)门下拿到博士学位的瓦格，不去名校当教授，却去了一个地方性的州立大学，是因为家乡对这位赤子的巨大吸引力。他不负众望，将肯特州立大学建设成声名远扬的美国计算数学界的重镇。此例隐含着这样的研究生报考哲理：申请研究生院需要考虑的两大因素——大学排名和专业实力，后者应该是决定一切的。我校的最强专业高分子与高性能材料，教授工资很高，研究基金最多，博士后和访问学者也最多，有些来自中国大陆。许多人对像密西西比这样的南方诸州知之甚少，却不知道这个专业的本科、硕士、博士毕业生，就业饭碗喷喷香。我认识几个该系在中国名校拿到博士学位的博士后学者，待在这里的大教授实验室镀了几年的金后，都去了美国最发达的几个州，当上了薪资颇丰的“高级科学家”或“高级工程师”。

美国职称 Senior Scientist 的汉语翻译“高级科学家”这五个字容易令我们肃然起敬，因为在国人眼里科学家本就不多，再加上“高级”，几乎是濒临灭绝的珍稀动物了。一般数学教授不敢自称数学家，因为该词似乎专属华罗庚那类人。然而在美国，电视节目上大谈初等数学的主持人都称自己为 mathematician(数学家)，就像气象播音员在电视荧屏上的身分是气象学家一样。在中国，一提到“某某家”都是令人尊敬的学富五车的大专家，因此人人都想“成名成家”；但在美国，懂得不多的小行家也叫某某家，几乎人人都能“成名成家”，便不在乎高级科学家了。事实上，刚出炉的博士谋到公司研发部门的一份差事时，身分差不多就是最低一级的高级科学家或同级别的高级工程师；如获聘大学的教职，标签则变成助理教授了。“助理”与“高级”一比，好像有天壤之别，但在每年毕业的无数博士中，大多数只能屈尊去当“高级”的科学家，却攀不上“助理”的教授之阶梯。

在一般的高校里，上述那些强盛专业的系科，数量稀少，但对教授的晋升要求比较苛刻。原因很简单，它们既不愁聘不到好教授，又想在全国甚或全球的竞争中，立于不败之地。我相信，尽管知道肯特州立大学的人不多，它的计算数学的教授肯定是不好当的。因为瓦格在那里坐镇，助理教授和副教授晋级的门槛肯定不低。我成了正教授以后，已当了三届所谓的“院长顾问委员会”委员，每届任期三年。这个委员会每年花的主要精力和时间，集中在11 月感恩节前的那几周，讨论各系报上来的教授升迁候选人，即那些助理教授晋升副教授、准终身聘用资格(tenure-track)定位到终身聘用资格(tenure)、副教授晋升正教授的申请人，对每位申请人无记名投票，为院长向教务长提出的“是”或“否”之推荐建议，提供委员会的意见。从院属十几个系上报的材料中，可以看出强壮系与贫弱系对晋升标准的不同诠释。高分子与高性能材料系教授的厚厚申报资料上，既能看到许多高档次专业杂志的论文列举，又能读到校外专家苛刻的独立评审意见，系里资深教授的讨论全面而专业，最终投票认真而民主。而一些学术气氛不甚浓厚的系科，系一级的教授晋升评定容易降低条件。这时，院、校两级委员会，作为院长、教务长的智囊团，就要发挥把关的重要作用了。当然，弱系的晋升标准应该低于强系，但是整个学院的标准差不能太大，每个系所属的行业，无论是生物、化学，还是地质、地理，都有一些公论的学术评估准则。

那么，美国大学教授的晋升体制，到底有哪些具体做法呢？当一个博士，无论是我当年那样的刚出炉的新鲜货，还是像林晓标教授那样已在学术舞台上经历过几年洗礼的博士后，只要拿到“准永聘资格”助理教授的正式位置，就迈出了通向永久聘用之路的第一步。美国的所有行业中，大概只有大学教授和最高法院的大法官才有“永久聘用”一说，连美国总统顶多也只能连任一届，全家在白宫至多住上 8 年。这归功于斯坦福大学的一位社会经济学家罗斯(Edward A. Ross，1866—1951)教授。他 1900 年关于“铁路应该国有”的大胆言论，得罪了当时还健在的斯坦福夫人，因为她已故的丈夫，就是靠铺设铁路发大财的。她的校董会董事长的身分，足以影响校方辞退“犯上”的教授。“罗斯事件”导致了 15 年后，美国大学教授联盟(The American Association of University Professors)的建立，并采用了德国大学的教授终身制方式，保证大学教授“学术自由”的天赋权利。从那时起，“tenure”这个令人肃然起敬的名词，进驻了大学的殿堂。1994 年，美国国会甚至立法，规定大学不得强迫永久聘用的教授退休。

从助理教授到拿到永久聘用资格的副教授，一般需要 6 年时间。之间的这几年是助理教授最为紧张也最能出成果的“试用期”。这时候的他(她)，如果跻身于一流大学的教师队伍，那就得像我小时候见到过的乡间水牛那样，早起晚睡地耕田耙地，辛劳备至。之前的日夜苦干，拿到博士学位，“这才是万里长征走完了第一步”，并且“今后的路更长、更艰苦”。但是，绝大部分的助理教授，他们从小就有远大理想，热衷于他们一直所喜爱的专业，披荆斩棘地走这条路，充满激情而无怨无悔，往往越走越兴奋，收获颇丰地向前进。加上试用期内的饭碗还不是铁造的，新上路的初级教授一般不敢掉以轻心，办公室的灯光常常亮到半夜。

这种试用期制，对于真正出类拔萃的人才，只是小菜一碟。他们中的个别人中凤凰，甚至可以提前炒了校方的鱿鱼，被挖到顶尖大学，越级提升为正教授了。但是，对其他一些人，光能吃苦但运气不佳，可能还是解决不了升迁的大问题。有的人尽管博士论文非常出色，甚至能到好大学去做助理教授或博士后，但很快就江郎才尽，缺乏后劲。这几十年来，由于不愁聘不到最优秀的青年才俊，研究型的大学大要“永久雇用”这件利器，把胆怯的助理教授吓得不是落荒而逃，就是拼死拼活保住饭碗。我在读博士期间，眼见戴着顶尖大学数学博士帽子的新助理教授，面临系里同领域的资深教授对其新发论文质量的“不屑一顾”，绞尽脑汁地拼命撰写档次更高的文章。当然，那些喜欢警告别人的大牌教授是有资格的，他们尽管早已拿到铁饭碗，职称正教授，但仍像拼命三郎似的苦思冥想。对学问的酷爱，已让他们不想结婚，或干脆离婚，因为他们已和自己的专业结了婚。

助理教授聘用到第三年的春季学期，从系级到校级，要对此人进行一次全面的鉴定，所用术语是 pre-tenure review（试用期期中评估），就像大学生的期中考试。这时，被鉴定者要提交书面报告，总结这几年干了什么活。大学教授规定做的工作，在研究型大学里，分为三个部分，即研究、教学和服务。一般它们各自占用教授的时间分配是：40％、40％、20％。把教学与研究所占的时间比例设为同等，并不是说评估教授的成就时，研究和教学所占的比重一样。大学教授的薪水，无论是州政府负担或私立财团供给，主要是用来支付教授对学生的“教学报酬”，这就是教书的收入。因为学生是付了学费来接受学校提供的教育服务的，他们才是学校的真正主人，是理应得到优质服务的天字号大顾客。这就是为什么在任何学校的所有教授，无论是大牌院士还是初级教授，在教学工作量的分派上，总是一视同仁的，没有尊卑之分，在工资面前人人平等。至于研究，本质上讲这是个人自己的事，即对研究的好恶，完全基于自己的本性，与雇主付薪水的最原始原则关系不大。由于大学是探讨未知事物的场所，是诞生新知识的源泉，加上探索与教学总是相辅相成的，为了保证大学是知识创新的排头兵，研究型大学不仅大力鼓励教授做研究，而且把研究成绩列为奖赏“永久雇用”的首要依据。但这丝毫没有改变教书育人仍然是聘用教授的第一要素这个基本原则，因此学生对教授的教学打分及评语在初级教授的年终小结、三年评估及晋升讨论中也占有重要一席。

教授的服务工作分为两种：一是学术性服务，比如文章审稿、论文评述、杂志编辑，都是与个人的专业领域有关；二是为学校服务，像校、院、系级的各种委员会等，这些工作当然要花时间。系主任通盘负责全系的行政管理，但他也不可能面面俱到，很多事务更要体现民主的原则。例如，系里要有专人负责研究生的事务；可能需要一个抓教学的副系主任；对计算机在行的教授管全系的电脑系统；每个教授担任若干本科生的学术顾问；招新的教授就要组成本学年的"招聘委员会"，全面负责登广告、审阅申请材料、安排校园面试、给出候选人推荐等事务。学生申请奖学金需要教授组成奖学金委员会，确定人选。甚至选择新的微积分教科书，也需要一个常教微积分课的教授集体讨论。一般而言，刚起步的助理教授，系里安排的服务性工作较轻。有的系甚至在他们的前三年，给予每年少教一门课的优厚待遇，以便他们有更多的研究及申请基金的时间。

初级教授三年评估的第一阶段，自然是系里的所有已获永久雇用资格的教员集体讨论。他们一般是副教授和正教授，但也有极个别的助理教授。如我系一位搞数学教育的同事，她1994年拿到博士后就被雇来当助理教授，接替那年退休的达立根教授。但她到现在还是助理教授，因为写不出研究论文。虽然她的晋升之路不顺畅，但她终于被带有同情心而"刀下留人"的资深教授保住了"终身雇用"的饭碗，只因为数学教育这一专业，在一百年前以师范学院为名出生的我校很重要——本州的中小学教师，许多在这里获得文凭。她应该是用不完全归纳法"证明"我那位喜欢说俏皮挖苦话同事的名言——"在美国数学教育是那些不懂数学者告诉懂数学者怎样教数学"，符合一部分事实的一个佳例。我想，如果美国进口一批中国各省师范学院的数学教育工作者和中小学数学教师，尤其是上海的——因为他们的英语发音最好——那么美国的中小学师生的数学水准，有可能迈上一个大台阶了。

我所在的院长顾问委员会，每年花时间最多的第二高峰期是春季学期的4月，讨论各系报上来的“试用期期中评估”花名册。这个过程不及再过三年讨论决定同一个人去留问题的“永久聘用”那么关键，毕竟被评估者还有三年的路可走，无论其目前的表现是好是坏。绝大多数还未升迁的助理教授都干得很起劲，许多人成绩斐然。生命学科、工程院系的经过努力，纷纷拿到联邦政府或工业界资助的研究基金。对于需要建立自己的实验室，才能系统研究的那些专业，新教授如果干了三年，还没有能从外面搞到经费，期中评估就会留下警告之语，尤其是院长的鉴定报告，因为学校除了雇用之初提供启动资金外，不会永远施展援助之手。等到第六年开始申请副教授职称和“终身雇用”资格时，如果在校外进口资助上，还未能“脱贫”，那就非走人不可了。这种残酷的竞争体制和生存现实，迫使那些科研战线上的新兵，整天伏案起草“研究计划书”，向国家科学基金会、国立卫生研究院等联邦政府、地方政府或公司资助机构四处寄出。据生化博士方舟子自称，他就是因为不喜欢这样整天申请研究经费而失去精神及时间自由，才转向科普事业的。固然，文采飞扬、知识全面的他转型相当成功。对于极难拿到研究基金的人文学科和部分理工科，比如英文系或数学系，这种苛求略为放松。但是许多研究型大学，还是要求新教授外寄研究计划书。拿不到不要紧，但是一定要写，这是严肃的态度问题。

十几年前我系雇来的一位助理教授，就是因为“态度不好”，在三年评估时被性急的院长向教务长建议“马上走人”。原因正是此人来校三年，没有发表一篇学术论文，没有写过一份研究计划书，没有指导过一个本科生或研究生，正是所谓的“三无人员”。没有发表论文，是因为高估了文章的质量而投到较好杂志却被拒之门外；没写研究计划书，是因为他知道花时间写基本也是白写；没有带过研究生，大概是因为对研究生的需求不屑一顾。在一般情形下，将不合格者赶走，也是耐心等到第六年晋级申请之时。当时的院长马上作此决定，或许是迫于新任校长重视研究基金的巨大压力。不过那位我校最强专业创始人校长的高压政策的确有效，他执政的五年，学校赢得的研究基金数额年年上扬，最终跨越了1亿美元的大关。

工作到第六个年头时的秋季学期开始，助理教授开始申请晋升副教授及终身聘用。递上的申请材料一般都有几英寸厚，除了罗列在研究、教学及服务三大范畴所有成就及每年的年终业务小结外，还有所有发表论文的复印件和学生每学期匿名填写的教学评价表。此外，系里也会请校外的三到五名本领域专家，提供独立的学术鉴定，因为这些人可以对申请人的论文质量和学术影响提供客观同行评鉴。这很重要，因为即便是同系的教授，甚至属于同一个大学科，彼此研究课题的交集可能很小甚至为空集。譬如数学中的动力系统领域，这是研究一切依时间而变化之量性质的一门学问。常微分方程地盘的人，可以称自己做的是动力系统，偏微分方程方向中探讨演化方程解行为的人也这样说，搞函数迭代了解混沌现象的家伙，更把自己纳入动力系统的范畴。要命的是这些人可能是隔行如隔山，或许根本就不懂对方在干什么。如果这样的话，系里的资深教授大概会看不懂申请人的论文，而难以对其质量作出客观的评价，因此只能靠数论文的篇数和依杂志的档次这两个最简单的方法投票了。所以专家评审就显得十分关键，就像杂志投稿文章的匿名审阅一样，尤其是那些评职称严格行事的著名大学。

系主任一般并不参加系里高一级教授群对申请人的表决，但他可以参与讨论，最后他自己写出独立的推荐意见寄给院长。秋季的院长要比春季忙得多，不仅注册的学生人数多一点，而且要阅读本院几十个申请提职称者的书面材料。好在“院长顾问委员会”可以帮他一把。这个特设团体，每系一名代表，必须至少是有“终身教职”的副教授，给院长提供院一级的集体投票结果。这样院长可以只是粗读申请材料，而不必一字一句地细读，除非是赞成票和反对票几乎是势均力敌的棘手情形。很自然，如果本级委员会的投票结果几乎是一正一负 50%，上一级的委员会为此所花的代价，就是费时的讨论甚至激烈的争执，而对应的行政长官——院长或教务长——也会细读材料、上下比较、深思熟虑，作出自认为最正确的推荐意见。毕竟晋升与永久雇用，是助理教授梦寐以求的人生大事。离了婚可以再娶再嫁，但拿不到终身教职，说不定意味着从此终生地由高一等的白领阶层下调一级。

院长的推荐信到了教务长手里，学校一级的“顾问委员会”就开始忙碌了。这个委员会一般由各院对应委员会的主席另加一名委员组成，有的大学可能由教务长独立任命，章程和程序全由学校的《教授手册》制定。教务长根据这个委员会的表决结果，作出自己的推荐建议。这次的推荐是向一校之长提出的，因为校长是这个长达大半年的晋升申请过程的最后仲裁者。他有权力否决所有之前的一致推荐——从系级教授群到教务长，但理由必须充足，否则他的独断专行，有可能在校园引起震荡，甚至导致他下台。

当踏过了“永久聘用”的门槛，这些新款副教授自然是喜形于色的。大学教授的最大吸引力，大概就是可以获得终身教职的铁饭碗制。那是学术自由的象征和体现，使得教授尤其是人文学科的那些精英，可以自由地研究、自由地发言，而无需担心被“解甲归田”。一个新出炉的博士如果去了公司，起薪往往高于去大学教书的助理教授，加上公司的股票分红等诱惑，令去工业界成了不少新科博士的首选。但是，事物总有两面性。经济不景气时，公司常常裁员，干了多年的老雇员更有被炒鱿鱼之险；而有了 tenure 的教授，则可安心睡大觉，除非经济萧条到大学要关门——这几乎是不可能的。大学教职的弹性工作制，无课可以不去学校，种种自由自在的工作方式，对于那些为学问而生的才俊，真是理想的王国。如果按每周的教学量——研究型大学一般每周教六个 50 分钟的课（如有联邦研究基金，甚至可能更少），这是两门课六个学分的教学量——来计算单位时间挣来的工钱，大学教授大概属于高薪阶层了。诚然，研究型大学的教授，按照 20 世纪杰出的微分几何学家陈省身（1911—2004）先生的说法，可能“每时每刻都在想问题”。但是他们生来就喜欢探索未知的世界，并不把物质利益视为生活的第一需求。如果一个关键的科学概念是你的产儿，如果一条重要的数学定理或自然定律是你的贵子，比如“陈省身示性类”、“李天岩—约克混沌”、“陈关荣吸引子”、“杨振宁—米尔斯方程”或“丁肇中 J—粒子”，那对人类的贡献和由此而生的喜悦之情，是难以估量的。

因此，许多人晋升后继续进步，步伐甚至更大。对他们而言，几年后的正教授职称，不过是顺理成章之事。当然另外一些人，可能就失去了继续冲锋的动力，或是主观能动性受到了束缚，或是崎岖的山路绊倒了他们。他们在吃终身饭碗的生命长河中，心安理得地与副教授的头衔终生相伴。这也是人之常情。尽管人们钦佩陈景润那样地痴迷数学，吴健雄那么精于实验，但一般人难以效法他演算几十麻袋的草稿，或跟着她待在实验室每天十几小时不回家。更多的人则把人生享受与事业追求，依着不同的比例调和在一起。当然上进心减速的那些副教授，也应能坦然面对与办公室隔壁邻居相比较，低幅度的加薪以及在学术上、行政上说话有气无力的现实。我们在《人民日报》上见到过多次的一句话"落后就要挨打"，用在这里也很合适：业务能力欠缺的教授，当然在系里说话的底气不足。因此他们也要听听邓小平的六字名言：发展是硬道理！

但是，切切不可以为拿到终身聘书，就是万事大吉，可以高枕无忧。对遵纪守法的教授，这的确是吃了一枚终生放心的定心丸。但是一旦个人行为突破了道德底线，"永久雇用"就不再是"护身之符"。美国的各级学校对教员的道德水准要求颇高，尤其对与学生相关的伤风败俗乃至"权色交易"之事，绝对零容忍，从严惩戒。这完全是对我们从小起经常听到的崇高称号"教师是人类灵魂的工程师"，最有力的保证措施。在美国教书的每一个教授，都知道这一"校纪院法"的严肃性和可怖性。只要犯事，几乎都会丢掉饭碗，身败名裂。大学的《教员手册》对此规定明确。人事部门有启动调查、听证、处分等过程的详细说明。新的助理教授一来校报到，就被要求对此心知肚明。于是，教授办公室有了一个不成文的习惯性做法：当异性学生来办公室答疑时，最好"打开天窗说亮话"，将大门敞开，不仅使空气更为流通，而且能防患于未然，谨防极个别学生倒打一耙，控告教授"不怀好意"。当然，教授中也有道德败坏之徒，我系曾有一位来自邻国的教授，专业是数学教育，但比前述的同系那个美国女助理教授数学强不少，发表了一些怎样用几何软件帮助学几何诸如此类的论文，书也教得认真，据说曾为太笨的学生恨铁不成钢而伤心得痛哭流涕。他虽然比她迟拿到博士，也迟一年来这里教书，却一路升到正教授，当然与校方的一张合同纸里也贴上了“终身雇用”的标签。但是有一天，他班上的一位男学生向校方正式指控，教授对他“拍拍打打”性侵犯，证据确凿。他的“永久雇用”也就到此为止了。

丢掉铁饭碗可能有各种原因，但“学术腐败”也许是最明显的“一票否决”。即只要有证据确凿的学术不端行为，例如剽窃，那基本上就是被开除。

晋升正教授的整个程序与副教授的相仿，但要求高多了。如果说部分研究型大学晋升副教授甚至不需要校外鉴定信的话，那几乎所有学校对升迁正教授则非要不可了，而且相关领域鉴定人的数目更多。当然，所请评判人所在的系科之学术声誉应与本系旗鼓相当，至少相差不能太悬殊，因为系里晋升委员会的信函经常会问对方一个问题：本系候选人若在贵系，是否有资格荣升？这和不能拿人和马放在一起赛跑看谁跑得快发奖金一个道理。密歇根州立大学数学系的晋升标准，就不能拿哈佛大学的数学系作为参照。但是前者的计算机系可以请后者的计算机系教授，审查本系申请者的升迁资格，因为哈佛大学的计算机系，不比密歇根州立大学的好多少。我参与过好几个我校高分子与高性能材料系的教授晋级评定，发现校外专家的鉴定信函，大多发自高分子化学领域的世界名校，如阿克隆大学和马萨诸塞大学阿默斯特校区（University of Massachusetts at Amherst）。这两个学校的总体“排名”并不显赫，但在这个学科里，它们都有如雷贯耳的鼎鼎大名。

但是有时候系里也会向强得多或弱得很的校外同行教授寻求鉴定。原因之一就是他们和申请提职者的研究课题相当靠近，甚至在彼此的论文中互相引用过对方的结果。当然从理论上讲他们不应是合作者,或不具有所谓的"学术裙带"关系,以免对方的评语夸大其词、无限拔高或鉴定不公。但由于有的系科让申请人提供外校审核人的几个候选名单,放进系里拟定的花名册里一起考虑,在客观上让少数不太诚实的申请人觉得有机可趁。不说真话的教授总是存在的。我读到过一些校外鉴定书或申请系主任的推荐信,把当事人吹得比天还高,明明是学术水平低下的研究者,却被吹嘘成世界级的武林高手。这完全是亲朋好友之间的"盖棺论定",放在葬礼上美言几句还属无妨。此类事更容易眷顾来自东方世界的学者,因为他们办起事来最有人情味,愿意为老朋友赴汤蹈火。在基督教圣水沐浴中长大的西方教授,大都坚守秉公办事的原则,一是一,二是二,恰如其分地用事实说话,这样实事求是的有分量的评价是靠得住的。

为了充分体现民主的原则,申请人收到校内任何一级委员会负面的投票结果后,都有权向上一级委员会写反驳信,甚至可以到场"据理力争"。我院某系十几年前有位女副教授,比我早来两年当助理教授。由于一直和同系的正教授丈夫合写研究文章,在她申请正教授的时候,所在系的某些正教授(当然,她的丈夫按规定回避讨论)算不出夫妇合作论文各自贡献的百分比,认为这道算术题太难了。最后表决的结果是一半赞成、一半反对,而另一位和她同年获得博士学位的男候选人则全票通过。但是这位胆识过人的女子,居然在我们院长顾问委员会开会讨论前来到会场,宣读了一份个人声明,用逐一比较法"证明"自己比同系另一候选人强,埋怨系方教授评选不公。委员会的大多数成员被她感动了,觉得武断认定她的论文主要为其丈夫所写是个伪命题,应予推翻。最后的投票结果几乎是一边倒地全部赞成，而那位被她比下去的男士却惨遭滑铁卢，理由之一是他极少外出开会“展示自己的研究成果”，尽管其论文的质量和数量均优于对方。这名据说老实做学问的读书人那年与晋升无缘，而那位主动出击的奇女子反败为胜，升到正教授的她不久就换了学校当系主任去了，现在早已晋升为一院之长了。

终身教职的申请之路，漫长而令人心焦。这条路通向终点的结局，就是“几家欢乐几家愁”。成功者可以弹冠相庆，毕竟这步人生之旅走得颇为顺利；失败者尽管心情沮丧，但也并非世界末日来临。至少校方还要签发最后一年的合同，留给他/她充裕的时间“另谋高就”。塞翁失马，焉知非福？就像当年在密歇根州立大学没通过博士预备考的那个数学尖子，说不定现在以一顶工程博士的高帽，庆幸自己改换门庭带来的幸福生活。生活之路长青。

最大的获益者，就是大学和它旗下的大学生、研究生。美国高等教育严格实行的晋升体制，给各大学的科研与教学带来蓬勃向上的发展之势。它让学校充满活力，进取精神到处弥漫。“各尽所能，按劳分配”这个社会主义的分配原则，其实适用于现实社会的各个方面。而在美国高校的管理中，体现得淋漓尽致。

另一方面，学术水平再高、书教得再好的教授如果碰到大都不思上进的学生，也只能自叹英雄无用武之地。好在这种教育的窘境在美国的大学本科、研究生院不易见到。这是因为，作为教育者与被教育者之间交流的往来通道，美国的各级师生关系，从最初的幼儿园阶段直到博士的指导，基本上都是健康理性、合乎逻辑的，这可从下一章的叙述中略见一斑。

第十七章　师生之间

一个人的一生至少有五分之一的光阴是在校园里度过的，假设他读到大学毕业并且能活到80岁。在中国，如果把幼儿园的三年也加进去，那几乎要占人生的四分之一了。可想而知，我们从生到死的整个生命活动，有多少的比例与老师交织在一起。有理由说，师生之间的关系对受教育者一生的影响，有时说不定甚至大于父母与子女之间的关系。

吴健雄就曾说过，一生中对她影响最大的两个人，一个是她父亲，另一个则是她的老师胡适。胡适与吴健雄之间的师生关系堪称楷模。一滴水能反射出太阳的光辉。在吴健雄赴美读书后，胡适有次逛书店时看到一本1908年诺贝尔化学奖获得者卢瑟福(Ernest Rutherford，1871—1934)的书信集，就买下直接寄给了远在加州大学伯克利校区的她。吴健雄1990年对采访她写作《吴健雄传》的台湾记者江才健动情地说："这才是师生关系啊！"

师生之间的学问传递，在韩愈的名篇《师说》中有最精辟的诠释："师者，所以传道授业解惑也。"按照他的标准，为师者应肩负三重任务：第一是言传身教，第二是传播知识，第三是解释疑难。"教师"曾是一个耀眼之词，但是无论在今日的中国还是美国，它都有点黯然失色了。在中国，教师的功能似乎仅仅剩下一重：传授知识，但不得要领；而在美国，主要是公立中小学校的教师，知识的载体好像越来越瘦。不过，与中国相对照的是，整体而言美国教师的职业道德水准基本上一直是“居高不下”的。

让我们先从幼儿园的师生关系谈起。说到中国的幼儿园教育，我脑海里突然浮现出听过的一个真实故事。一位幼儿园的孩子特别讨厌她的老师，不想去那里被折磨。每次家中送她去幼儿园的路上她都极不愿意，常常满脸苦相，有时泪水涟涟。但一旦到了幼儿园门口见到老师，就像川剧的变脸魔法，马上换了面孔，一脸的笑容取悦老师。说故事者于是叹道：这么小的年纪就已学会了成人的虚伪，并加了一句感言：这就是国内的教育。

美国没有像中国学制长达三年的幼儿园教育。这个国家的初等教育通常简称为“K—12”。数字 12 一看就懂，指的是从小学到高中的 12 年，那“K”是什么意思呢？它是“幼儿园”的英文单词 kindergarten 之第一个字母，但在绝大多数的州只有一年的学制，是小学一年级前的一年“学前班”（preschool）。所有的 K—12 公立学校都是免费教育。与中国的另一不同之处是，美国的学前班也放在当地小学的同一校园里，事实上可以被看成“零年级”，是儿童从完全家庭生活走向学堂读书生涯的过渡期，因而这些年纪最轻的五周岁学童，在学校里还是“以玩为主，兼学别样”，每日的安排包括玩耍、唱歌、游戏、画画及有益身心的集体活动。

美国初等教育的老师尽管知识水平参差不平，但有一个共性，就是注重职业道德，充满爱心、耐心和责任心，对学前班的孩子表现得尤其出色。心智刚刚起步的孩儿，如果经常面对的是严厉的管教、苛刻的要求、冷酷的比较、无端的指责、不等的待遇，其幼小的心灵则难以逃脱历时悠久的伤害。据说陈省身为此只上了一天的小学。按照弗洛伊德的精神分析学说，他们在未来成长的漫长岁月中，容易受到某些潜意识行为的侵犯。幸运的是，在这个民主原则对孩子实行得最好的国度，5 岁儿童眼前的幼儿老师大都是慈眉善眼、热情似火、责任心强的女性。她们的言行担当了师性加母性的双重角色，整天跟孩子们笑眯眯地打成一片，就像中央电视台深受少年爱戴的“鞠萍姐姐”那样。在那里，听不到呵斥声，看不见板起的面孔，闻不到火药味。当然，体罚更无现身之处，因为那是违法之举，非人之道。

在那里，爱心和责任心不仅体现在教书育人的职业，在几乎所有的行当都到处可见。2007 年 12 月，我因左眼视网膜脱落，在当地的眼科中心动了手术。那是我有生以来第一次开刀，开始时多少有点紧张，甚至以为会疼。没想到，满面春风、笑容可掬的大胡子业余美声歌手希麦涅兹(Jaime Jiménez)医生不仅医术精湛，而且极其风趣，从头到尾都让我感到，这里不像是森严的手术室，而是美妙的音乐厅。当他用硅油将我部分剥离的视网膜重新贴回，手术成功完成之时，我想我已经爱上了这个无痛的手术，而不想走下手术台了。虽然有人会开车将我送回家中，希麦涅兹博士怕我不懂得怎样去药店配制特殊的眼药水，专门开车带我配药去。这种对从未谋过面的亚裔病人高度的责任心让我感动数日。我记得再向前推移四年，当我的父亲重病复发在南京的一所大医院治疗时，一位年轻的医学硕士谎称没有国产导尿管而强迫使用价钱十倍以上的“进口货”，以便从中取利，中饱私囊。他们都是医学院的毕业生，可为什么医德竟有天壤之别呢？或许是后者的教授忘了教他一堂“职业道德课”。

在美国，进了正式的小学，知识依然不是读书的主要目的，健全的心理和快乐的学习构成了十岁前少年的生活主旋律。老师们好像天生与师道尊严无缘，倒是像孩子们的大哥哥、大姐姐。无论智商如何，无论家庭背景，无论成绩好坏，每个学生都受到成人式的尊重。这里，没有等级差别，没有高低之分，没有排名之累；这里，有的是老师的耐心朗读，有的是互动的启发问答，有的是同学的踊跃举手。难怪当年我一走进大女儿的小学教室，看到的都是一张张活泼可爱的面孔，脸上反射出的全是表里如一的灿烂微笑。四周墙壁上挂着五彩缤纷的各国地图、知识图画及常识表格，课桌上有很多学生制作的小手工品及花花绿绿的彩笔画。怪不得我那隔代遗传的女儿从小就被熏陶成了爱素描的小画家，用她自己在短文《向你介绍我》中的说法，“一有空就画个不停。”到了大学她还选修了绘画艺术课，研究生阶段还在某化妆品公司的商标设计竞赛中夺标，我的出版社还为我的两本书使用了她的封面设计。这完全归功于小学开始繁殖艺术细胞的土壤。

平心而论，美国教师的数学知识远远少于中国大部分地区的数学老师，鸡兔同笼的算术题绝对会让大多数的美国小学数学老师交白卷。但是美国的学生就是喜欢他们，而中国的学生见到老师就躲。因为中国的老师水平太高了，很自然地希望学生的水平越高越好，方法之一就是用偏题难题训练他们，美其名曰“训练有素”。美国老师没有这么深的“初等学问”，自惭形秽，自然对学生和蔼客气多了。他们只教算术和代数的最基本知识，这对大多数学生已经足够，甚至绰绰有余。老师们把从简单数学训练中抠下来的大量时间，用于教导学生怎样待人处世、如何心理健康；用于强化学生阅读写作、演讲训练；用于提高学生身体素质、合作精神。总之，在美国人看来，教师的作用是为了学生的全方位成长，而不是只把他们塑造成单一的“数学人”。中小学尤其是小学，真需要那么高深的初等数学知识吗？小学的鸡兔同笼算术题算得再快，也快不过中学简单的二元一次方程组；高中里五花八门的求函数极值代数技巧，巧不过大学初等微积分的“导数为零极值法”。在历史的长河中，先进的知识总是在取代陈旧的做法。如果我们的学生花费太多的时光在旧知识的磨坊间转圈子“打基础”，那就好像我们有现成的飞机不乘，非要坐远洋海轮去美国留学不可。

中美两国老师的另一不同职能在于，美国的小学老师似乎是多功能的，不像中国的小学老师那么“专业”。国内的中小学教师分工明确，数学教师不会去教自然。但美国的小学数学老师不与其它科目绝缘，数学课一上完，可以“眼睛一眨，老母鸡变成鸭”似的教起常识或历史课了。这既是优点，也是缺点。也难怪，美国老师的数学专门知识除了基本概念与基本运算外，大概所剩无几，对复杂一点的推导计算往往无从下手。兹举一例，美国的代数老师教怎样解一元一次方程 $2x-3=5$ 要分好几步走，并且不厌其烦地每步都写下来。第一步：方程两边加上 3，得 $2x-3+3=5+3$；第二步：简化方程得 $2x=8$；第三步：两边同除以 2，得 $2x/2=8/2$；第四步：化简得 $x=4$。先生在黑板上如此演算得一板一眼，于是学生也掌握了这个慢吞吞的程序，一辈子都这样做，而从不像中国老师教会学生的“移项相除法”在脑袋瓜里一步到位。中国的孩子在这种美国老师的班上快要急疯了。但是美国老师的知识面却比中国老师宽多了。中国的教师是专家，对本行当的知识掌握透彻，深度骇人；美国的老师是杂学家，虽然本专业的知识有限，他们对其它科目的知识会“如数家珍”，尽管深度也是一般。好在这就够了，够到他们能独当一面，成为多面手。小学课程的讲授，只需要博学，不需要精深。小学生只需要了解算术运算的基本法则和简单易懂的自然常识，在不同的教室如能见到同样的老师，就像在自己的家里总是见到父母(假如没有离婚的话)一样，该有多乐。

美国的大学就是这样培养中小学的教师的。比如，在我任教的南密大，数学系有专门为未来的小学教师或中学教师开设的各种简单数学课。对未来的小学教师而言，这些大学生不需要学特别深的高等数学，但是他们在外系要修自然科学及人文历史基础知识的一些课程，拓广知识面，这样到了教书的阶段，他们可以教不同科目的课程。尽管这样的老师对于天才学生几乎是无用的，因为天才主要是“自学成才”而可以“无师自通”，但是本着学校是为一般学生开办的原则，这种密切的师生关系减轻了学生的学习和心理负担，利于他们的健康成长。

到了中学尤其是高中，美国教师也开始“专业化”起来，换句话说，他们一般只教他们的“看家本领”。数学课的老师不会去教历史或生物，教英语的大概无法去教物理、化学。虽然他们是“专任课老师”，他们的专业知识还是逊色于中国的老师。中国初中、高中数理化老师的业务水平确实很高，除了一些需要“希望工程”的边远地区或穷乡僻壤。因为高考在那里，高标准高要求逼得老师们必须武装到牙齿，否则有可能“误人子弟”。我 20 年前一次回国，我的中学同学以为我是堂堂的美国大学数学教授，请我帮她的初中儿子解答一道几何题，对我而言应是小菜一碟。但是它差点让我难堪，因为我必须用他学过的知识解题，因而要绕许多弯子，而这正是为了今后的高考必须“舍近求远，绕道而行”的。那次经历之后，我就不敢“小看”国内的数学教师了。

正因为师生的关系是一维的，即一切为了升学或高考，中国的中小学老师与学生之间基本上只有知识传输的关系了，其它的在老师甚至家长眼里显得不那么重要，因而一般不在他们的考虑范围之内。教师与学生的互动主要集中在课堂教学、批改作业及成绩排名等“智育”方面，因它们直接关系到最终的高考成绩和所进大学的等级。心理的辅导、性格的改善、诚实的教育、妒忌的扬弃、助人的培养、合作的精神、领导的才能，这些似乎与进军名牌大学关系不大，但对一生影响巨大的个人素质的追求，却像老干部一样地退居二线了。其结果是学校官员只抓名校录取率，目光短浅；科目教师只对考试分数负责，不求真懂；学生只会应付频繁考试，视野狭窄。由于师生并没有真正打成一片，彼此戒备，内心关闭，学生被动学习，老师冷淡有余。表面上一片“埋头苦读”的校园里，到处隐伏着互不信任的危机，自私自利、唯我独尊、心理失衡、心灵扭曲等现象比比皆是。一方面，老师普遍不满学生的消极懈怠及对师长缺乏发自内心的尊敬，而另一方面，学生也不把他们视为“灵魂工程师”。

在美国，师生关系要科学得多、合理得多。美国的中小学教师有一点看上去比中国“可怜”，即老师没有自己的办公室，即便是合用的教师办公室也没有。那他们在哪里办公呢？在教室里。他们客观上真正做到了和学生打成一片，这种关系的确有益于学生的长大成人。同一个屋檐下，中学生们尽情呼吸着民主的空气。教师和家长一样尊重他们对未来的选择，积极为他们创造条件。学生在课堂上踊跃参加讨论，教师的任务是为这辆求知马车的轱辘保持润滑。填鸭式教育是没有市场的，师道尊严也难以被人理解。由于没有高考的指挥棒，更没有名校情结在作祟，一切都顺其自然。高中毕业后想上哪类学校，想读什么专业，一般都能如愿以偿。因为对自己最了解的还是学生自己，一旦知道了个人的志趣爱好，他们就会学得积极主动，利用校方提供的一切教学资源，让热爱变成果实。想提前修大学课程的，学校有 AP 供其选择；想得到高手指导完成一个研究课题的，可以去找周围的大学教授交谈。我校刚退休并和我合写过论文的物理系米德(Laurence Mead)教授，在他 30 年的职业生涯中，不知指导过多少当地公立高中的高年级优秀学生，写出了相当不错的研究论文，有的发表在《数学物理杂志》(*Journal of Mathematical Physics*)这样的好期刊上。

但是，自由自在的美国中学生同时也是守规矩的，在校园里不大容易学坏。每个学校都有严肃的纪律，比如说，刀具或枪支是绝对不容许带入校园的。我记得一位中国的孩子刚来美国读初中时，他的爸爸陪他去附近大学见了一位姓张的中国教授。那位家长因为自己不在美国"陪读"，有点担心儿子在这个花花世界的西方乐土没人管而变坏。张教授自己的儿子在美国已经读到西北大学的博士研究生了，对美国大中小学的教育情形十分了解，便以十分肯定的口气安慰他：你的小孩如果待在中国倒是容易学坏，在美国却是学不坏的，你只管放心好了。说得这位父亲将信将疑地点点头，放心离去。

两年后，上了高中的儿子有次比同学快得多地做完课堂作业后深感无聊，便拿出一张纸在课桌上画起画来，画的是一颗头颅，但加了一根箭从太阳穴贯穿而过。不幸，这支箭给任课老师看到了，马上上报给年级主任，后者立刻汇报了高中部的校长。这个想象力丰富的中国男孩的麻烦也就接踵而至，校方通知其监护人马上领他回家，两天内不让进校，等到专业心理医生检查后再作决定。孩子的父亲这位在中国做学生思想政治工作有一串"谈心屋"

好点子的高校领导，却对美国的“学生思想政治工作”闻所未闻，听到这个消息后感到完全不可理解，绝不相信他在中国一贯品学兼优并给美国学校带来过数学竞赛荣誉的宝贝儿子会有什么心理疾病，甚至可能导致“杀人放火”。他的信念后来被证明是符合事实的，但是，学校是有严格的规章制度的，一切按章办事。当一位心理医生通过科学的心理测试，得出该少年“心理正常”的结论后，这位被“冷箭”射伤的男孩方被“恢复学籍”。这件事带给他父亲的最大好处或许是，他终于相信了张教授的那句话。

美国的学校虽然没有配备中国意义上的班主任，老师也没有指派班长、学习委员或课代表等学生干部，但独立性强的学生们自我管理得有条不紊，整个校园的气氛平等、和谐、温暖、积极、活跃。没有喃喃不休的道德说教，没有利害冲突的自寻烦恼，没有考试成绩的相互比较，一切关系就变得非常简单明了。学生不会请客送礼，老师不会训斥学生，大家都要遵纪守法。前面第十三章提到的校方辅导员则对学生的综合表现通过平时的记录了如指掌，他们的关键作用在高中毕业生考大学时最为体现。辅导员对考生基于事实客观评价的推荐信，是高校录取过程中不可或缺的决定性材料之一。

在美国，大学师生的关系还能保持中小学阶段的那种融洽密切吗？大学毕竟不是中学，它是高等教育的载体，是学术的象牙之塔。美国的大学教授至少在一点上比中国的威风些了，即每个教授都有自己的办公室，在中国一般只有正教授才能独享一间办公室，讲师和副教授还要可能等一等。但是，美国教授有了属于个人的办公地点，就会像中国的官员那样高高在上吗？

否。美国的教授是谦卑的，至少是谦虚的，因为学生是他们的主人。不是吗？学生可是交了学费来享受他们受教育的权利的，而教授则是提供这种服务的。"师道尊严"一说在美国被打入十八层地狱,"一日为师,终身为父"的中国传统美德更属无稽之谈。教授和学生在人格上完全平等,每个教授不仅要在教室里好好教书,完成中国人韩愈一千年前分配给他的"授业"任务,还要每周安排五到十小时的办公室答疑时间,继续履行韩公交代他的"解惑"职责。这个每周固定的时间必须写在学期第一周发给学生的教学大纲上,还要加上三个词 and by appointment(可预约),即如果哪个学生在业已定好的答疑时间内没空的话,比如说要打工挣学费,那他或她有权和教授安排另一个时间来答疑。在所有这些既定的或临时确认的时间段里,教授必须身在办公室恭候大驾。如果学生来了而你不在场,心肠好的可以放你一马,但性急的可能找到系主任那里去了,这是学校各级领导最不愿意看到的。

美国大学教授普遍教书认真负责,因为这是他们赖以生存的工作。正如每对师生都明白无误的,无论是顶级的研究型大学还是最普通的教学型学院,无论是公立的还是私立的高校,教书是教授的神圣使命,是他们受雇的主要理由,无论薪水来自本州政府还是私有财团。研究型大学教授与教学型大学或学院在教学上的差异,仅仅体现在他们的教学工作量上,即一般而言,实力强研究型大学的教授因为要花许多时间从事创造性的研究,通常一学期教一到两门课,弱一点的研究型大学可能要教三门,而教学型大学或学院的教授则可能需要教四门甚至更多的课了。获得各种研究基金资助的那些高水准研究家,他们的经费中可能有一部分用于向校方"买下"每年一门课的时间专攻研究。但是不管怎么说,无论美国教授是否研究、教学双肩挑,他们的共性是对待教学一丝不苟,备课笔记写得清清楚楚。大多数的教师绝不是走过场式地走进教室,照本宣科地抄黑板,50 分钟后草草收场。而是上课之前认真准备,重新组织课本中的材料写出讲课提纲,突出重点地宣讲思想的来龙去脉,用自己构造的例子阐述基本的概念和方法。总而言之,美国大学教授的共识是,教好书是他们的职业道德,和医生看病或商店售货一个道理。

美国的系主任和院长最关心的不是本系或本院的教授发表了多少篇论文,而是哪个学生跑去告状,埋怨某某教授教书吊儿郎当。即使教授无心犯错甚至好心好意,只要学生去找领导叫苦,系主任都要介入调查,解决问题,只要理在学生一边,就要向他们道歉。我自己几年前就有一次好心办错事的经历。那一天下午因在本校举行与兄弟院校的美式足球赛,校长通知下午一点钟以后的所有课停上,因这是一件重要的体育盛事。我的课恰好就在一点开始,因为绝大部分学生未看到临时通知,还是来上课了,于是我就满足了他们,上完了这节课。没想到,第二天,院长一个电话打到我系,系主任马上找到我,说我一个家住很远的学生因听说课要放掉,就没有到校,而我却上了课,她也赶不来,是我的不对,就发了电邮给院长。系主任为此嘲弄我多此一举。

我近些年来在国内,一方面耳闻教授埋怨他们的学生水平"每况愈下",不爱好读书学习,兴趣集中于网络游戏;另一方面也目睹学生诉说任课老师教书马马虎虎,心思全放在申请基金写论文、外出旅行跑项目。的确,中国的大学当局把 SCI 论文像菩萨那样供着,仿佛没有这些文章,大学就只好关门打烊。许多本应好好教书而不必制造论文的高校,用高额奖金号召全校比赛写论文。重赏之下必有勇夫,于是,人人都像挤牛奶那样成了"挤论文专业户"。一些顺利挤出 SCI 论文的人纷纷富裕起来,有了论文,就有了一切，这是良性循环，是芝麻开花节节高。

可是，我们的学生在学业上得到了好处没有？照理说，教授的事业发达了，学生应是最大的受惠者。并非完全如此！学校物质大奖励的是研究论文，不是教学成果。这边，大牌教授不必授课，只以论文交差，却收入丰厚，名利双收；那边，基础课教书匠晚上备课改习题，累死累活，却待遇微薄。教学的主力军正是这后一类廉价劳动者，名教授不知去向了。这真是天下最奇怪的“经济学现象”。按照常识，政府花钱办学校，目的是教育交了学费的学生。这两笔钱用于教师工资的部分，其合理分配的依据，应是教学，而不是研究。但是，书教得多、教得好的教授，只能拿到“基本工资”，论文多、教书少甚或教得差的教授工资卡里，除了人人都有的那份之外，还打进了数目可观的“津贴工资”，另加“论文奖金”，往往比前一类的教授高上一大截。

其实，各大学炮制出的相当一部分研究论文，几乎是可以放进废纸篓的一堆纸张，唯一可以唬人的就是“论文的数量”。加上许多论文都是“学生干活，导师署名”，这些教授身上的光环也实在有点过于炫目了。近些年来，我看到一些数学教授的论文引用次数大幅提高，不禁刮目相看，却发现自引或学生引用的比例甚高。研究型教授带了许多研究生，每个研究生“不发表便灭亡”，纷纷在导师论文的疆界内再放卫星，当然要引用老板的文章了，因而论文引用率火箭般上窜。

反观美国，每所大学对其任何教师的基本要求不仅是教书，而且是“教好书”。在授课这件最普通的工作分配上，无论你是否科学院院士、诺贝尔奖得主，不管你发表了多少篇 SCI 论文，即便登上了《自然》《科学》这类最高级别的期刊，你都必须承担足够的教学量。固然，如上所述，如果一位教授的研究得到了像国家科学基金会这样的机构资助，全年的教学工作量可能会减少一门课，但绝不可能光拿工资不教书，除非这个人属于为数极少的特殊雇用的"研究教授"，更没有人因为写了几篇好论文而捞到巨额奖金。这种"教室面前人人平等"的教书原则，和美国任何部门招聘雇员所遵循的"与申请人的宗教信仰、种族、性别无关"原则是同一个祖宗的后代：人人生而平等。这是美国宪法中的第一句话，在各行各业的实践中基本体现。

这样一来，美国的大学生可以在一年级的基础课教室一睹院士的风采，更不要说研究生了，因为研究生跟他们的导师朝夕相处。这些学术大腕的举止看上去与普通人物没有什么差别，年纪轻轻的可能神态更像学生，背个学生书包来上课，就像我1994年8月在荷兰机场见到并小谈片刻的哈佛教授陶伯斯(Clifford Taubes)，他仅比我大四岁；年过半百的随和得就像一个糟老头。没有人在他们面前点头哈腰、端茶倒水；没有学生在他们面前毕恭毕敬、不敢提问。有这样的名家教鞭在手，传道授业解惑，学生还愁学不到真本事、成不了大气候？

大学教授兢兢业业力求教好书的一个故事，来自我的博士导师李天岩教授的一次课堂测验。那一次，他因为要外出做报告，请我为他监考一门他教的研究生课考试。我顺利地完成了任务，把收上来的卷子放好，等他回来后交给了他。但是当他改完考卷下次课上发回学生后，却急匆匆地跑来找我，说班上一位来自中国大陆的自费留学生声言交了答卷，但发回的卷子没有她的！他问我收卷子时是否遗漏了她的——他完全相信了这位女生的说法。然而，我自信我收齐了所有的卷子，但我也无法证明那名祖国同胞未说真话。这是个棘手的问题:学生声称交了答卷,而教授并未见到。我记得当时的李教授神态非常着急,连说几句“这怎么办,这怎么办呢”。其实,只要给这个学生一个补考,照样可给成绩。但是,李教授可能认为,无论什么补救办法,都不及不遗失这份考卷更好——假设真的是我的疏忽而遗失的。这件小小的插曲所折射出的是在美国教书所应保持的责任感,而这种负责精神不因是大牌研究教授而递减。

教授与本科生之间的关系与中小学类似,还是教和学之间的关系。到了研究生院,这个关系开始散发出学术创新的气味了。合作研究这个敏感的关系,搞得不好就容易“祸起萧墙”,甚至导向身败名裂。为了防患于未然,美国的高校对教授的学术品行要求严厉,就拿我校来说,每个教授必须在规定的网站修一门速成学术道德课,并要通过笔试。涵盖的内容主要是通过人造的案例,阐述怎样避免学术不端行为,如剽窃他人研究成果、大段复制过去的论文、偷取学生的新颖思想等等。这些例子多半属于生命科学,因为这个大领域的研究常是“众人拾柴火焰高”,做学问中的师生合作关系可能比数理学科更扑朔迷离,曲径幽道,步入迷途。

美国教授知道这个厉害,谁也不敢以身试法。好在他们长期浸润于学术规范的道德海洋,在他们的研究生训练阶段就已懂得学术界的游戏规则。诚实是他们奉行的做人原则之一。我读过的一些科学家传记中,记载了传主高风亮节的点滴故事。我最钦佩的费恩曼情操高尚自然不在话下,一个好的例子是吴健雄的博士导师、费米的弟子塞格瑞(Emilio G. Segrè,1905—1989)。当他看到自己的名字被吴健雄一篇早期优秀论文挂上后,马上毫不留情地划去了,因为他认为实验是学生独立做的,自己连思想都没有贡献。这才是崇高品质折射出的纯洁师生关系。

在宗教信仰气氛浓郁、诚信意识蔚然成风的西方社会，绝大多数教授都会自觉或不自觉地向塞格瑞这样的人物看齐。他们既敬畏自然，又敬畏基督；他们言行一致，不仅诲人不倦地向自己的弟子传授知识，而且也信奉“身教大于言教”，潜移默化地影响着学生的一生，真正做到了“为人师表”。他们一般都很朴实无华，尊重他人，少有颐指气使之举、盛气凌人之态。他们懂得“长江后浪推前浪”，鼓励“青出于蓝胜于蓝”。他们和学生共同探讨自然的奥秘，在科学发现的优先权上，鄙视巧取豪夺、仗势欺人，贪天之功占为己有。很自然，我们也就很难看到导师没贡献就在论文上署名的咄咄怪事。我认识的一些数学大教授，尽管尽心尽责地指导了学生的博士论文，最终也没有在相应的论文上署名。

诚然，西方世界绝非净土一片，学术界也无法一尘不染。但是，大学教授头上高悬着的那把“道德利剑”，寒光闪闪，一剑所刺，绝不手软，更无怜悯。于是，不良师生关系乃至学术腐败，在西方成了过街老鼠。

但是，不合常理甚或畸形的师生关系在中国的高等院校到处存在。我十年前一次返美，在机场等待下一班飞机，遇见一位新来的中国留学生，和我一样要干坐几个小时才能继续飞行，便聊起天来。谈到国内的研究生教育时，她突然向我大倒苦水，怨恨她国内的工程系硕士导师如何霸占她的研究成果，私自装进公文包外出开会作报告。更有甚者，她已“逃”出中国，他还不放过她，要给他几个月后去美国开会需要的报告内容。虽然这是一面之词，但从她那义愤填膺的神态，我相信了故事的真实性，谁会无聊到极点无中生有地对陌生人污蔑自己的导师？

第十八章　面子里子

中国有句老话，叫做“金玉其外败絮其中”，描写华而不实的一类人。人们普遍对“绣花枕头一肚子稻草”没有好感。但是在东方的文化里，绣花的面子比稻草的里子，实在是重要多了。

买衣服的女士对衣料的面子最为看重，是众所周知的事实。化纤的时髦货，即便穿在身上好不闷气，也比全棉制品有光彩、有姿态。难受的感觉放在心里，羡慕的眼光留给别人。一肚子学问的文豪，如果衣履上不了档次，也会被人耻笑。鲁迅先生就曾吃过这个苦头，因穿戴打分太低，而被以貌取人的佣人拒之门外。

在衣着打扮上，美国人也会讲究面子。在正式的社交场合，男士西装革履，气度非凡；女士口红香水，风姿绰约。但是当面子与里子闹起别扭时，美国人为了满足自己的自然天性，宁取里子，不要面子。于是，休闲装大受欢迎，棉纺织品大行其道。当我们的女同胞身着肉色丝袜、脚蹬高跟皮鞋，尽显翩翩风度之时，那里的洋人之脚，裹的是松软透气的白色棉袜，或干脆光脚拖鞋走来走去。

从室内装潢大概最能看出，两国房主对面子里子的不同追求。在中国，花了大价钱买到手的新居所，其实只是“毛坯房”，还要花上另一笔款“室内装修”。这个时候，面子先生大摇大摆地闯了进来。我瞧过的一些亲朋好友的新公寓，容积不大的客厅，四周墙壁的考究装饰，大约削去了室内5%的可使用空间；天花板一圈，额外镶贴的灯光装置，又减去了足足10%，让我顿感肺部窒息。肺活量小的林黛玉，很可能喘不过气来。好像美国南方的教授，从自己宽大的办公室，跑到香港狭小的工作间办公时的感受一般。但是，房间的主人满面春风，言谈中欣然打开五彩缤纷的各色亮光。我们仿佛置身于大戏院舞台灯火效应的奇境之中。如此富丽堂皇！多么令人满足！但是，当我在颇为闷热的空气中，需要一丝凉风时，我最需要的吊扇——这在美国家家都有——却不见踪影。

美国新建房屋的室内装饰（那是建筑商的事，买主无需担忧），处处只求实用，不求虚华。室内墙壁从上到下直来直去，没有丝毫累赘之外的粉墨登场，如同美国人言行直往直来的性格。它缺少许多中国买房者费尽心思想到的五花八门装饰，却多了一件我在中国家庭中已经难得一见到的实用物——吊扇。它不仅有，而且在每间卧室的头顶上都能见到，常和灯具形影不离、上下连体，大客厅里甚至成双出现。光和风给我们的人生带来方便。读书需要灯光的照明，微风帮助我们减少焦虑烦闷之苦，还能平和我们的脾气。于是美国的建筑师注意到了，这些生活的里子，实在比面子重要多了。我写这本书初稿的日夜兼程，能以本职工作之外的一日千字的速度向前推进，也是得益于头顶上的吊扇。

华人的面子思想，在对下一代的教育实践上，大概体现得最为彻底。“与别人比较，向人家看齐”，就是面子文化的具体表现之一。邻居的孩子进了奥数班，我家的也不能落后，却不管儿子有没有数学的天赋与爱好；他人的公子学弹钢琴，我们的千金要拉提琴，也不问女儿的音乐耳朵灵不灵；别家的小子背起画布学素描，我家的宝贝也要架起画板涂油漆，并不想下代的美术细胞到底有多少；朋友生的五岁男儿郎已认识了一千个中文字，自己养的四岁女娇娥也要背诵唐诗宋词一百首，顾不了小爱女两眼泪汪汪、嘴巴撅得有多高。总之，只要别家有，自家没有必要创造必要也要有。一切都是比、比、比，只要孩子比人家的孩子强，自己再弱也无妨。

在美国，尽管家长也关心孩子的成长，但他们的进步、获奖、成名等与父母的关联系数不大。儿子考上名校，甚至到名校当教授，父母的亲朋好友、左右邻居、单位同事一点没有羡慕的眼光，好像事情没有发生一样，因为父母也不把这当回事。这本来只是儿子的成就，而不是自己的业绩，没什么好炫耀的。在中国，如果子女考上北大、清华，在当地人的眼里，那可是替家人挣足了面子，父母的笑容可以三天三夜不褪色。倘若更不得了，考进了哈佛、耶鲁，这在当地的报纸上，真是件惊天动地的大新闻，那可是出了好几个美国总统的名校呀。

我有个在美国当教授的熟人曾经说过，她那里美国教会的一对夫妻，有个儿子哈佛医学院毕业，现在波士顿当医生。这在西方是个令人羡慕的崇高职业，但他们从不到处向人炫耀。我那位熟人听别人提及方知道此事，问了他们才轻描淡写地一带而过。他们从不认为儿子有什么过人之处，反而担心的是他找不到时间侍奉上帝。偏偏儿媳妇这个也在哈佛待过的华人博士，与公婆的做法相反，在不认识的华人面前举止趾高气扬。别人用汉语与她交谈，她却居高临下地用英语冷冷回答，好像忘记了自己在荆楚大地成人前学会的所有汉字。

这就是与面子文化有亲戚关系的等级文化。我真的不知道它们的关系中，哪个是鸡哪个是蛋。人的集合，可以分为两大类：一类人，一旦踏上社会阶梯的上半层，顿感颜面十足、气势非凡，一举一动非得让别人仰视不可；另一类人，从数学上定义，就是第一类人集合的补集了，他们始终生活在荣辱不惊的状态之中。在他们心目中，没有等级一说，举止也就平淡无奇了。等级制度在封建社会中，活得非常自在。在社会主义初级阶段的现代中国，应该是处处被鞭挞的对象。但多年来它历经所有的批斗大会，仍然像百足之虫死而不僵。它在资本主义发达时期的美国，反而处处受到限制。出国之前我在国内敬畏官长，因为那时我还没有读过大物理学家费恩曼和他人合作的一本畅销好书《别逗了，费曼先生》(*Surely You're Making Jokes, Mr. Feynman!*)。他的父亲是正确教育子女的最佳模范——小的时候，父亲指着穿制服的官员对儿子说：你只要想象他们脱了制服，就是和我们一样的人。

当陈省身先生成为中国科学院首批外籍院士时，中国媒体的报道铺天盖地。当然，不用说最受人崇敬的院士头衔，就是并不值得大肆宣扬的高考状元，也是被记者捧上了天。但是陈先生这位淡泊明志的几何学大师，只是对人微微一笑，用他常用的幽默口吻，把两种文化的反应"如实反映情况"：选上外籍院士在美国，顶多是所属大学校报上的一则短新闻，或在校园里为其保留一个方便工作的 24 小时停车位置，但在国内则要受到国家领导人的亲切接见了。他说得一点不错。我校的一位华人生化教授，曾在美国的一位大教授实验室当过博士后。当那个美国科学院的院士前年拿到诺贝尔奖时，住家与我靠近的黄发清教授告诉我，这位学术大牛一直是个不会摆架子的普通老头，身上看不到任何的光环。说也难怪，美利坚星条国旗下的民众，好像是天生的宠辱不惊。见到名人时，心脏跳动的频率依然如故。和他们讲话的神态，犹如和正在割草的邻居寒暄一样。2014 年 10 月，陈关荣教授告诉我，他两个多月前就告知所任教的香港城市大学他荣膺欧洲科学院院士一事，但除了收到校长一句“Congratulations!”的电邮之外，没有看到学校再宣扬此事。当然他本人觉得很惬意，省去了频频回应“谢谢”的烦恼。

柏杨先生在《丑陋的中国人》一书中，用了“酱缸文化”来形容中国文化。这实在是揭了祖国同胞的丑，不给中国人面子。其实，中国文化以及对此影响深远的中国教育，都和“面子”密切相关。几乎所有的华人，一生之中总被面子所驱使、为面子所困扰、为面子生闷气、为面子而哭泣。

我留美同学说过的一则面子故事，我一想起来就觉得好笑。那是一位工程系副教授，20 世纪 90 年代中期曾有过一次回乡之旅。他的一对同学夫妇抓住良机，请他陪一桌酒席。被请的主角是一位有权的副市长，为了打鬼要借助钟馗，因为副市长是副教授多年前工厂时代的老上司。这次晚宴，他们两人相谈甚欢。副教授却只顾吃饭聊天，想不到给花钱请客的主人大面子，向副市长敬酒。主人的丈夫急坏了，因为他已敬了对方好几次，而副教授却视而不见。他顾不得许多，对教书先生大吼一声提醒：“你还不敬阳市长酒？”固然，副教授不敬酒是有原因的。因为他从不喝酒，所以无酒可敬。但是，如果他像绝大多数敬酒者一样，一脸堆笑虚情假意地敬副市长酒，想必他的老上司、老朋友反而可能有颇不自在之感。

面子把中国人整得最惨的例证，大约非“送礼”莫属。中国是个礼仪之邦、送礼大国：结婚要送礼，生子要送礼，死人要送礼，生日要送礼，上学要送礼，参加亲朋好友喜庆哀伤的一切活动，都要献上用货币计算价值的人情之礼。不光礼物的数目连年递增，每件礼品明码标价的涨幅也远高于通货膨胀率。面子挣足了,钱袋变平了。人们在人情债务的沧海里,一沉一浮地活着。我的一位年轻笔友读到这里,和我分享了他的体会:“我是节过不起,礼送不起,人情收不起也还不起。”他的话也许能代表不少人吧。

美国人也送礼,但多半是重大节日“聊表心意”的自愿奉送,并非碍于面子的被迫行为,或目的性明确的专项投资。中国的访问学者到美国前,经常绞尽脑汁思忖,给美国的系主任或秘书带什么礼物。有的人也曾咨询过我,我说“礼物越轻越好”。我的建议实在与他们的初衷相悖:对方花了这么大力气把我邀请去访问,怎能小气?实践出真知。他们果然发现,在美国送礼,千万不能送大礼,即便阁下没有贿赂之心。送上金银财宝对方绝对不敢收,送上帮你来访干了具体事务的秘书几张中国旅游胜地的风景画明信片略表谢忱,她们会高高兴兴地收下,贴在办公室的墙上,每天看几眼从没有去过的国度的最美风景,也会对远方的来客更有好感,办事更为热心。送给喜欢东方情调的东道主一小罐中国绿茶,他办公室的咖啡机旁也就不时飘逸着沁人心脑的阵阵茶香。或许你们合作研究的最新灵感,就在这飘香中慢慢滋生。

但是,如果以为美国人收了你的礼物,或吃了你请的一顿正餐,就会像中国谚语所预测的“吃人家的嘴软,拿人家的手软”那样,给你情面而将原则丢在一边,那就大错特错了。他们从小受到的教育就是“职业道德与私人情谊是互不相关的两码事”。我系那位年逾七十、已退休几年的派伊教授,在他 15 年的系主任生涯中,从不因个人好恶来影响他给每一位本系教员的年终小结打分。个别平时在系务上颇为霸道的正教授,有时对他言辞上也不甚有礼,偶尔在公开场合令他难堪,但只要他们的工作干得好,就不会担心自己的分数被打低，更不会忧虑本人的下年加薪，少于与己相比成绩明显逊色的隔壁办公室主人。另一方面，即便有人处心积虑地想讨好他，如果研究教学一团糟，也休想从他手里拿到额外的加分。

有个中国来的博士研究生，在国内也读博士研究生的太太来伴读后，想继续读下去，很快在我们系读上了，并由于我的推荐拿到了助教资助。他们夫妇对我说，一定要请派伊主任在饭店吃顿中饭，聊表感谢之意，并请我作陪。我考虑到学生夫妇刚来美国不久，英语欠佳，恐他们和系主任吃饭时难以交流会有尴尬，建议缓期执行，但他们非要立即执行不可。派伊教授欣然赴宴，席间偶然问他们一两句，因他们回答得结结巴巴，干脆只顾和我谈笑风生了。没想到，博士生的太太刚拿了三个月的助教薪水，学校的外国学生办公室通知我系，停掉她的资助，因为校方发现她目前持有的F-2签证（丈夫F-1学生签证的配偶签证）虽能注册念书，却不能受雇拿薪。其实太太已向美国移民局申请，将F-2签证换为F-1签证，但还未获得批准，尽管批准也只是个时间问题。他们当然希望派伊主任出面，请学校部门高抬贵手，因为F-1签证的批准书随时可到。毕竟对他们而言，失去资助不仅全家减少一半收入，而且隐含另一大经济困难——缴纳学费。但是，派伊系主任并没有因为刚刚吃了他们一顿丰盛的美餐就给足面子，马上按章办事，停掉了那位太太的TA工作，直到她的F-1签证正式下达后，才恢复了她的助教奖学金。这位太太书读得一贯认真，为人也好，读书期间深得周围中国学生的爱戴。后来他们夫妇双双成了教授。不幸的是这位同事尊敬、学生爱戴的女教授因患癌症，几年前离开了人世。

面子文化的一个源头就是崇拜心理。不知道精神分析大师弗洛伊德是否认为，在每个人的潜意识里都有一个希望在作怪，即希望别人对自己顶礼膜拜。然而爱因斯坦却说："要尊敬每一个人，但不要把任何人当偶像来崇拜。"受人尊崇的内心感觉真好，尽管嘴上免不了谦逊。越谦虚越显得真伟大，人们就更加崇拜。许多人由于早生了几年，碰上了动荡混乱的岁月，年轻时失去了读书求学的机会，壮年之后爬不上成名成家的阶梯，便把光宗耀祖的希望寄托在自己的子女身上。拼死命要将左邻右舍的不屑目光，扭转为羡慕不已的仰视媚态。而实现这一崇高理想的唯一途径，只能在下一代身上打通。这时，我们常能看到几乎自相矛盾的两代现象，一方面父辈喝酒抽烟、远离书籍、不学无术；另一方面儿辈闻鸡起舞、披星戴月、学习不止、做题不息。上代的举止出于自愿，因为他们早已看破红尘、自暴自弃；而下代的行为却迫于压制，整日读书却来自百般的无奈，他们只有读好书、考名校、做大官、赚大钱，才能为含辛茹苦的父母，赢来四面八方万丈之长的崇拜目光。

社会学家费孝通早在 40 年代访美后出版的读书札记《美国人的性格》之第三篇《有条件的父母之爱》中，就以其学者的犀利笔墨，一针见血地剖析道：

> 在以自己的标准来教育孩子的社会里，孩子们养成了一方面是服从，循规蹈矩，尊重权力，另一方面是逃避，欺骗，假冒伪善的性格。这些在我们社会里是很熟悉的。以不落在别的孩子之后的相对标准去训练孩子的，造下了竞争、好胜的性格。

美国人不在意双目圆睁的羡慕眼光，也不在乎不知从哪个眼角边缘处冒出的鄙视余光。面子对他们不重要，也许在别人眼里重要；里子对自己重要，可能对别人而言无关痛痒。几年前，李天岩教授应其博士论文导师约克教授的邀请，去参加了他儿子的婚礼，回来后对我大发感慨：约克教授是数学界响当当的混沌学大学者，约克太太也是颇有成就的物理学博士，但是他们的公子大学都没有毕业，不爱读书，在沃尔玛超市找到了工作。这在华人眼里是大失面子之事，搞不好父母都不好意思让亲朋好友知道。但是约克夫妇从不认为儿子干的是“下等”的工作，更没有想到心理健康、待人仁厚的他，做的是“丢人”的事。在婚礼上，他们比哪个都高兴，因为儿子活得很快乐，特别喜欢自己的工作。

相比有些东方人太讲究面子、太具有人情味，很多西方人的不顾面子，有时甚至让我们瞠目结舌。比如说，对爱情的追求就毫无面子可讲，一切向情看，而不是一切向钱看。只要彼此有感情，其它所有的外部条件，如体现中国人传统择偶观的“郎才女貌”，就相形见绌了。《围城》中方老绅士嘴里画的学历配对图——“大学毕业生才娶中学女生，留学生娶大学女生。女人留洋得了博士，只有洋人才敢娶她，否则男人至少是双料博士”，就他们而言更属无聊之极。我的邻居、同事、学生中，配偶的学历反序排列者俯拾即是，白领阶层的女教授之丈夫甚至可以是建房子的工头，或跑单帮的伙计。

美国人结婚把爱情放在首位的自然理念，在我看过的许多好莱坞经典影片中时有所见。陷入爱河而不能自拔的他们，甚至可以和亲密朋友乃至兄弟姐妹“夺其所好”。20 世纪 30 年代的电影中有《一个明星的诞生》(*A Star is Born*)，40 年代有《魂断蓝桥》(*Waterloo Bridge*)，50 年代有《金玉盟》(*An Affair to Remember*)，60 年代有《毕业生》(*The Graduate*)。当然，也有一些为了道德而牺牲个人爱情的典范。最著名的银幕形象就是鲍嘉(Humphrey D. Bogart,1899—1957)在经典爱情片《卡萨布兰卡》(*Casablanca*)中,出演的那个品行高尚的夜总会老板。

但是,以为他们真的什么面子都不要,却也小看了美国人。像中国人一样,美国人也是送礼的模范,但送礼的讲究截然不同。你请他吃了一次饭店,过了几天可能会收到一张精美的感谢卡片。他们的礼物一般与金银财宝无缘,但情深意长,大大方方。再小的礼物,他们都装在漂亮的礼品袋里。每逢节日,尤其是感恩节后圣诞节前,商店里顾客如潮,礼品盒礼品袋的柜台拥挤不堪。这时你仿佛觉得好像到了中国,因为平时看不到有如此密度的人头在面前晃动。我校以前有个嫁给美国丈夫的华人博士生,曾经比较了东西方两任丈夫的优劣,这样评述:再富的中国丈夫难得想到在太太生日、结婚纪念日送个小礼庆贺一番,但关键时刻可能送一件大礼,比如新车甚至新房什么的;再穷的美国丈夫平时的小礼物不断,常让太太惊喜愉悦,送大礼却心有余而力不足。爱财的女士也许愿嫁第一类的中国男人,爱情的姑娘可能奔第二类的美国男人而去了。

刚来我校读书的国内青年目睹美国小型城市的"太平"市容,一开始真的不习惯,以为到乡下农村"洋插队"来了。他们看到的是不起眼的低矮平房,公寓顶多是两层楼。偶尔见到的高层建筑,要么是装了不同学科实验仪器的科学大楼,要么是科室齐全的综合医院。沃尔玛超市的外表土里土气,商业中心的外墙也只像个放大了一万倍的火柴盒子。但是很快他们就惊讶地发现,看似不太大的商店,一进门空间巨大、干净整齐、琳琅满目、分门别类、应有尽有,科学的管理、实用的装潢、周到的服务、满面的笑容。即便是那些主人不算富有的可移动住房，集装箱式的外观看上去极不起眼，里面却美观舒适、设置精良、摆设完整。从空调、洗手间、沐浴间，到厨房、卧室、起居室，这些平时难得为外人所窥的里子，确确实实比大庭广众下的面子好看一百倍。中国学生去了纽约后评论道，那些高楼大厦全是旧的，哪有上海南京路上的高档写字楼群，像一道道耀眼的风景！但是大楼内部的高效率、高素质，只要观赏那部 90 年代的好莱坞电影《上班女郎》（*The Working Girl*），就可以管中窥豹。

一二十年来，随着国内教育事业的迅猛发展及产业化趋势，面子和里子的冲突在中国的校园到处存在。校名变大了，校园成倍扩张，新大楼森林似的拔地而起，教授办公室条件一流。硬件冲上去了，急需软件支撑，于是高薪聘请学界名人蔚然成风。功成名就的专家成了走到哪里，都是香喷喷的抢手货。院士、千人、百人、杰青，加上名目繁多的其他特聘教授，海内的、海外的，纷纷进驻大学，目的是提高学校的学术声誉，以便吸引更多更好的入学报考者。高价引智政策，既迎来了像饶毅施一公这样的凤凰飞入北大清华的庭院全职工作，也吸引了一批学界名流天女散花般地落户中华，更免不了少部分学术小鸡也拍打翅膀飞奔而来，滥竽充数，名利双收。大楼有了，大师也有了，但嗷嗷待哺的学生却没有得到多少实惠。据说某些学者的使用价值，主要是提高学校顶尖杂志的论文产量。这些数据极其重要，关系到大学的大面子；可是那些可怜的大学生，几乎与这些名流无缘相识，课堂上孜孜不倦教书的，大都是工作最辛苦、待遇最低下的助教、讲师。

大学里的情形只是面子文化的一个缩影。我在回国访问的前后 20 年间，经常耳闻目睹有趣的现象。北京新的国家图书馆建成后，我去过那里慕名参观，并试图想看书借书。这个藏书量在世界也能排上座次的中国最大图书馆，地位相当于美国的国会图书馆。虽然它的藏书量逊色于美国和俄罗斯的对等图书馆，在中国的龙头老大地位却撼动不得。但是，我在那里不要说借书，就是看书，都好像从私人手里借钱一样不易，空手而归。过了两年，我又在报上读到关于新馆建筑质量的一大堆问题。

将近十年前，我正在北京中关村做学术访问，在美国的一位研究合作者张新民教授告诉我，我们合写的一篇论文，被某个中国杂志上的工程类论文引用了。他请我设法找到这篇论文，复印带回来给他看看。我访问的研究院图书馆只有数学文献，有人建议我去附近的那个大科技文献馆试试。这幢直属科学院的新大楼，外表厚重、气势雄伟。我爬上台阶的心情，就好像是走向书的麦加去朝拜。但是，寻找杂志、复印论文的前后过程，让我感觉大变。手续之繁琐、交流之困难、氛围之尴尬、态度之傲慢，让我内心埋怨张教授为什么叫我找论文。也许其他人也不敢来，因为我在那里磨蹭良久的下午，整个大楼一片片空空荡荡，不实用的壮观建筑仿佛成了高高在上的摆设。不过，摆设是很重要的，因为它是一切面子的基础设施。

南密大所在的哈蒂斯堡有个较大的公立图书馆，但我常光顾的，是县立图书馆在我家所属社区的分馆，离家不到 4 公里远，走路 40 分钟就到。它并不宏伟，也不奢华，却极端好用，对所有居民永远免费开放。只要提供居住本区的任何证明，就能获得一张借书卡。它每天开馆后有免费咖啡供应，让你一边看书一边提神，闭馆后继续免费提供日夜畅通的无线网络。每天来往借书还书的读者携儿带女，络绎不绝，工作人员总是笑容满面。过期还书一两天不会罚款，一切都富有人性化。虽然只有寥寥几名职员，每周的公益活动却排得满满的。有读书会、作家日、学电脑及健康讲座等，还专辟一间儿童借书阅览游戏室。美国人不光爱读书，还积极捐书。家中读完或长者逝世遗留的书，送到图书馆，让更多的人受益。由于捐书者太多，每年图书馆都举办一次大型卖书活动，历时好几天。硬皮书每本一元，软皮书降到五角，最后一天往往一塑料袋书两三美元半送半卖。这些卖出的书说不定过不久又捐了回来。我常买书，也会捐书，更从旧书贱卖中淘到宝贝，如前面提到的 54 卷一套还很崭新的《西方世界的伟大经典》。

我在海外任教的朋友，曾告诉过我这样一个关于面子的故事。一位旅居欧洲多年的华人学者常回祖国访问，有一次在他学术交流的某个著名大学的学术布告栏上，看到一个该校主办某个大型国际学术会议的英文大海报，但上面却出现了好几个语法错误，例如将"on June 10"写成"in June 10"。这位学者平时教书研究认真惯了，闲时又有点喜欢舞文弄墨，写些随笔之类的登在《中国科学报》《中华读书报》等等的不同栏目上。这次也有感而发，加进他目睹到的其它一些会议公告英文笔误，写出一篇生花妙笔之作。文章就事论事，隐瞒校名，专谈大学校园内公共场所英文写作之重要性。不良英文在高等学府横行霸道成什么体统？另外，经常来访的洋人读到这类错误百出的英文就会不知所云，有碍学校声誉。文章写得情真意切，发表后我读到也十分感动，钦佩作者的拳拳爱国之心。恰巧他的几位学术同仁刚刚创办了一份新的科普文化杂志，据说销路不错，亟需文稿。他们一读此文，觉得非常好，马上将它发表。这下却引起了麻烦。那位作者与该大学一名志趣相同的教授合写了 20 多年的论文，连两人联名出版的教科书都有了好几本，成了许多人羡慕的对象。但这一次那位已在中国的学术界小有名气的合作伙伴，恪守“家丑不可外扬”的千年古训，开始向多年的朋友责难了，认为对方访问了自己几十年，几乎已被系领导当作自家人看待了，却是这样的不给面子！这件事的终局是，这对快进入老年的朋友分道扬镳，国内的这位再也没有邀请过国外的那位。后来，对此事来龙去脉比较清楚的一位工程学教授，没忘记告诉我，其实那所大学的院士校长，读到文章后，反而高兴得很，还让他的手下人马也“认真阅读一下”，绝对没把面子当回事。

这让我想起新中国北大历史上最好的校长之一丁石孙教授，当年对北大数学系的大学生、研究生“不讲面子”。在接受采访时，他直言不讳地说，超过90%的数学博士论文对学科的发展没有影响。我那时正在南大读硕士，在学校的研究生处拿了一份《丁石孙校长采访记》，读到如此悲观的评述，心里多少有点凄然，原先对博士称号的高度崇拜，遭到重击。我们广义丁氏家族中的贤者石孙老伯——他比先父早一年出生于江苏镇江，离我的老家扬州也仅一江之隔——说得其实一点没错。有几篇博士论文真的改变了世界？黎曼(Georg Friedrich Bernhard Riemann，1826—1866)的博士论文的确改变了世界，而信息论之父香农(Claude E. Shannon，1916—2001)的硕士论文就已经改变了世界。但他们是人中之龙、鸟中之凤。芸芸众生如我们，不要高估自己，不必希冀博士论文一鸣惊人。丁校长谆谆告诫年轻学子，要放眼未来，多读好书，打牢基础，而不是眼睛仅仅盯在博士论文上。他对博士论文的一番“轻蔑之语”，与后来我在李天岩教授嘴里听到的惊人之话“过了资格考，系里就欠你一个博士学位”，意思如出一辙，有着“心有灵犀”之处，都隐含着“教育的长期性”的哲理，与功利主义的做法不可同日而语。

美国人在媒体上批评起他们的政府官员、教育人士、公司经理等，基本上是不讲情面，哪像上面提到的海外华人教授那么谨小慎微。在美国，被批评者从未觉得丢了面子。他们可以认错，也可以反驳，“有则改之，无则加勉”。两年前我校的新校长上任后，制定了位于沿海城市的分校区新的管理政策，引起那个以前比较独立的校区很多人的不满，因为部分官员的权力必须上交，集中于主校区的教务长之手，当地报纸多有报道。校长不因此而压制对方，因为言论自由是这个国家的行动准则。他从不感到失去了威信或脸面，但他也在报纸上公开撰文，列举新的举措对本州沿海经济有多大的好处。

2012 年，华东师范大学出版社出版了该大学教授和研究生集体翻译的一本书《失去灵魂的卓越：哈佛是如何忘记教育宗旨的》(*Excellence without a Soul: How a Great University Forgot Education*，2006)。作者刘易斯(Harry R. Lewis)是计算机科学讲座教授，执教哈佛 30 年，曾任本科学院——哈佛学院的院长 8 年。这本美国的畅销书毫不留情地批评了以哈佛为代表的美国精英大学，为了追求所谓的“卓越”而忘记了教育的使命，甚至对包括萨默斯(Lawrence H. Summers)校长在内的哈佛高级管理阶层，指名道姓地进行批判。萨默斯曾是个天才的经济学家，28 岁成为哈佛大学历史上最年轻的终身聘用的教授，当过克林顿总统的财政部长，但后来由于一些事件，包括一句关于妇女智力的不当言论，在校长位置上黯然下台，而哈佛的现任校长恰是一名女性！

当中国四川省的高中毕业生刘亦婷 1999 年被哈佛大学录取

时，刘易斯院长正在任上。第二年，中国望子成龙的父母马上被刘妈妈应时而作的畅销之书《哈佛女孩刘亦婷》迷住了，以为读了它，就能按照刘家的育子模式，把自己的独生子女送进哈佛，毕竟哈佛在中国人的心目中如同神一样的高高在上。谁知，哈佛学院的院长却不讲面子，居然把自己曾身居要职的全世界学子最向往的大学，描绘得一无是处，连"教书育人"这个教育的最神圣使命都忘记了。这怎能让害了几千年慢性"崇拜病"的中国人理解？

在中文版的序言中，作者对于美国许多大学的现状，诙谐地打了一个生动的比方："有时，我们认为只要学生高兴，我们的教育就成功了，仿佛我们是在饭店里向学生提供餐饮服务。"但是，在短短序言的结尾，作者欣慰地告诉我们："本书出版后，哈佛又提出了新的本科教育课程改革计划。新的课程计划重新强调了哈佛曾经非常缺乏的教育理想。这一计划的起草者提到，新课程制定过程中得到我这本书的启发。如今，我很高兴地看到，我们有望重新点燃几乎要放弃的理想了。"

这就是哈佛保持不败的秘密：海纳百川、从善如流、追求进步。她吸引了全世界的优秀学生前去求是，同时她时刻改正自己的缺点，从不认为自己是完美无缺的天外来客。相反，中国人是不喜欢听到批评的，我们很难想象，一位中国的校长、院长，敢于像刘易斯这样，写出一本中国的顶尖大学如何失去灵魂，并把校长大名挂在兴师问罪的名单里。即便有人写出，也会在上司的谆谆诱导甚或干涉下流产。

面子在美国不算啥事，但中国却是生活的重心之一，如果它是光的话，照耀在教育大地的光滑平镜上，反射出的就是炫目刺眼的"遍地排名"。

第十九章　戏说排名

排名这种中国教育界滥用、老百姓认同的手段，已经到了登峰造极的地步，它对一切与教育有关的活动影响巨大。

我 2003 年秋季的学术休假期间，曾应邀在南京航空航天大学，用中英文双语为大学二年级的四个班百余名数学系学生，讲了两个月的“数值逼近”课，用的教材为布朗大学著名应用数学教授戴维斯(Philip J. Davis)的经典著作《插值与逼近》(*Interpolation and Approximation*)。班上的课代表与另一名学得好的男同学，后来成为生活中的伴侣，现在依然是学习上的伴侣，同为我昔日导师李天岩教授的博士生。但是，这位复旦大学的女硕士申请来美念书时，密歇根州立大学只是用来“垫底”的，因为它的排名对于在复旦的汤锅里熬过几年的申请者来说，还不够高。我记得她当时告诉我，她报考研究生院的花名册上，有斯坦福大学与密歇根大学。只要它们之中的任何一所学校录取了她，并给予助教奖学金的资助，密歇根州立大学的校园再美(它的确是全美校园最漂亮的大学之一，甚至不亚于斯坦福)，对她的吸引力顿时消失，尽管我之前曾向李天岩教授强烈地推荐了她和她的丈夫，而且李教授也已答应接收他们夫妇俩当他的博士生。

后来，他们的导师问她：“为什么把排名看得这么重?”腼腆的太太回答得很妙,也很真实:“我们从小就开始排名。”

无独有偶,我下一次的学术休假是2011年在香港度过的,在香港浸会大学教了一门高年级本科生的泛函分析课。班上总共只有13个学生,除了一位土生土长的香港人,其余全部是大陆的,包括一名来自复旦的“访问学生”。第二年他们中的许多人申请来美读研,好几个请了我写推荐信。其中一位女生把密歇根州立大学放进了她的版图。虽然我的母校录取了她并提供了助教资助,她却去了南边邻州的一所公立大学,原因大概也是“排名高些”。

要说排名,我只知道我直到高中毕业,都是班上最小的学生,而且是“严格最小”,即没有哪个同学和我同年出生。这也是一种排名,而且按照年龄大小我排在第一位。但这有什么意义呢?当然初中第一学期,我确实在全校大会上因此“出了名”。那是因为派来领导我们中学的解放军代表,不知听谁说,校内居然有一个9周岁的学生,在大会上惊呼了一声,于是我因他而“名声大噪”。但是,他哪里知道,我最恼火的就是我的小年龄,因为班上的那些淘气男孩,“文革”中无书可读,课间休息时,劲头十足的他们精力无处释放,就别出心裁地发明了一种把我用作器具的快乐游戏,名叫“打油缸”——两名男生每人抓住我的一只手和一条腿,拎起我的身体像打秋千似地左右晃动。摆的幅度越来越大,他们喊“一、二、三”后,将我上摆到空中站起,游戏在大家的欢笑声中结束。虽然他们并不是“欺负”我,甚至都喜欢又瘦又小的我,但我心里不愿意被他们这样玩耍,只恨自己没和他们一样大。因此,我那时就开始“恨”排名。

来美国后,我读到“神童”维纳(Norbert Wiener,1894—1964)的自传——《昔日神童:我的青少年时代》(*Ex-Prodigy: My*

Childhood and Youth）。如果我们将全美国一百年来的所有数学博士，按拿到博士学位的年龄排序，维纳应排在前列，可能是第一，因为他 17 岁就拿到哈佛大学的博士了，比 20 岁拿到博士的菲尔兹奖得主费弗曼还早三年。但是，这个“年龄排名”对他一生的心灵伤害，比我那个“年龄排名”要严重一千倍，说不定也是他 70 岁就去世的原因之一。维纳这本书里，通篇都弥漫着他这个美国国家科学奖的第二位得主对“神童”一词的终生怨恨。读完书后，我跟随他对“排名”的怨恨也加了一层。

我读书的年代幸而没有“班级排名”的人为困惑。读书就读书吧，谁会计较谁排在第几？老师不计较，我们更不计较。虽然我们师生对班上同学的学业状况大致了解，但没人会无聊到计算每个人所有课考试成绩的平均分，再不厌其烦地将所有同学排名，得出第一、第二、第三的精确序列。大学阶段，我们只知道刻苦学习，多学知识，班级辅导员也没有多此一举地把我们的学业成绩精确排名。那个时候，大概只有一种排名：上体育课时按个子高矮排成一排。

我去密歇根州立大学读博士也与排名法没任何瓜葛。它是我唯一申请的学校，不像现在的留学青年，一申请就是十个、二十个，忙得不亦乐乎，然后将所有录取自己的学校放在一堆，按照某个排名法，选出第一名即可。我正式申请前先联系了三位教授，即李天岩教授、约克教授和伊乌斯教授，就是因为我对他们在与我硕士论文有关的领域所做的研究有一定的了解，读过他们发表的论文，因而想做他们的博士研究生，继续我的研究，而不是先去了解他们各自学校的排名。我那个时候的出国同学基本上也是这么考虑的。

排名的基础是比较，有比较才有鉴别。过分看重排名本质上就是过于沉湎于比较。喜欢比来比去的人往往缺乏自信心与主动性，于是只好把自己交给排名榜决定终身。听一听盖茨的这句名言吧："不要将你与这个世界的任何人作比较……如果你这样做，你是在侮辱你自己。"(Don't compare yourself with anyone in this world…if you do so, you are insulting yourself.)他考进了在我们眼里最棒的大学，唾手可得的名校文凭可以被父母炫耀一辈子，但是他毫不犹豫地放弃了，20年以后成为哈佛最著名的肄业生。

华罗庚大概也从不相信什么排名之类的。1930年代他去剑桥大学进修时，导师哈代外访前留下的条子上写道："华，你两年内可获博士学位。"这在今天对没有博士学位的访问学者而言是多么诱人：嗨，剑桥博士！但是26岁的华罗庚将博士证书"弃之如敝屣"，他心目中不追求虚名，他想要的是真才实学。历史已经告诉我们，只有初中文凭的他，经过自己的努力及一些大数学家的提携(如普林斯顿高等研究院的外尔)，其数学研究的成就比同时代的那些哈佛、芝加哥的华人数学博士高出几个数量级。

对排名最愤慨的科学家大概非费恩曼莫属了。作为美国科学院院士，他对科学院花太大力气讨论排名决定谁有资格被遴选为新院士，而不是多做促进科学发展的大事大为不满，最终辞去了院士身分。这与中国人为了当选院士挤破了头的现状简直是天壤之别。

现在，我经常回国，也常有张三李四，或他们的家长王二麻子，和我谈及赴美留学的计划。我听来听去，几乎听不到他们对所想申请的美国大学的具体院系、学科建设以及关键的教授有多少的了解。听到的总是这个学校，在全世界排第几名，或那个系，在全美国列第几位。

他们当然知道美国乃至世界几乎所有大学的排名。在搜狐网站首页的上方，就有一个“世界名校排名榜”的链接，每年更换一次。这个链接大概是搜狐网站上，点击次数最多的网页之一了。不过，我到现在还没有时间将它打开，因此不知这个排名，是中国或外国的哪家排名机构精心制作的。说老实话，我至今看过的高校排名也仅仅是《美国新闻与世界报道》做了几十年的那一个。在美国的机场等待下一趟航班飞行的闲暇里，我有时会走进机场的书店，看到这份杂志就随手翻一下最新的各学科排名榜，作为打发时间的消遣之举。

排名真的那么重要吗？进排名高的学校真的能保证毕业后鹏程万里、前途似锦吗？在排名第十的学校拿到硕士、博士学位，真的总比排名第一百的更容易获聘，起薪更高？

要回答这些问题，我们再看一看排名到底是怎么回事。当然每个人都知道什么是排名，它是按照某个标准将不同对象排成一列。例如将100个人按个头高矮排成一列，就制作了一个身高排名榜。如果姚明在这100人中，他有概率为一的可能排在第一。如果一项工作要挑选人员，身高是唯一的标准，譬如要招聘不用梯子的刷墙油漆工，用这个排名当然能招到最佳人选。但是如果我们要招的油漆工，身高不是唯一的条件，还要加上对油漆气味敏感度低的另一要求，让领导少听到一些工人的埋怨之声，那么姚明可能就不是第一人选，因为他的鼻子或许对油漆气味最敏感。

个头矮的人固然在身高的排名中名落孙山，但矮子就什么都“低人一等”吗？记得我小时候学的语文课本上，就有一个关于个头高矮的故事。高个子的长颈鹿嘲笑矮小的山羊，够不着墙外树枝上的叶子吃。但山羊也有骄傲的资本，它可以通过院子的小门进出自由，而长颈鹿只能困在那里走不出去。这个寓言对小学生而言，意义非同小可，让他们从小就懂得“相对性原理”。

上述的简单例子说明，任何排名仅仅具有相对的意义，只能作为采取某种行动的参考，而不能作为决定一切的依据。大学排名，无论怎么排法，都以某些指标作为计算的标尺。超出那些具体的指标之外，这个排名就毫无意义了。例如，美国大学有一种排名，指标是读大学的“经济合算度”，通俗地讲就是花的学费值不值得上这所大学。按照这个“划不划得来”的准则制作的排名榜，对许许多多的美国家庭非常有参考作用，因为“经济实惠”是他们处理一切问题的原则之一，包括子女择校读书。我想佛罗里达州的一些公立大学，一定会列在这个排行榜的前部，而那些常春藤名校，就要靠后站了，因为它们对许多人而言花费太大，“中看不中用”。佛罗里达州的州立大学，对于本州居民的孩子收取的学费在美国的 50 个州中大约是最少的，几乎人人都能上得起，其中最好的佛罗里达大学（University of Florida）在全美的公立大学群中也是出类拔萃的，读它绝对上算。2014 年年底，我校的网站突然出现一行大字：本校会计专业在“上得起”排名中全美第十！

2014 年，美国又出现了一个新的大学排名榜，号称是综合了最多、最合理的指标进行比较，其中有一项是学生的“还贷率”。大学生向银行贷款付学费读书四年，找到工作后开始归还贷款，有人还得快，有人慢些，还有人迟迟不还继续付利息，因此毕业生的还贷快慢度，也成了学生就业的成功度，因而衡量大学好坏的一个指标。在这个排名下，我们熟悉的哈佛或普林斯顿都排到好几名后头去了。

《美国新闻与世界报道》的大学排名榜一直相当权威，说服力强，因而广受民众的注意。它所依据的是若干种具体指标，再换算成综合指数排名。2014 年，它把美国的高校分为全国性大学、全国性人文学院、地区性大学、地区性学院四大种类，根据的还是卡内基的高校分类法，用的指标包括：学生保持率、教师资源、新生录取率、财务资源、校友捐赠、毕业率，对全国性大学和全国性人文学院，还加上了高中学生辅导员的评判，加权平均，计算排名。学生保持率指的是大一新生留在学校一直读到毕业为止的比例，这个比值也很重要，因为它表现的是该大学的受欢迎程度。

如下是《美国新闻与世界报道》的网站上列出的 2014 年排名前三名：全国性大学为普林斯顿、哈佛、耶鲁；人文学院为威廉姆斯、阿默斯特、斯沃斯莫尔。公立全国性大学中，前三名为加州大学伯克利校区、加州大学洛杉矶校区、弗吉尼亚大学。我的博士母校密歇根州立大学则排在第二十九位。

但是，这些所谓的排名对于报考大学仅仅具有参考意义，并且只是所考虑的众多因素中的一个；甚至连“权威”排名榜制造者《美国新闻与世界报道》，也在其“排名方法论”的网页上开宗明义且明白无误地说道：

> 构成大学经历的无形价值不能由一系列数据进行测量。但对于关注于寻找钱有所值最佳学术投资的家庭而言，《美国新闻最佳大学排名》则提供了一个很好的搜索起点。

注意，它用的短语是“搜索起点”，而不是“决定因素”。然后它继续谈论这个排名的功能：

> 基于这些广为接受的卓越度指标：大一新生的保持率、毕业率及师资队伍的实力，排名表让你概览性地比较各个大学的相对质量。当你检查出你手中短名单学院数据的同

时，你可能会发现不熟悉的学校也有类似的指标，从而拓宽你的选择。

最后，它提醒使用者们注意排名表的局限性和适用性：

许多这里未关注的其它因素会影响你的决定，其中包括位置和校园生活的感觉；学术课程、活动和运动的范围；成本和财政援助的可能性。但是，如果你把我们提供的信息和你的校园参观、面试及自己的直觉结合一起，我们的排名能成为你寻求合适大学的有力工具。

解释得再清楚不过了。制定最佳大学排名表的专家们，也并没有竭力地兜售他们的产品，而是客观地告诉读者怎样用它：这个排名仅仅是你制定报考大学战略决策的50个参谋中的一个，而且不是上将总参谋长，只是个少校级的情报参谋而已。

关于排名，我们瞧瞧芝加哥大学齐默校长是怎么看的。去年，他曾对采访他的中国记者有一段评述：

制作大学排行榜要搜集很多资料和数据，某些部门、很多学校自己也会作一些排名。但我认为，重要的并不是排行榜的排名本身，而是这个排名说明了什么。不同的排行榜都有自己的计算公式，你不能说它是对还是错，只能说这是它的衡量方法，一方面有一定意义，但有时候也并不那么精确，想要拿到好名次，加强和这个计算公式有关系的某些指标就可以了。

2014年，哈佛、耶鲁分别被排名第二、第三，都是各项指标名列前茅的最佳大学。但是像前面提到的那个真实的极端例子，爷爷奶奶替孙子做主，选择前者而抛弃了后者，四年下来20万美元(超过100万元人民币)，就为了买下一张哈佛而非耶鲁的文凭，你说冤不冤？可是曾记否，在密歇根州立大学的研究生公寓里，随父母居住了几年的一位中国男孩，后来在哈佛拿到了商科文凭，几年后却由于经济不景气，被雇用他的银行炒了鱿鱼。说不定他之前若接受了耶鲁的教育，也不至于被解雇了。在这个极端例子里，如果省下那笔费用，让辛苦一辈子的爷爷奶奶或外公外婆，每天都能喝上正宗的美国威斯康星州许氏西洋参汤，就像我几十年来孝敬父母所做的那样，不光老年人的晚年健康愉快，孙辈的大学教育质量丝毫也没有降低，说不定在耶鲁感觉更爽呢。

不仅被奉若神明异化了的大学排名榜误导了许许多多的赴美留学生，中小学校各色各样的排名，更是把未成年人划入莫名其妙的一、二、三等，就因为考试成绩相差几分。提到读书时的成绩，丁肇中教授曾有一句实话："我从未听说过诺贝尔奖获得者曾是班上的第一名，倒数第一倒是听说过的。"全班成绩倒数第一的"诺奖名人"我听说过两个。一个是 2012 年的生理学或医学奖获得者、剑桥大学教授格登(John B. Gurdon)爵士，他 15 岁在英国最有名中学伊顿公学(Eton College)读书时，生物课成绩于全年级总共 250 位的男孩中排名垫底。另一个则是 2002 年物理学奖获得者小柴昌俊(Masatoshi Koshiba)。绝大多数的杰出人物，学校读书时都不是什么循规蹈矩之人。他们大多不是老老实实地听老师的话，按部就班地做规定的习题，一心一意地围着考试卷转。另一方面，大多数中学教师也绝非是鼓励学生"好高骛远"的教育高手，他们或者在校长的高压之下，或者本人就是如此，只是把学生的考试成绩视为自己"成功"的标志，管他们的未来是龙还是虫，这不关自己的事。

我们这些在考试中过五关斩六将的"大孩子"，早已看穿考试成绩的虚伪性，它大概比任何一个成年人都虚伪，因为它对老师难得说真话，往往以"绣花枕头"或"墙上芦苇"的假面目出现。但它却能蒙混过关，欺骗父母，以为考了第一的儿子真的了不起，离华罗庚不太远了。事实胜于雄辩，大多数的成绩最佳者，后劲往往不足。因为他们太看重官方的学校成绩单了，为了满足那颗“兔子的尾巴——长不了”的虚荣心，只是为了考试而学习，自然花在课外读书的时间精力寥寥无几，而课外书籍的大量阅读才是成才的关键准备。

这方面，中国人最佩服的成功人士盖茨最具说服力。他说：

> 我有几门课的考试挂了，但是我的朋友门门通过。他现在是微软的一名工程师，而我却是微软的主人。(I FAILED in some subjects in exam, but my friend PASSED in all. Now he is an engineer in Microsoft and I am the owner of Microsoft.)

勤奋不辍的自学往往会导致成功大业。美国历史上最伟大的总统之一林肯事实上也是美国历史上最后一名没有念过大学的总统。林肯年轻时很早就离家谋生，但再苦再忙也不曾间断自学。当上律师后为了理解“证明”(demonstration)之真髓、改善逻辑推断之能力，他开始“请教”数学推理之父欧几里得。他的律师合伙人赫恩登(William Herndon，1818—1891)曾这样地回忆林肯的阅读之路：“当他的半打律师伙伴们在房间里仰天大睡鼾声如雷之时，他一支蜡烛点在枕头旁，打开欧几里得的《几何原本》而沉浸其中，常常读到深更半夜。”我的大学室友田刚，早已是中国科学院的院士。本科四年，他的平均成绩不是第一第二，也不是第三第四，因为他不太在乎考试结果。但是，他每天都在研读教科书以外的数学，还修过研究生的课程，用的书是法国数学家迪厄多内(Jean Alexandre Dieudonne，1906—1992)的名著 *Foundations of Modern Analysis*(《现代分析基础》)。然而,有的记录却永远不在大学成绩单上露面。

固然,读书时成绩最好、20 年后依然保持最优的人大有人在。最佳例子之一当属北大八四届数学系毕业生、外祖父为郁达夫长兄郁曼陀的郁彬博士。30 年后,带着加州大学伯克利校区“校长教授”最高学术荣誉头衔的她,继上一年成为美国艺术与科学院(American Academy of Arts and Sciences)院士后,当选为美国国家科学院(United States National Academy of Sciences)院士。我 2011 年访问香港浸会大学数学系时,我的博士师兄王筱沈之弟、在杜兰大学(Tulane University)当教授的王学锋,也在那里度他的学术假。他是郁彬的大学同学,有次吃饭时告诉我们,当年郁彬的各科总体学习成绩全年级第一。现在呢,虽然我所熟悉的她的男同学王学锋、汤涛、罗智泉等,都已是在各自的研究领域中享有国际声誉的知名学者,算下来还是她自己在学术成就及所获荣誉上更胜一筹,这个“排名第一”依据的指标是:她是美国的“两院院士”。

成绩最好但成就平平的例子也是不胜枚举。我有次开会碰到台湾清华大学的一名教授,他比我的博士导师李天岩教授迟了一两年大学毕业,知道不少拿到过杰出校友奖的李教授的逸闻轶事。他告诉我,他的这位学长大学毕业时,成绩全班第三。第一名第二名均去了美国的最好大学读了纯粹数学的博士学位,但现在只是台湾的数学教授而已,在国际学术界知道的人并不太多。而接上来的“探花郎”却由于“李—约克混沌”的那篇著名论文,名字广为天下所知。

这就是坊间经常讨论的所谓“第十名”现象。据说这是杭州一位好做调查的小学教师“惊人的发现”。大约 15 年前,他通过长达 10 年的毕业生跟踪观察后发现,小学升初中、初中升高中、高中考大学过程中的那些名列前茅的学生，相当大的一部分，随着时间的推移，渐渐地淡出“优秀的行列”而进入“平庸状态”。反观班上那些第十名左右的“中上层人士”，进入社会后却表现出色，达到了刘欢所歌唱的“该出手时就出手”的境界。

这种怪现状其实说怪不怪，很容易理解。在一切为了进名校的指导思想下，分数的奴隶潮流般地涌现；加上授课老师的“快马加鞭”，部分天资不差但过分看重分数排名的学生，拼命死抠课本，像《摩登时代》中卓别林扮演的那个机器奴隶装配工，一个模式地机械化做题。这样，第一名、第二名就横空出世了。而另一部分不仅天资聪慧，并且志向远大的少年，他们并不在乎被老师排在第几，目光如炬的双眼盯住的是“天上的星空”；求知欲强的大脑里，装满了为今后几十年发展大有用武之地的知识矿石。这些第十名者到了一定时候，也许刚刚大学毕业，就可在芸芸众生中脱颖而出。

最令国人失望的故事发生在我国从 1977 年至今将近 40 年的高考“状元”头上。许多年间，这些十七八岁的“考试名人”，在各自的家乡出尽了风头。据说有的县市还复古式地把他们打扮成一千年前的状元相，上街庆祝。但是 2014 年的一份《中国状元职场状况调查》声称，“1977 年至 2006 年 30 年间的全国各省高考状元全军覆没，没有发现一个在从政、经商、做学问方面的杰出人才。”假如这份报告符合事实，看来高考“状元”总体上还不及封建主义古代中国的科举状元有出息。千余年的科举，尽管和当今的高考都具有“公平选拔”的优点，甚至被 18 世纪的西方人效法，但以明清两朝八股文为代表的考试方式，束缚了书生的思想。中国历史上杰出的诗人、学者、名流，大多科举榜上名落孙山，如李白与杜甫。即便如此，状元们也没有惨到“全军覆没”的地步。只需将 30 年的高考前推 100 年，在中国科举史上最后 30 年的状元中，实业家张謇的大名赫然在册，在他的时代举足轻重。

我没有问过李天岩教授，他当年是否真的是班上的第三号人物。其实我对此根本没有兴趣，全班第十又怎么样？不过，2003 年 3 月，我在他家偶然翻到一期台湾新竹清华大学印制的《清华大学通讯》，上面有一位台湾“中央研究院”院士的采访。此君原来是李教授的大学同班同学。这位“中央研究院”院士，读大学时的数学成绩倒应了丁肇中的那句名言。说穿了，他们在各自领域成功的秘诀只有一个：天才加勤奋，久磨出人才。我记得这是魏木生留给我的大学毕业临别赠言，说得一点不错。或许数学不及李教授但受过数学训练的这位计算机院士，启发了众多大陆学子，最近几年的数学系毕业生，去了美国后纷纷改行，修读最实用的最能赚钱的热门专业，其中统计或者生物统计最受青睐。

排名，把我们的学生排得晕头转向，把家长排得寝食不安，也把老师排得彼此妒忌。有人比较过中美两国父母，中国的妈妈下班后急忙问女儿，今天考了第几名；美国的爸爸晚上和儿子闲聊时问道，今天你问了老师什么问题。这就看出截然不同的关心对象，一方只注意表面的现象，面子第一；另一方则重视学到的东西，更看里子。

只为成绩而读书的学生，尽管在短短的校园生活中能够风光一时，可以为家长为母校争足面子，但学业上的辉煌很可能难逃昙花一现的结局。他们赢在了傲人的成绩单上，也能考进排名靠前的国立大学，在学校招生宣传广告中列出的“杰出校友”名册内排上了号，为母校出色地完成了面子工程。

然而，如果既在学校里的读书生涯中拔得头筹，又在毕业后的人生征途上不畏困苦，以火一样的热情追求真理，几十年如一日地继续保持领先和卓越，或为攻克世界难题、摘取科学明珠而锲而不舍、坚持不懈，就像吴健雄、林家翘、吴秀兰和张益唐，那才是真正意义下的为校争光，因为他们为全人类作出了杰出的贡献，为全世界挣足了最大的面子。

第二十章　教育随想

由于我的博士论文与计算遍历理论领域内著名的“乌拉姆猜想”有关，我一直是波兰裔美国杰出数学家乌拉姆的铁杆粉丝。二十多年来我前后读过三遍他的英文自传 *Adventures of a Mathematician*（中文译本《一个数学家的经历》已在中国出版）。这本书是他的科学生涯与个人经历的忠实记载，包括对他一生的挚友冯·诺伊曼的绝妙描绘。但是书的最后一个章节却与一生的故事关系不大，而是他关于科学哲学思想的发挥以及对科学前景的展望，标题是“对数学和科学的随想”（Random Reflections on Mathematics and Science）。在这里，我们聆听着一位“科学贤者”关于未来数学对现代物理、生物科学等应用的真知灼见。

在完成本书两大部分——作为受教育者和教育者的留美 30 年个人经历，以及美国初、高等教育的真实面貌——之后，我也想借用乌拉姆的方式，来记录自己对“教育”这个永恒话题的一点随想。

去年（2014）夏季回国，我特地带上一本英文小书在飞机上阅读，初衷之一也是为了写这本书而重温一下大师的教诲。书名是《教育的目标》（*The Aims of Education*），作者为近代英国最伟大的学者之一怀特海（Alfred North Whitehead，1861—1947）。他是罗素在剑桥大学的老师，其生命的最后 24 年，是作为哈佛大学的哲学教授度过的。我曾被他的另一本名著《科学与近代世界》(*Science and the Modern World*)所倾倒，读的是在北京旧书店淘到、20世纪50年代国内出版、带有被批判性质的中文译本。《教育的目标》1929年出版，是怀特海教授在英美两国不同时期关于教育的演讲集。在书的序言里，作者用一句话浓缩了他关于教育目的的诠释："学生是有活力的，教育的目的是激励并引导他们的自我发展。"(The students are alive, and the purpose of education is to stimulate and guide their self-development.)

许多教育界人士似乎都知道教育的崇高目标。但怎样才能实现它，却又另当别论了。100年前，怀特海教授在他担任英格兰数学协会(Mathematical Association of England)会长的就职演说《教育的目标》中，就旗帜鲜明地警告大家："具有惰性思想的教育不仅无用，而且最重要的是，它有害。"(Education with inert ideas is not only useless; it is, above all things, harmful.)

正因为僵死的教育方法如此害人，他在书的序言中，义正词严地宣告："整本书是对僵死知识的一种抗议，也就是说，反对惰性思想。"(The whole book is a protest against dead knowledge, that is to say, against inert ideas.)

这本1963年被新美国图书馆出版社第十三次印刷的"良师丛书"之一，封底上摘录了书中的一段名言：

> 直到你失去你的教科书、烧掉你的课堂笔记及忘记你为考试而熟记于心的细节之前，你的知识对你无用。……大学的功能是使你能够摆脱细节，遵从原理。(Your learning is useless to you till you have lost your text-books, burnt your lecture notes, and forgotten the minutiae which you learnt

by heart for the examination…The function of a university is to enable you to shed details in favor of principles.)

那么,怎样才能实现怀特海所阐述的"激励并引导学生自我发展"的教育目标? 或言之,什么是好的教育呢?

如果把教育仅仅看成是传递知识的运输带,那么学校几乎与工厂的车间无异,师生关系就和师徒关系等同。我当过工厂的学徒工,后来也成了个小师傅,目睹过许许多多的车工、刨工、钳工、木模工、翻砂工师傅怎样教他们的徒弟,加工组成机器的零件或制作铁水浇灌的模型。只要用心学,只要不是天资愚钝,都能和师傅学到一身好手艺。但是,师傅一般只精通一门手艺,而不是通才。把教育仅仅视为师徒之间的技艺传帮带,只能训练成有一技之长的工匠,而不能培养出采百家之长的集大成者。此外,在心灵的培养上,除了部分品德上乘的师傅通过言传身教,影响着徒弟的一生,又有谁来要求自己的弟子"德艺双馨"呢?

我以为,直到进入研究生院或职业学校的专业学习之前,所有的教育都应该以"通识教育"或"人文教育"为主旋律,而不是以灌输书本知识或培养专业技能为出发点。哈佛大学的上一任校长萨默尔斯说得好:

> 对一所大学来说,再没有比培养人更重要的使命。假如大学都不能承载这一使命,我看不出社会上还有哪家机构堪当此任。假如我们葬送了人文教育的薪火相传,一切将覆水难收。

古希腊的大思想家亚里士多德认为,人文教育既不立足于实用,也不立足于需求,而是为了心灵的自由;通过发展理性,提升智慧及道德水平,实现人的身心和谐发展。近代西方教育家一直扛着人文教育的大旗不放松。纽曼(John Henry Newman，1801—1890)在《大学的理念》(*The Idea of a University*)一书中明确提出：对受教育者而言，大学教育就是人文教育。他进而阐述道：

> 人文(通识)教育之所以胜过任何专业教育，是因为它使科学的、方法的、有序的、原理的和系统的观念进入受教育者的心灵，使他们学会思考、推理、比较和辨析。

歌德曾经讥讽过："单学知识仍然是蠢人。"比他迟两年去世的另一个德国人、近代大学理念的最早实践者——柏林大学第二任校长施莱尔马赫(Friedrich Schleiermach，1768—1834)也说得明白无误：

> 大学的目的并不在于教给学生一些知识，而在于为其养成科学的精神，而这种科学精神无法靠强制，只能在自由中产生。

耶鲁大学在近两百年前就强调："大学的目的在于提供心灵训练和教养，充实具有知识的心灵。"

你看，真正的教育获得的是"有知识的心灵"，而不是"充满心灵的知识"。"有知识"只是用于修饰"心灵"的形容词而已。它服务于主体，不是雪中送炭，而是锦上添花。皮之不存，毛将焉附？缺乏美丽的心灵，知识有何作为？

在中国，古人推崇"博闻，择其善而从之"，就是全面修养的必经之路。到了近代，20个世纪前半叶几个伟大的教育家，也留下了关于人文教育的精辟言论。北大历史上最了不起的蔡元培校长说得一言九鼎：

> 教育者，养成人格之事业也。使仅仅为灌注知识、练习技能之作用，而不贯之以理想，则是机械之教育，非所以施于人类也。

中国现代通才教育思想先驱者潘光旦更是一言以蔽之：

> 教育的理想是在发展整个的人格。

清华校长梅贻琦毕生坚信：

> 大学教育应在通而不在专，社会所需要者，通才为大，而专家次之。……以无通才为基础之专家临民，其结果不为新民，而为扰民。

这些都是如雷贯耳的警句箴言。有了贯通一切的人格塑造与广博知识，教育的产品就能接近孔子期许的“君子不器”之境界。

然而，今日中国教育现状的畸形面貌，已在相当程度上违背了民国时期几大教育家的谆谆告诫。尽管我们的课堂或者各类技能才艺班能塑造出看似优秀的人才，但许多才华横溢者的心灵深处，却缺乏光彩照人的道德情操。去年，我读到一篇博客，谈的是最新一期中央电视台的名牌节目“对话”，邀请的对话者为中美两国即将进入大学的高中生。来自美国的客人都是“全国优秀两千五百美元奖学金获得者”，国内的与之对话者也刚被北大、清华或港大等亚洲名校录取，堪称全中国高中生里的凤毛麟角了，或按当今的时髦名词，他们都是“学霸”。

这篇博客说，当主持人拿出智慧、权力、真理、金钱和美这五项东西，让中美高中生作为人生之选，美国学生几乎一致地选择了真理与智慧，而中国学生除了一人选“美”外，没哪位选择真理或智慧，有人选“财富”，也有人选了“权力”。

接下来的是请他们制定对非洲贫困儿童的援助计划。中国学生真是多才多艺，他们歌颂丝绸之路、吟唱茶马古道、手弹古筝钢琴、吹奏短笙长箫、吟唱太平盛世。精彩表演的最后才轮到非洲的援助计划，却是泛泛而谈，不着边际。只说要组织去非洲旅游募捐、兴建希望小学。当一位香港嘉宾询问具体的操作细节时，他们却回答不出，只好面面相觑。

反观美国学生的方案，实事求是地分析非洲社会的生活现状，从食品、饮用水、教育，甚至艾滋病、避孕等具体问题着手，对每一项做什么及怎么做，乃至各项预算，都事无巨细地落实到团体个人，求实主义的风格令人难忘。

博客作者认为，美国学生成熟干练，善于解决问题，是实干家；中国学生只会背诵书本，除了才艺展现，不能改变世界，仅仅是个夸夸其谈的演说家。他感到悲愤的是："当中国学生该展现理想和精神时，他们要追逐金钱和权力；当中国学生该立足实际，脚踏实地解决问题的时候，他们又吟诗弄赋，在实际问题的外围不着边际地轻轻飘浮。我们到哪里寻找既有理想，又能做事的公民？"

作者继而抨击中国的教育，断言它是最大的假冒伪劣产品，其毒素已经远远胜过毒牛奶、地沟油、毒大米，甚至有毒的空气。他认为："中国教育最大的罪恶就在于大批量制造出没有任何创造力和思考能力的书呆子记忆棒，他们对人类本身的认识，以及客观世界的认识都是零乱的、机械的、片面的。其后果将是他们无法认识人性，无法认识自己，同样也无法认识与人类生活息息相关的物质世界。"

说得可能有点耸人听闻，但"天下兴亡匹夫有责"的拳拳之心是在那里炽热地跳动着。客观公平地评价，中国的教育方式在某些地方还是有值得其它国家借鉴、学习的东西。譬如中国教育极为重视的基础知识训练，尤其是数学基本运算能力的培养，是西方人心服口服的，因为他们知道这是他们自己的软肋。杨振宁先生多年来对中美两国教育的一些评语，确实很有道理。比如，他说中国教育对普通学生有益，但对天才不利，而美国教育的利弊之处正好相反，画龙点睛地点出了两种教育体制的特点。美国的绝大多数高中毕业生心算笔算能力较差，大学生普遍不会代数式的巧妙化简，更不懂几何定理的复杂证明，而这些东西在中国的中学有着扎实的训练。一旦进入工作市场，在需要初等数学运算或论证的场合，在基本逻辑思维派上用处的地方，中国各行各业的受雇者运用数学知识的本领，在整体上可能显著地超过美国人，尤其在那些比较发达的地区。

但是，仅仅满足于基础扎实，是“捡了芝麻丢了西瓜”，距离理想的教育还很遥远。上述“对话”节目反映出的中美差别，本质上就是两国教育理念对“人的教育”之诠释，有着根本性的不同。在中国，教育就是灌输知识的代名词，而在美国，教育是塑造人性的加工场。中国有句古语，叫做“纲举目张”。对于教育而言，人性培养是“纲”，知识传授才是“目”。中美教育的不同实践，就反映在纲与目的不同选取。在教育内容的取舍上，两国相异的就是对通识教育与技能教育的不同强调。

中国目前的教育就是服务考试的应试教育。除了缺乏心灵培育的温床外，应试教育的反复训练，还易练出几个物极必反的后果。其中最为国内有识之士诟病的就是“创新不足”。不堪回首的“文革”期间，由于整个中国大陆的主旋律是“知识越多越反动”，大多数人不敢读书，或至少不敢公开读书。但是许多人，书虽然没有读太多，却能够融会贯通，活学活用，结果创新意识非常强烈。当今社会各条战线的不少成功人士，都是在那个时代长大的。现在的情形却是“知识越多越被动”。青少年书读得很多，但读的多为老态龙钟的过时知识，捧在手里的只是内容拼拼凑凑的教辅材料。

本来是教材中写得清清楚楚的简单知识，却被人为地搞得复杂无比，对青少年发展思维的危害之大，可与鲁迅小说《孔乙己》主人公那样只会贩卖"回字有四样写法"相比。悲哀的是，不懂教育的家长，以为子女能从这些多余书中学到真谛，花大钱买回家。那些作者因此发了横财。

当然，目前学校过分重视"基础打牢"的主要动因，还是由于高考。知识只是成了应付考试、装点门面的资本，而不是用来探索自然、改造世界的工具。2012 年在江苏省太仓市举办的吴健雄诞辰一百周年纪念活动时，她的女学生、美国国家科学院院士、哈佛大学讲座教授胡玲又回忆起导师对中国教育的担忧：

> 吴健雄先生认为中国学生的基础不错，但培养方法有问题，不让学生质疑教授，学生不敢超越老师，不让学生独立思考，不培养学生动手能力。

20 年前的 1992 年，吴健雄在她父亲创办、她和丈夫晚年先后捐款几百万元的家乡明德中学，对老师们谆谆告诫：

> 学校太注意分数，一分之差就不得了了，这不行。要注重创造力、能力、恒力，要鼓励学生发问。中国的家长比较喜欢在学生回家的时候问孩子：你今天考了几分？鲜有家长会问孩子：你今天向老师提了什么好的问题没有？

2014 年 9 月，清华大学生科院院长施一公在演讲中提到一个故事。三年前他在以色列驻华大使馆领奖时，与大使先生谈到中国人如何重视教育。对方笑眯眯回答他："你们的教育方式跟我们不一样。"我 2015 年 5 月 28 日在飞机上，读到韩国教育学博士全声洙教授关于犹太教育法的一句总结之语："提问—对话—讨论，这便是犹太式教育的精髓所在。"这的确与我们的教育手段大不一样。结果是，占世界人口0.25%的犹太人，却占了诺贝尔奖得主人数的30%。

施一公教授继续说：

他给我举了原以色列总理佩雷斯的例子，说他小学的时候，每天回家他母亲只问两个问题，第一个是今天你在学校有没有问出一个问题老师回答不上来，第二个你今天有没有做一件事情让老师和同学们觉得印象深刻。我听了以后叹了口气，说我不得不承认，我的两个孩子每天回家，我的第一句话就是问：今天有没有听老师的话？

中国的官场文化包括的一条就是顺从，下级绝对服从上级。它在教育上体现的就是学生服从老师，服从到有时是非不分。我有个外甥曾对我说，他的数学老师有回把他的考试题扣分，因为他把答案的分数写成老师认为不对的“2/5”。在学校里，学生要统一写成分子在上分母在下的“标准”分数形式，其它都是错的！如果费恩曼听到这个故事，就要笑掉牙了。爱因斯坦更会觉得不可思议，因为他常用简化符号书写数学。例如他在复杂数学式中，干脆丢掉令他讨厌的求和符号“∑”。我的外甥不敢与老师争辩，因为老师总是正确的，标准答案只有一个！

芝加哥大学有一句格言：“明辨之路是争论，而非顺从。”它的校园就是一个时刻充满辩论、积极探索真理的环境。齐默校长总结道：

芝加哥大学着重训练学生如何思考，训练他们怎样富有想象力地去思考，怎样从不同角度进行综合思考。我们希望我们培养出来的学生具有广博的知识，对很多事情都有灵活、富有想象力的思考。芝加哥大学是可以挑战旧观点、诞生新思想的地方，我们培养出的学生是能够进行挑战性研究的。我认为，这是我们对社会最大的贡献。

这和爱因斯坦的教育主张不谋而合：

发展独立思考和独立判断的一般能力，应当始终放在首位，而不应当把获得专业知识放在首位。……只有大胆的思辨而不是经验的堆积才能使我们进步。

争论不休是美国大学一贯提倡的价值观，而中国大学则到处弥漫着师道尊严、唯唯诺诺之风。一所大学最重要的不应是尊重权威，而是自由开放与严谨求索。19世纪德国的伟大教育家第斯多惠(Friedrich Adolph Wilhelm Diesterweg，1790—1866)说过："一个坏的教师奉送真理，一个好的教师则教人发现真理。"这与现代教学论中"发现法"的倡导者、近代杰出儿童心理学家皮亚杰(Jean Piaget，1896—1980)说的一席话如出一辙："一切真理都要让学生自己获得，或者由他重新发明，至少由他重建，而不是简单地传授给他。"

芝加哥大学的经济学系，是诞生诺贝尔经济学奖的摇篮，诺奖数目是世界之最。如果它搬到中国，那简直是被神一般顶礼膜拜。但是齐默校长却说：

越是诺贝尔奖获得者，越是成就杰出的大学者，他们的著作、学术观点就越应该受到别人的挑战和质疑。

读书是教育的重要一环。高尔基有句名言："书籍是人类进步的阶梯。"王佐良教授翻译的培根那篇脍炙人口的随笔《论读书》，首句就是"读书足以怡情，足以博采，足以长才"。读到好书，仿佛置身于到处是目不暇接之美景，犹如和美丽伴侣共游西湖。当夜幕拉开之后，灯下读书，就可与智者悄悄对话，就可和历史窃窃私语。几百年前的培根如此谈论读书:“书可以品味,可以吞噬,少数可以咀嚼和消化。”俄罗斯的一位文学批评家也曾直言相告:“世界上有许多好书,但这些书是为那些会读书的人准备的。”

可惜,现实依然是像300年前法国启蒙思想家伏尔泰观察到的那样:“大多数人不会读书。”其实孟子早就断言:“尽信书,则不如无书。”正因如此,俄国作家别林斯基(Vissarion Bellinsky,1811—1848)谆谆告诫我们:“阅读一本不适合自己阅读的书,比不阅读还要坏。我们必须学会这样一种本领,选择最有价值、最适合自己所需要的读物。”

作为教育的主要手段之一,读书定要有所取舍。读最好的书,才能收到事半功倍的效果。比如说,勾股定理已有几百种的证明,但是有必要将这些证明一一过目才能吸收它的真髓?与其背诵这个基本定理的不同证明方法,倒不如精读一本有关欧几里得几何的上乘之作,比如打开德国数学家克莱因(Felix C. Klein,1849—1925)的《初等几何的著名问题》(*Famous Problems of Elementary Geometry*)。这本基于作者1894年哥廷根数学演讲的薄薄小书,讨论了古希腊三大几何作图问题——三等分角、化圆为方及倍立方,富含现代数学思想。不要管勾股定理有多少种证明,那只是吉尼斯世界的一条纪录而已,就像记录在案的某人会背圆周率的几万位数字世界之最一样。对问题追本溯源的深入思考,对一生的正面影响要大于死记硬背一百倍。

我到现在都记得,少年时代的我读到华罗庚先生那本1960年代为爱好数学的中学生撰写的小册子《从杨辉三角谈起》时所激起的快乐之感,以至于进大学后学到“数值分析”中的高阶差分,甚至在我当教授后每次教到它时,我都会想起华教授在书中讲到的“高阶等差级数”。一本好书留给人一辈子的回忆,就像卓别林在自传中深情怀念他一生中的初恋情人那样美妙。

约克教授出过混沌方面的大学教材,很受欢迎。李天岩教授曾告诉我,约克出书,一定要出版商降低成本,低价出售,这样穷学生也能买回家看。或许,这就是为何美国《纽约时报》(*New York Times*)记者格莱克(James Gleick)的那本老少咸宜科普大作 *Chaos*:*Making a New Science*(《混沌:开创新科学》),从 1988 年出版到 2008 年再版的 20 年间,卖出了超过 100 万本,平均每年 5 万有余。在当今的中国,这类几近无人问津的科普作品,顶多只能卖到人家的十分之一,尽管我国人口是人家的四倍多。2013 年,我在上海某个教育书店,想查一查是否有我当年出版的书,却被店员冷冷地回了一句:“我们不进科普书,没人买。”我看到售书大厅的最醒目地带,是杨澜大照片的灿烂微笑,她的一本新书正在大卖。正因为除了教辅书、考试书外的好书太少,我在国内的公共场所几乎见不到书的踪影。好几次,我在长途汽车上看书直至日落,想开灯,却发现进口车座位顶上的灯具早已成为没有任何使用价值的装饰而已。有一回我问了司机,却招来一顿训斥:“车上看什么书!”是的,车上的旅客不是昏昏然在睡,就是沉湎于手机。

我在美国 30 年,见到的洋人几乎 99%不通数学。但是我在飞机上看到的则是几乎 80%手上都捧住书读,剩下的可能用电脑工作(公务舱里更多),鲜有浪费生命的玩游戏玩手机的。美国许多的畅销书,体积不大,便于携带,并且每页单位面积的字多,出版社真为读者想得周到。不像国内许多书,不是以图充字,就是无字面积大大超过有字面积,书里面经常放一些可有可无的图,美其名曰图文并茂,以至于一本 300 页的中文书可以号称 30 万字,其实作者和编辑心知肚明，实际汉字不到一半。

我国内的家乡同学及好友中，爱读书并喜欢收藏书的人已寥寥无几了。但有一人却是例外，值得一提。他是扬州市的一位企业干部张钟玉，太太徐金华曾和我在同一中学宣传队，我在乐器组，她在舞蹈组。我前年在他们家与几位宣传队老同学欢聚一堂时，印象最深的就是站立在若干大书橱中的万册藏书。这也难怪，因为男主人就是扬州历史文化名人、清朝大学士阮元的后裔。他不读书，谁还读书？他不光喜欢看书买书，也勤于写作，几乎每周都在扬州的报纸上一展文采，不久前还送了我一本他 2014 年出版的散文集《记得住的乡愁》。在与我血肉相连的至亲中，最喜欢看书的，还有一人，那就是退休多年的家母。她身上没有功利主义的累赘，读书不辍只因兴趣所致。当然，她有书看的一个充分条件是我在各地买到的好书，常留给她老人家先看。2013 年，她居然在出版前我不知校对过多少次的合著《数学之英文写作》书中，发现了一个笔误："寥若晨星"敲成了"寥若辰星"。这件事成了《数学文化》当年一期欧阳顺湘博士所写有趣文章的素材之一。当我请接近九旬的家母过目我这本书的初稿时，她又发现了我好几个写错了的成语！

我也走进过一些成功人士的居所，各式高级商品琳琅满目，与主人的身价十分匹配。但是有一点却与他们的大学文凭甚至博士证书不太相称：豪华的客厅里看不见书的踪影。甚至我那些曾经爱好读书的熟人，多年来再也没有见到他们一书在手。我几年前每次经过上海，都要去福州路上的书店寻书，尤其是那家有名的古籍书店，每次都能淘回几本甚至十几本好书。但有时因行李太重而部分书带不回美国，只好暂放亲戚家里，以为他们也会像我母亲那样，免费品尝这些已属于我个人图书馆的精神食粮。但是好心帮我保管的他们，忙工作、忙赚钱，忙得不亦乐乎，恐怕对这些灵魂维生素从未服上一粒。

还是李巧英博士把她观察入微的"同胞读书图"概括得一针见血："中国人不读书，只读教科书。"寥寥几字，却振聋发聩，胜过千言万语的新闻报道。我在2009年发表于《科学时报》上的一篇随笔《读书与国家读书节》中，引用了她的精辟之语后，继而分析道：

> 教科书与考试相关，而目前铺天盖地的应试教育把教科书提升到无与伦比的高度。譬如，为考上替父母增光的清华北大，众多学子从幼儿园到高中拼命死啃堆积如山的教科书和考试辅导书；为考上待遇诱人的国家公务员，一部分平时远离书籍的人也和备考学习指导书暂时热恋起来；为了在还不够风雅的乌纱帽上再套上一顶博士帽，某些一贯"无暇"读书的官员也纷纷成了大学教授的宠儿。如此等等，给崇高的读书境界倾注了平庸的成分。

当时我的脑海里，已浮现出一位平时不读书却成大博士的典型官员模特儿，却未便在文章中指名道姓作为范例，因为这个代表性形象还在某省当着呼风唤雨的博士级市长。更早之时我在另一所城市的古籍书店里，看到这位父母官关于农民吃饭问题印刷成册的"博士论文"堆积如山。现在他那欺世盗名的博士帽子，终于被媒体翻了个底朝天。多年前我曾感慨官员博士的泛滥成灾，对朋友戏言一句，应对博士官员出个简单的"博士资格考试"：理工科的就考微积分，瞧瞧数学分析能力；文科的请写一篇作文，看看语言文字功夫。

我们的邻居日本，是个爱阅读的民族。这个时刻背负危机感、积极奋发向上的社会，一代代俊杰从儿童时代起，向自然看齐，向好书求教，因而读出了 20 位的诺贝尔奖得主(还要加上另外两位美籍日本科学家)。比如，前面提到的成绩差的小柴昌俊在《我不是好学生》一书中坦言，他的小学班主任送给他的一本爱因斯坦与人合写的科普著作《物理学的进化》(*The Evolution of Physics: From Early Concepts to Relativity and Quanta*)，使他对物理产生了极大的兴趣，并最终走上物理研究之路。这本科学大师与合作者发表于 1938 年的通俗科普书写得非常精彩，以至于去年我在北京中关村的中国书店，一见到这本 50 年代出版的中译本旧书，马上就买来，并在回美国的飞机上饱餐了一顿。获得 1981 年化学奖的福井谦一(Kenichi Fukui，1918—1998)在他写的《直言教育》中则写道："在我的整个初中、高中时代，给我影响最大的是法布尔(Jean-Henri Casimir Fabre，1823—1915)，他于我可以称为心灵之师，对我的人生起到了极为重要的作用。"中国人知道得更多的 1994 年诺贝尔文学奖得主大江健三郎坦陈："为了读书写下很多笔记，并且持续这种读书方式，成就了今天在这里的我。"

过去的十几年，我们将"重视教育"的文化传统继承得有点迷失了方向，本来应该跟世界潮流的步伐与时俱进的现代教育仿佛又回到了科举时代的应试教育。但是，我们不会悲观，因为我们是 2500 多年前诞生过人类历史上最伟大教育家之一孔子的文明古国。我们有过两千年前百花齐放、百家争鸣的辉煌时代，我们有过 80 年前国难当头以西南联大为旗帜的现代高等教育时期，我们有过 40 年前百废待兴恢复高考，以七七级、七八级为代表的如饥似渴读书求学的盛景。这后两个近代中国教育史上相隔四十个春秋的鼎盛时期，培养的两代具有真才实学与科学精神的人文巨匠和科技人才，对各自时期新中国的建设发挥了无可替代的栋梁作用。他们从他们的老师受到的教育，帮助祖国屹立在世界的东方。

十年树木，百年树人。愿祖国未来一代代的学生，在优良教育的大环境中茁壮成长。祝他们的青春年华，获得阳光雨露；祝他们的知识结构，广博平衡；祝他们的体魄心态，时刻健康向上；祝他们的少年理想，不断添上翅膀。套用自学成才的英国大作家狄更斯著名小说的标题，他们的未来是无可限量的“远大前程”。

【附录】

约克教授谈教育

丁玖　约克

约克(James A. Yorke)　马里兰大学荣休杰出教授。1963年获哥伦比亚大学数学学士学位,1966年获马里兰大学数学博士学位,留校任教,2003年与曼德博(Benoit B. Mandelbrot)共享日本国际科技奖。

2015年7月4日照例是美国的全国法定假日,但我过得特别难忘。那一天,我的博士论文指导老师李天岩教授三十多年来的众多弟子,以及他自己的博士论文指导老师约克教授(James A. Yorke)欢聚一堂,庆祝他的七十寿辰。祖师爷约克教授的出场使得白天的生日庆贺学术研讨会、晚间的生日祝寿聚餐会更具有意义,更动人心扉。约克教授赠给他独特弟子的独特礼物体现了他们师徒两人40年前对科学界的重大贡献:一瓶命名为"混沌"的红葡萄酒!

在大家前往密歇根州立大学的旅途当中(最远的来自高雄),我比李教授的其他学生更为幸运,因为我和约克教授各自从密西西比州和马里兰州飞往密歇根州首府兰辛途中,在底特律转机时居然恰好是同一航班,达美航空公司又碰巧把我们安排在相邻的座位上,我们愉快的交谈就从机舱里开始,在兰辛机场前往旅馆的路上、在他的客房,我们总有说不完的话,直至凌晨(我几个早起的师兄弟、师姐妹也顺便加入进来），大都是围绕着“文化教育”这个主旋律。这是因为一开始我就告诉他，他的弟子游志平博士是我担任编委的中文杂志《数学文化》（宗旨与美国普及性期刊 *Mathematical Intelligencer* 近似）的特约撰稿人、专栏作者，以笔名“万金油”独步天下，这引起了他的极大兴趣；聊到中美教育时，我也提到我刚写了本中文书（《亲历美国教育：三十年的体验与思考》），将由商务印书馆出版。约克教授就像被《时代》周刊采访的风云人物一样，一旦受我引导，就无所不谈，于是我又获得了一些关于他的“独家新闻”。

我很早就从导师李天岩教授嘴里听到不少约克教授的有趣轶事和真知灼见，后来又在美国科学记者格里克（James Gleick）那本销量超百万的畅销书 *Chaos: Making a New Science*（中文译本为《混沌：开创新科学》）中，读到他的许多混沌故事，个别的也放进了我自己两年多前出版的科普书《智者的困惑：混沌分形漫谈》。我甚至在演讲里借用了他的姓氏 Yorke 来解释“数学写作署名公理”：数学文章的“第一作者”不一定是它的“第一贡献者”。我俏皮地说道，除非“混沌术语定义之父”约克教授与中国搜狐总裁张朝阳博士共同撰写数学论文，他的大名往往会“屈尊”到“最末作者”的位置，包括他一生最有名的文章——与博士生李天岩合作的论文“Period Three Implies Chaos”（《周期三意味着混沌》）。当然，如果他和游志平合写数学文章，名字就排在弟子的前面了。我听说在中国许多高校，除非你是第一作者，你参与的合作论文对阁下的提升、加薪、奖励等几乎没用，因而我在将要出版的新书第十五章中幽默了一句：假如他在中国开始当助理教授，可能连提升都有点麻烦，因为他几乎没有“第一作者”的论文。

7 月 29 日，约克教授在回我的 email 中告诉我，他最后一篇单独署名的论文发表于 1972 年。也就是说，43 年来，在与别人合写的三百篇左右的论文中，他基本上总是心甘情愿地把自己的名字署在最末。为了证明这点，他还给了我一个链接网页，上面列出了从 1967 年至今他逐年发表的论文清单。

在我们之间的交谈中，我没有告诉约克教授上文中提到的故事，但是我问了他另外一个以满足我好奇心的问题。二十多年前，我在南密大图书馆偶然看到一大卷装潢精美的 *Who's Who*（《名人录》），上面录有他的大名，名下的传记里说他某年某月某日出生于北京。我从未听说过约克教授在中国降生，所以曾问过李天岩教授。李教授也没听说他的美国老板出生于抗日战争时期的北平，只知道他的导师是个土生土长的美国白人，1941 年 8 月出生在美国的新泽西州无名小城 Plainfield。这一次，我终于有机会解开困惑了我二十余年的谜团了。约克教授笑眯眯地以林语堂式的幽默解开了它。他的回答开始令我惊讶，继而让我哈哈大笑："我为《剑桥名人录》这类出版物杜撰了我的经历，比如说我出生于像北京这样的城市，并生了十个小孩，实际上我只有三个孩子。"

这就是约克式幽默！这是他想出的对这些"他让你出名、你让他变富"的名人录制造商的绝妙讽刺与挖苦！我不知道《名人录》在今日中国是否还在大行其道，但是在我念大学那会儿，名字被收进《剑桥名人录》几乎是像被选为中国科学院学部委员一样的大新闻。我们经常看到媒体报道，某某人就是因为成了"剑桥名人"而成了学术一尊、大学名流，一些学者也把这放入履历中，印在名片上。

一听到约克教授的有趣经历，我马上想起钱锺书先生的小说

《围城》里的许多故事。我告诉约克教授，小说情节固然是虚构的，却常常发生在中国的知识阶层；杨绛先生在一篇文章里说，小说人物的影子大都可从他们的熟人群体中找到。让自己出名或被崇拜的一个好方法就是借用外国名人的名字或说法为己所用。例如，小说中那位哲学家褚慎明对在场的知识分子这样吹嘘自己：

> 鸿渐说："philophilosophers 这个字很妙，是不是先生用自己头脑想出来的？"
>
> "这个字是有人在什么书上看见了告诉 Bertie，Bertie 告诉我的。"
>
> "谁是 Bertie？"
>
> "就是罗素了。"
>
> 世界有名的哲学家，新袭勋爵，而褚慎明跟他亲狎得叫他乳名，连董斜川都羡服了，便说："你跟罗素很熟？"
>
> "还够得上朋友。承他瞧得起，请我帮他解答许多问题。"天知道褚慎明并没吹牛，罗素确问过他什么时候到英国，有什么计划，茶里要搁几块糖这一类非他自己不能解答的问题——"方先生，你对数理逻辑用过功没有？"

来到西方世界以后，我们发现西洋人经常习惯性地表扬对方。因为父母常常夸奖他们的孩子，因而我们不时听到"太好了"(great)或"太妙了"(wonderful)满天飞。如果你从他们嘴里听到这类词，不要总是以为自己的工作真的那么"伟大"或"杰出"。南密大某个研究中心的中国博士生跟我说，他们的主任动不动就说 wonderful，就跟说 thank you 一样，张口就来。有一次主任刚听完我的一个学术演讲，马上就吐出了这个词，而且连吐了好几次。

我在我的科普书中写道，约克教授曾经告诉他的学生李天岩他在哥伦比亚学院（哥伦比亚大学本科学院）读书时“没有 B”，来自台湾的李天岩自然用中国文化推理成“全是 A”，但是老师说“C 或低于 C”。十年前当我们在新竹清华大学庆祝李天岩教授六十华诞时，约克教授对他的得意弟子承认，体育课之类的他是拿到过一两个 B。这一次，他告诉我，他高中时的数学最高成绩也只是 86 分，四年中没有一门课拿到 A。但是，他高中阶段参加了州里在罗格斯大学举办的一场数学竞赛，那需要“真正的数学功夫”，他却拿了个全州第三！大概是因为这类体现本质的好成绩，他被慧眼识珠的哥伦比亚大学录取。但在大学的前三年，除了体育课，他依然没有一门课拿到 A。不过这个零纪录在第四年终于被打破了，他拿到了至少一个 A。虽然大学成绩单不那么漂亮，他却告诉我，他在大学里学到了很多，甚至还参加了全美大学生普特南数学竞赛，并因此被康奈尔大学研究生院录取。只因他和女朋友、后来的太太想尝尝公立大学的滋味，并对马里兰大学的应用数学研究情有独钟，他们放弃了康奈尔，选择了马里兰，分别获得数学与物理的博士学位。

从后来约克教授 email 给我的他高中四年的成绩单，我看到这样的学年平均分：高一“代数 Ⅰ”79 分，高二“代数 Ⅱ”75 分，高三“几何”85 分，高四“数学”86 分。在中国，中小学生数学成绩 95 分就要请家教辅导，因为这个分数在班上很落后。我进一步注意到，约克高中期间各学年班级总排名分别是 50/74，46/71，35/70，20/70。虽然他的数学考试成绩都不在“优秀”的范围，但他总成绩的年度相对排名却是个严格的递增函数。

惊奇吗？这听上去不大可信。按照完全基于课堂排名和考试成绩的中国标准，约克一定不会被看做是个好学生。一个中等学生怎会成了一名世界著名的数学家？这位数学家和他的学生首次定义了现代数学名词——混沌，并把马里兰大学打造成世界上最好的混沌研究中心。中国的数学教育专家可以研究研究这个课题。

这个问题也许有许多的求解暗示，包括父母遗传的高智慧或大脑结构等内在的素质。但是约克教授仅仅提到他学习和探索数学的一种哲学思辨，他对我说："理解重要数学定理证明的每个片段远比仅仅理解定理本身重要。"如果南密大的那位中心主任听到这话，一定又是"wonderful"脱口而出，而且是发自内心的赞美。

这真是一个绝妙无比的"学习法"！它如此浅显，但是许多学习数学的人实践起来却又如此困难重重。在我读博士的岁月里，李天岩教授讲过他在马里兰大学念书时代的一个趣闻。一位博士生央求资格考试的口试教授让她证明一般拓扑学中的吉洪诺夫(Tychonoff)定理——任意一族紧空间的笛卡儿乘积在乘积拓扑下也是紧空间，而不是教授要求她证明的定理的特殊情形——两个紧空间的乘积空间也是紧的。理由显而易见：她已将前者的证明背得滚瓜烂熟，但并没有能理解证明语言背后的基本思想。

正如约克教授所强调的，理解定理证明中的每个片段，能让你掌握证明过程所依据的奇思妙想，然后将这个想法或由此得来的新思路用在解决其他数学问题上。这样，数学的不同学科就不再被看成是彼此老死不相往来的孤立分子，而是一座大厦的不同侧面。根据我的领悟，仅仅理解定理的好处只是知道作为一个单独数学命题的结论，而逐片理解整个定理证明的收益是：你有潜力开创更多的数学命题，举一而反三。我猜这就是为何"成绩平均或平均以下”的约克能在州级竞赛中打败其他选手的奥秘所在！

在给我的 email 中，约克教授更详细地阐述了他关于理解数学证明的哲学要素。他强调说，学生（甚至教授）要试图理解证明中的关键思想，并最好找到两个关键想法。这些关键思路不一定非得以“引理”的面貌出现，因为书中也许指出了太多似是而非的关键线索。其实关键思想往往是令学生大吃一惊的那个，因而不同人会挑出一个证明中的不同关键想法，这是提高理解力的关键要素。一个关键的点子也许会有复杂的证明，因此学生应当从这个过程中发现两个关键的思想。约克教授不厌其烦地用了一个介值定理的证明来说明他的论点。这个证明取自一本微积分的教科书，为了证明这个重要定理，书中列出了太多的引理来做准备工作。

该定理是说，如果 f 是一个定义在区间[a, b]上的连续实函数，则对位于函数值 f(a)和 f(b)之间的任何数 y，存在[a, b]中的一点 c，使得 f(c)＝ y。

证明的第一个思想是，通过区间的中点(a＋b)/2 将区间[a, b]一分为二，得到两个子区间，长度都是原区间的一半。数 y 一定位于函数 f 在两子区间之一两个端点上的值之间。由此，性质确定的那个子区间将取代原先的区间。

第二个思想是，重复运用上面那个区间平分的想法，保持 y 位于区间两端点的函数值之间这一性质，就得到越来越短、前面套住后面的一个无穷的区间序列，这些区间最终趋向于一个点 c，该点必定满足 f(c)＝ y。这个思想也导致了计算数学中求解连续函数零点的一个简单方法——二分法(bisection method)。

不管书中列出多少引理，这两个就是定理证明所需要的关键步骤。约克教授颇为自豪地告诉我，他甚至从高中起就学会了理解关键性的想法，所以一旦碰到以前没见过的问题，就有较大机会解决它。他的一位博士生说过，Jim（约克教授的昵称）比他的学生知道的定理少，但那无妨，因为他能造出所需要的定理。我相信这句话，因为在我有点熟悉的遍历理论领域，约克教授有一篇被引用次数很多的论文，其中出现了他关于有界变差函数“造”出的著名的“约克不等式”，而任何单变量实变函数论的书中谈到有界变差函数的章节里却找不到类似的结果。约克教授对学生的一个忠告就是：读书之初你或许应该确定你是只想成为学生（那就背诵定理），还是想成为研究者（则必须学会理解想法）。

因为我和约克教授聊到吉洪诺夫定理，他就抓住这个好机会，用这个拓扑学的大定理来深化他“理解关键思想”的读书方法。这个定理的证明要比介值定理难多了，连约克教授自己也要花上几天才梳理清楚（其实几年前他就曾将它写出）。下面的叙述结合了约克教授的论证思想和我的一些理解。

证明用到的是关于紧性的等价说法：一个拓扑空间是紧的当且仅当它的任何具备有限交性质的闭子集族都有非空交集。有限交性质指的是族中任何有限子族交集非空。这个性质就是证明吉洪诺夫定理的两个关键想法之一。

记 S 为一族紧空间 S_a 的笛卡儿乘积空间，带有乘积拓扑，其中下标 a 取自某一个指标集。要证 S 是紧的，根据如上所述，只需证明它的任一闭子集族 F，只要满足有限交性质，就有非空交结论，及存在一点 p 属于 F 中的每一个集合。

现在需要第二个关键想法了：在 F 中加进一些集合并保持有限交性质，使得扩张后的集族有一个共同元素，因而它的子集族 F 共享这个元素，以至于吉洪诺夫定理得证。实现这个想法的工具是 Zorn 的“引理”：任给一偏序集 X，如果它的每个全序子集都有上界，则 X 含有一最大元素。将 Zorn 引理用于这里的情形，以集合的包含关系为“序结构”，则有：F 包含在 S 的满足有限交性质的一个最大子集族 G 中。注意 G 的元素不一定都是 S 的闭子集。

任给指标 a，将 G 中的每个集合通过由 S 到 S_a 的“标准坐标投影”映射到 S_a 上。由于 G 满足有限交性质，得到的像集族也具备有限交性质。虽然这些像集在 S_a 中不一定为闭，但它们的闭包是 S_a 的闭子集，且这族集合同样带着有限交性质。既然 S_a 是紧的，该闭包族有一共同元素，记为 p_a；则 $p=(p_a)$ 是属于 S 的一个点。我们想证明 p 属于 G 中的所有集合。

为此目的，只需证明 p 的每个邻域都在 G 中。因为一旦如此，则 p 的所有邻域都和 G 的每个集合相交，故 p 属于 G 中每个集合的闭包，从而也属于 F 中的每个集合。根据乘积拓扑的定义，只需考虑 p_a 在 S_a 中的邻域 N_a 之笛卡儿乘积 N 这样的邻域，其中除有限个指标 a 外 N_a 等于 S_a。由于 N 是有限个 N_a 在从 S 到 S_a 的标准坐标投影下的逆像之交集，我们只需验证每一个 N_a 的投影逆像都属于 G。这可如下证明。

因为 p_a 属于 G 中各集在 S_a 上的投影像集的闭包，N_a 与各像集有非空交，故 N_a 的投影逆像与 G 中各集有非空交。由 G 的最大性，此逆像属于 G。这时可写“Q. E. D.”了。

作为约克教授怎样学数学哲学观点的一种实践，在他与 Kathleen Alligood 和 Tim Sauer 合著的颇受大学生欢迎的教科书 *Chaos: An Introduction to Dynamical Systems*（《混沌：动力系统导论》)中，每一章结尾，不仅有帮助理解概念的通常习题，而且有一个挑战性的大题目，完成它需要对定理证明的方方面面有透彻的理解。

怎样才能理解证明定理的关键思想？约克教授对那些只信任教师的学生开了一个药方——读书比听课更重要。当然，如果一名学生走运，有约克教授或李天岩教授这样的好老师授课，自然能取到真经，掌握证明的基本思想或几何洞见。然而，如同约克教授所说，讲课的声音课后就消失殆尽，再不回头，而书本里的内容则永远摆在那里。经过积极主动的自学和紧锣密鼓的思考，你能成功挖掘关键思想，完全掌握证明的精髓。这样一来，定理算是被你真正吃透了。正如李天岩教授读了本文后电话告诉我的，约克教授历来强调，读书绝不能囫囵吞枣，而要突出重点，取得真经。尤其读重要定理的复杂证明，一定要设法逮住稍纵即逝的关键想法，就像洗衣机甩干水分那样地提取主要思想。这与华罗庚教授所提倡的读书"厚薄论"有异曲同工之妙。约克教授进而提出一种更好的读数学证明的方式：开始时试图自己证明定理，寻找关键想法，而不是仅读作者给出的现成句子；然后与教科书比较，激发获取新思路的灵感。事实上，约克教授告诉我，他大部分的数学知识来自学生时代的独立阅读和自学时的深入思考。

我跟他提到，考进北大或清华读本科总是中国的父母对子女的梦想。约克教授马上回答道："就本科生教育而言，哈佛大学是美国最差的顶尖大学之一。"这句话让有"名校情结"的中国父母听到，不啻是一记闷棍！事实上确实是。在最好的研究型大学里，许多教授不管本科生是否跟得上他们飞快的讲课速度，课后也很少与他们交流。学生被当做像教授一样的天才来教，而天才教授也许只愿花时间与博士研究生探讨学问。如果学生还没有学会怎样通过自学来读书、理解关键思想，他或许就要在这个一生中最重要的求学过程中遭受灾难性的创伤，学习数学的动力也可能就会逃之夭夭。我告诉约克教授，去年我在上海读到 *Excellence without a Soul: How a Great University Forgot Education* 的中译本《失去灵魂的卓越：哈佛是如何忘记教育宗旨的》，作者是哈佛学院前任院长、计算机科学教授刘易斯（Harry R. Lewis）。这两位知名学者的观察与见解惊人地一致，真是英雄所见略同。

约克教授不仅对常春藤名校的本科教育表示同情，也试图改善他所在的数学系的教学环境。他告诉我说，在他担任系主任的六年里，他对本科生教育大刀阔斧地改革了一番，效果显著。他与同事 Patrick Fitzpatrick 教授合作修改了高年级课本《高等微积分》，再版后的教材更对学生的胃口。我的女儿如果迟上几年大学，就有机会用到这新版的教科书了。

独立日早餐前，在我们下榻旅馆的大厅交谈结束后，我和早我一年拿到学位的师姐张红博士陪同约克教授前往数学系所在的 Wells Hall，庆祝李天岩教授 70 寿辰的学术活动就在三楼会议室举行。作为美国最早的"赠地大学"之一、第一家农学院，密歇根州立大学是全美最美校园之一，沿途走去相当于观赏国家公园。很快，路旁的松鼠引起了约克教授的极大兴趣。只见他拿出照相机，为它们留下倩影。张红和我都注意到约克教授对选取最佳拍照角度十分耐心，百分专注。最终，一张漂亮松鼠面部正对拍照者的摄影佳作出现在我们的面前。当我们尽情欣赏这张美照时，约克教授解释道，每当他照相时，他都极力想拍出他到此为止的最好相片。这不正是他之前对我讲到关于教育的哲学思想？当天晚上在生日晚会的致辞中，张红与大家分享了这段有趣的插曲，描绘了我们的祖师爷约克教授的教育思想及治学态度。

有生以来，我第一次知道约克教授的名字是32年前，当时我在南京大学念硕士，读到他和学生李天岩那篇关于现代同伦延拓法求解布劳威尔不动点的开创性论文。两三年后，我成了他的学生的学生，但是我至今也只见过他四五次。这一次的近距离接触，由始到终，他给我留下极其深远的印象：多幽默细胞，少故弄玄虚；多菩萨心肠，少名人架子。兹举几个特写镜头：在兰辛一下飞机，他就和前来接机的弟子来了个欧洲骑士式的大幅度握手，就是一个活生生的老顽童形象；见到家母挂在李教授居所客厅几十年的书法作品，像学生对待师长似的马上主动替我拍照留念；获悉我15年前指导过荣誉本科学位论文、推荐到他的系攻读博士学位的一位美国学生，几年前因意外受伤与我失联，马上记下此事要帮我复联。区区小事，看似微不足道，却反映出一个人的修养。

十年前，约克教授在参加完弟子李天岩教授60周岁生日研讨会后，接受了由中国台湾数学界领袖之一刘太平教授策划的对他的专访，后来我在北京读到了《数学传播》杂志第29卷第4期上刊登的访谈记录。约克教授在谈话中鼓励年轻人的一句话“研究就是去发现叫人赞叹的想法”，已被引用到我的科普书中。十年后的这次相遇，他与我的短暂交流，不仅传输了他关于数学教育的深刻见解，而且也是对我的一次教育。我感到有一种欲望，将他的思想与《数学文化》的读者分享。毕竟，我们年轻的大学生、研究生会从他的言语中领略到他的话到底意味着什么。

[后记]本文英文初稿写于7月13日，随即寄给约克教授，请他审

定。不久他回复我长篇 email,补充了细节,并给了数学例子佐证他的观点。他并附上了他的高中成绩单。由于本文许多内容源自他,我觉得应当把他列为共同作者,就像柯朗(Richard Courant)将希尔伯特(David Hilbert)列为名著《数学物理方法》的共同作者一样。因为他无论英文姓按字母排序还是中文姓按笔画排序都在我后,他也就当之无愧地成了第二作者,他也不持异议,愉快接受。